Lernen leben

Sabrina Malter

Lernen leben

Ein Praxisleitfaden zu Lernkultur
und Lernkompetenz für Führungskräfte
und Change Agents

Sabrina Malter
Unveil Business Consulting GmbH
Hockenheim, Deutschland

ISBN 978-3-662-69979-9   ISBN 978-3-662-69980-5 (eBook)
https://doi.org/10.1007/978-3-662-69980-5

Die Deutsche Nationalbibliothek verzeichnet diese Publikation in der Deutschen Nationalbibliografie; detaillierte bibliografische Daten sind im Internet über https://portal.dnb.de abrufbar.

Planung/Lektorat: Mareike Teichmann
Springer Gabler ist ein Imprint der eingetragenen Gesellschaft Springer-Verlag GmbH, DE und ist ein Teil von Springer Nature.
Die Anschrift der Gesellschaft ist: Heidelberger Platz 3, 14197 Berlin, Germany

Meinen fabelhaften Freundinnen bei den Women in Lean, die mich fortwährend inspirieren und eine beispielhafte Kultur des Lernens gestalten.

Lernen und Über-sich-hinaus-Wachsen sind ohne Zweifel ein Teamsport!

Danksagung

Mein Dank gilt meinen Interviewpartnerinnen und Interviewpartnern Ascha Ahmed, Shakil Awan, Daniel Eckerstorfer, Frank Fillinger, Ulla Hehl, Gaby Kruse, Michael Kubin, Julia Pollnow und Julia Tolle. Durch ihre Bereitschaft, Einblicke in die Praxis zu geben, wie Lernen ganz konkret im Unternehmen gefördert werden kann, bereichern sie dieses Buch ungemein.

Mein Dank gilt Tilo Schwarz, der mir ein wunderbares Geleitwort geschrieben hat, Mike Rother für seine Unterstützung und hilfreichen Kommentare zum Kap. 4: *Die Lern-Kata,* sowie Gemma Jones, die mir großzügigerweise ihre Illustrationen zu Kata zur Verfügung stellt.

Mein Dank gilt meiner Buchmentorin Janina Lücke, die mich mit Fachexpertise, durch Bestärken und Herausfordern auf meiner Lernreise im Schreibprozess fabelhaft begleitet hat, und meiner Projektmanagerin und Lektorin Mareike Teichmann vom Springer Gabler Verlag für die wertschätzende und hochprofessionelle Zusammenarbeit.

Mein Dank gilt Tobias Posset, der mir zu Beginn meiner Karriere eine wesentliche Tür aufgestemmt hat, um weiter zu lernen und zu wachsen, Camilla Gruschka, die zeitgleich mit mir ihr wunderbares Buch zu Mediation verfasst hat und den Schreibprozess durch konstruktiven Austausch um so vieles schöner und produktiver gemacht hat, meinem Mann Tobias für all die guten Diskussionen und uneingeschränkte Unterstützung, und meinen beiden Töchtern Alba und Ellena für ihre bestechenden Fragen, die mich immer wieder zum Nachdenken und Nachschärfen gebracht haben.

Außerdem gilt mein Dank all meinen Unterstützerinnen und Unterstützern, die durch Testlesen, Kommentare, Fragen und Ermutigung zum Entstehen dieses Buches beigetragen haben, sowie all jenen, die mir erlauben, ihre Zitate und Geschichten aus dem Businessalltag zu teilen:

- Katie Anderson,
- Caroline Baumer,
- Janet Friedel,
- Gianfranco Gabriele,
- Thilo Girsch,

- Mark Graban,
- Camilla Gruschka,
- Ulla Hehl,
- Ann Hill,
- Michaela Jakubic,
- Jürgen Karr,
- Simone Konrad,
- Stefanie Kraft,
- Stefan Freinhofer,
- Sylvain Landry,
- Meike Leue,
- Dorothe Liebig,
- Karen Martin,
- Kristina Müller-Mey,
- Mara Pickard,
- Karyn Ross,
- Anja Rupprecht,
- Elke Schüler,
- Sebastian Scholz,
- Dominik Schwizer,
- Cornelia Stöhr,
- Elisabeth Swan,
- Christine Thiele,
- Fabian Tübing,
- Cawa Younosi.

Geleitwort: Natürliche Selektion

In sternklaren Nächten kann man Andromeda mit bloßem Auge sehen, unsere Nachbargalaxie. Kosmische Strahlung von dort ist 2,5 Mio. Jahre durchs All unterwegs. Ohne Veränderung. Immer geradeaus. Wenn die Protonen eines solchen Strahls auf die Erdatmosphäre treffen, geht es ganz schnell. Die Umgebungsbedingungen ändern sich. Proton trifft Sauerstoff und wird zerlegt. Neue Teilchen entstehen. Innerhalb von Nanosekunden ist alles anders – nach 2,5 Mio. Jahren.

Selektion ist die treibende Kraft im Universum. Alles muss sich an die jeweiligen Umgebungsbedingungen anpassen – oder vergeht. Selektion produziert Innovation. Zwangsläufig.

Veränderungen begünstigen Teams, die schnell lernen und ihr Vorgehen anpassen. Das ist auch Selektion. Deshalb brauchen wir jetzt, worüber wir schon so lange reden – die wirklich lernende Organisation.

Warum fällt das so schwer? Die lernende Organisation besteht zuallererst aus lernenden Menschen. Es ist wie bei Fitness oder gesunder Ernährung; gute Vorsätze halten nicht lange. Bestehende Gewohnheiten sind stärker. Um zu gewinnen, müssen wir neue Gewohnheiten entwickeln.

Wenn wir Lernen zur täglichen Gewohnheit machen, werden wir auch in der Lage sein, uns anzupassen, wenn sich die Welt ändert; egal, wie die Bedingungen dann sind. Dazu hilft es, eine wissenschaftliche Denkweise zu üben. Auf allen Ebenen und in allen Bereichen unserer Unternehmen. Bei der täglichen Arbeit an unseren Herausforderungen. Am besten mit einem Coach.

Wir leben in einer unglaublich spannenden Zeit. Es gibt so viele neue Herausforderungen und Chancen. Es wird immer klarer, dass wir nicht nur lernende Unternehmen, sondern die lernende Gesellschaft brauchen.

Wir kennen noch nicht alle Details des Weges dorthin, aber gemeinsam können wir ihn finden. Indem wir Schritt für Schritt lernen und unser Vorgehen entsprechend anpassen. Wissenschaftliches Denken und Vorgehen für jeden und in allen Bereichen. Ich finde es wunderbar, dass Sabrina uns mit ihrem Buch zur gemeinsamen Arbeit an dieser Herausforderung einlädt.

Wenn wir den Menschen in unseren Unternehmen helfen, tägliches Lernen zur persönlichen Gewohnheit zu machen, sie dadurch Veränderung meistern und immer wieder innovative Lösungen entwickeln können – dort, wo es heute noch keine Lösungen gibt. Wenn Menschen merken, ich kann das, gemeinsam schaffen wir das, dann entsteht eine unglaubliche Dynamik.

Unsere Unternehmen sind der größte Ausbildungsplatz, den wir haben. Wenn wir es richtig angehen, könnten wir, aus unseren Unternehmen heraus, die Veränderungen anstoßen, die wir so dringend in unserer Gesellschaft benötigen. Lernen lernen. Packen wir es an.

Autor, Forscher und Leadership-Coach   Tilo Schwarz
Göppingen, Deutschland
Im Herbst 2024

Einleitung

Liebe Leserin, lieber Leser,

in eine Kultur des Lernens zu investieren, lohnt: sowohl für dich persönlich, für dein Team als auch für das gesamte Unternehmen. Eine Lernkultur wird oft nur als Nebenschauplatz betrachtet, dem man sich in entspannten Zeiten zuwendet. Doch die Lernkultur ist die Grundlage von Hochleistung, Veränderungsfähigkeit und Krisenfestigkeit. Wir wissen heute nicht, was die Zukunft für uns bereithält, und kennen nicht die Hindernisse, die wir vielleicht bald überwinden müssen. Unser Erfolg hängt nicht so sehr davon ab, welche Lösungen wir heute gefunden haben, sondern von unserer Fähigkeit, in einer sich wandelnden Welt fortwährend zu lernen und uns anzupassen, unbekannte Hindernisse zu überwinden und neue Chancen zu nutzen.

Mit diesem Buch möchte ich dir zeigen, wie du, dein Team und deine Kollegen am besten mit der unvermeidbaren Unsicherheit umgehen und an den Herausforderungen des Businessalltags lernen könnt. Denn nicht im Seminarraum wird die praktische Lernkompetenz entwickelt, um die es hier geht, sondern in der täglichen Praxis. Mit dem Handwerkszeug aus diesem Buch wirst du zu einer effektiveren Führungskraft oder einem effektiveren Change Agent. Du wirst die Menschen in deinem Umfeld befähigen, auch in turbulenten und herausfordernden Zeiten jeden Tag mit Zuversicht zu lernen und Erfolge zu erzielen.

Das Thema *lernende Organisation* ist ein großes und vielen Organisationen gelingt es nicht sonderlich gut, diesem Ideal nahe zu kommen. Damit es dir gelingt, das Lernen in deinem Team und deinem Unternehmen zu beflügeln, zeige ich dir, wie du Schritt für Schritt vorgehst. Auf deinem Weg weise ich dich auf typische Stolperfallen hin und helfe dir, diese zu umgehen oder zu überwinden. Vor allem unterstütze ich dich, ins Handeln und praktische Lernen zu kommen und schon bald den ersten Schritt zu tun, sodass du – wo auch immer du startest – den Status quo in Richtung lernende Organisation verändern wirst.

Mein Anspruch, liebe Leserin, lieber Leser, ist es, dass du ab dem ersten Kapitel des Buches das Handwerkszeug erhältst, um erste grundlegende Schritte in Richtung Lernkultur und lernende Organisation zu gehen. Ich ermutige dich, diese ersten Schritte sogleich zu tun und ins Handeln zu kommen! Denn auch wenn es viel zum Thema zu erfahren gibt, ist einiges Wesentliches schnell zu verstehen und muss „einfach nur" mit Leben gefüllt werden.

Wie ich zur Lernenthusiastin wurde

Als ich mein Studium gerade abgeschlossen hatte und am Beginn meiner Karriere stand, gab es einen Augenblick, der mich innehalten ließ und zuerst meine Neugier und dann meine Begeisterung für eine Haltung des Lernens entfachte. Einige Wochen zuvor hatte ich ein spannendes und herausforderndes Projekt im Unternehmen angenommen. Doch nun war ich an einem Punkt angelangt, an dem ich mich überfordert fühlte und zu blockiert war, um einen guten nächsten Schritt zu tun. Mein damaliger Chef sagte in diesem Augenblick nur vier Worte in seiner knappen, trockenen Art, die für mich jedoch in diesem Moment genau die richtigen waren: „Sie sind doch erwachsen!"

Für mich bedeutete dieser Satz Zutrauen in meine Fähigkeit, die Herausforderungen zu bewältigen. Auch wenn ich jetzt gerade noch nicht wusste, wie ich das schaffen sollte, war meine Führungskraft überzeugt, dass ich es herausfinden und erfolgreich sein werde. Beflügelt und angespornt von diesem Zutrauen machte ich mich ans Werk.

Dieser Augenblick war der Funke, der mich dazu brachte, zu reflektieren, wie ich bisher Ziele in meinem Leben erreicht und Widrigkeiten überwunden hatte. Schnell wurde mir bewusst, dass Zuversicht eine ganz wesentliche Rolle für mich spielte. Sofern ich mir selbst zutraute, etwas zu erreichen, hatte ich es bisher auch immer geschafft. Mir gelang es sogar zu einem gewissen Maße, einen Ansporn daraus zu ziehen, wenn andere Menschen mich unterschätzten und mir etwas nicht zutrauten. Allerdings: In Situationen, in denen ich selbst unsicher war, brauchte ich Zutrauen von außen. Dieses beflügelte mich, über meine eigenen Grenzen hinauszuwachsen und auf dem Weg zu lernen, was ich zuvor noch nicht konnte. So wie in der oben beschriebenen Szene.

Ich beschloss nun, ganz bewusst eine Haltung des Lernens einzunehmen und auch andere Menschen darin zu bestärken, denn ich hatte erkannt: Mit einer Haltung des Lernens können wir viel mehr und mit mehr Freude erreichen. Wenn wir annehmen, dass es hier etwas zu lernen gibt, dass wir etwas vielleicht *noch nicht* beherrschen, es aber lernen können, wenn wir wissbegierig und offen in unserer Haltung sind – dann können wir Ziele erreichen und Hindernisse überwinden, wie wir es nicht für möglich gehalten hätten. Und: Mit einer solchen Grundannahme in Bezug auf andere Menschen inspirieren wir auch sie, sich selbst mehr zuzutrauen und ambitionierte Ziele anzupacken.

Selbstverständlich sind Zuversicht und Zutrauen nicht alles, was es zum Lernen braucht. Es gehört mehr zu Lernhaltung und Lernkultur und es braucht darüber hinaus auch Lernkompetenz. Doch es war dieser erste Puzzlestein, der mich erahnen ließ, welche Wirkung eine Haltung des Lernens entfalten kann. Von diesem Tag an begeisterte mich das Thema Lernen. Alles, was ich rund ums Lernen erfahren konnte, sog ich auf und erkundete, wie wir Konzepte über Lernhaltung, Lernkultur, die Denk- und Handlungsmuster des Lernens und praktische Lernkompetenz im Businessalltag (und darüber hinaus) nutzen können.

Die Haltung jedes Einzelnen ist eine Seite der Medaille, die Lernkultur im Team und der Organisation ist die andere. Seit ich etwa ein Jahr nach der beschriebenen Herausforderung im Projekt meine nächste berufliche Rolle einnahm, beschäftige ich mich intensiv mit Kultur in Unternehmen und Kulturwandel. Dadurch wurde mir bewusst, wie sehr Unternehmenskultur sich auf das Lernen auswirkt und wie viele Schwierigkeiten, die man in Organisationen beklagen kann, auf einen Mangel an praktischer Lernkompetenz zurückzuführen sind: geringe Innovationskraft, umständliche Prozesse, geringes Engagement, Qualitätsprobleme, um nur einige zu nennen.

Ein Beispiel: Zur Lernkultur gehört es, aus Fehlern gemeinschaftlich zu lernen. In einer Lernkultur werden uns erstens die gleichen Fehler nicht immer wieder passieren, weil wir Fehler besprechen und gemeinsam lernen, sie in Zukunft zu vermeiden. Zweitens fallen uns keine Fehler, die unter den Teppich gekehrt wurden, als Qualitätsprobleme auf die Füße.

Die Lernhaltung jedes Einzelnen und Lernkultur gehören zusammen. Menschen mit einer Lernhaltung schaffen eine Lernkultur und umgekehrt inspiriert eine Lernkultur Menschen zur Lernhaltung. Lernhaltung und Lernkultur gemeinsam bilden eine solide Basis, um die Kompetenz des Lernens in der Praxis des Businessalltags aufzubauen.

Der Aufbau dieses Buches

Dieses Buch ist in vier Teile strukturiert.

Teil 1: Eine solide Basis für das Lernen

Im ersten Teil des Buches legen wir eine solide Basis für das Lernen und den Erfolg im Team und Unternehmen. Hier erfährst du mehr zu **Lernhaltung und Lernkultur** und, wie du beides in deinem Team und deinem Unternehmen fördern kannst. Dazu erkläre ich dir zunächst nützliche Konzepte und Modelle. Anschließend zeige ich dir, wie du das Gelernte direkt in die Praxis umsetzen kannst und dabei Stolperfallen vermeidest. Am Ende jedes Kapitels findest du Anregungen für die Praxis, Reflexionsfragen und einen Überblick über Bonusmaterial zum Download auf der Website zum Buch, zu der du über den folgenden QR-Code gelangst. Nutze das Bonusmaterial zur Vertiefung und Unterstützung und gib es gerne an deine Kollegen und Freunde weiter.

Apropos Stolperfalle: Die erste Stolperfalle ist es, nicht ins Tun zu kommen! Beginne deshalb gleich während des ersten Lesens, zumindest kleine Anstöße in die Praxis umzusetzen. Nur durch dein Handeln kannst du eine Veränderung des Status quo erreichen!

Teil 2: Die Grundschritte des Lernens

Eine solide Basis für das Lernen in Organisationen ist der Anfang. Wir schaffen diese, indem wir eine Lernhaltung fördern und eine Lernkultur gestalten. Auf dieser Basis trainieren wir dann die Grundschritte: die **Denk- und Handlungsmuster des Lernens**. Diese Muster des Lernens drehen sich um neugieriges, exploratives **Denken wie ein Forscher** und ein dynamisches Menschenbild. – *Ich kann es noch nicht, doch ich kann es lernen.* Wir üben sie ein, trainieren wie ein Musiker oder Sportler immer wieder die Grundschritte, bis sie uns zur Gewohnheit und zum normalen Modus Operandi werden.

Durch die Denk- und Handlungsmuster des Lernens bringen wir im Team und Unternehmen die **praktische Lernkompetenz** auf ein neues Niveau: die Kompetenz selbstständig an den Herausforderungen des Businessalltags zu lernen und somit erfolgreich Probleme zu lösen, Ziele zu erreichen, sich an neue Umfelder anzupassen und Wandel konstruktiv zu gestalten. Praktische Lernkompetenz entwickeln wir weiter, indem wir die Denk- und Handlungsmuster des Lernens einüben. Wie das gelingt, erfährst du in Kap. 3–5. Auch im zweiten Buchteil findest du wieder Anregungen für die Praxis, Reflexionsfragen und Bonusmaterial am Kapitelende.

Teil 3: Lernen in der gesamten Organisation

Im dritten Teil des Buches erwarten dich Einblicke in die Unternehmenspraxis. Interviewpartner aus fünf Unternehmen stellen jeweils einen besonderen Ansatz vor, mit dem sie das Lernen im Unternehmen fördern. Lass dich durch diese **Praxisimpulse** inspirieren: Manches möchtest du vielleicht ganz ähnlich bei dir umsetzen, anderes wirst du für dein Unternehmen oder dein Team anpassen wollen.

Teil 4: Auf zum nächsten Schritt

Teil 4 bildet den Abschluss des Buches. Wir werfen gemeinsam einen Blick zurück auf das Gelernte und einen Blick nach vorn. Denn deine Lernreise endet nicht mit diesem Buch.

Liebe Leserin, lieber Leser,

es ist mein Anliegen, dass du am Ende des Buches die Zuversicht, das Handwerkszeug und vielfältige Inspiration hast, um eine Kultur des Lernens in deiner Organisation erfolgreich und mit Freude zu gestalten. Komm nun mit auf die Lernreise und errichte eine solide Basis für das Lernen im Team und Unternehmen! Erfahre von den Grundschritten des Lernens, übe sie selbst ein und trainiere dann dein Team! Lass dich inspirieren, das Lernen im ganzen Unternehmen auf unterschiedliche Weisen zu beflügeln!

Lass uns beginnen.

Inhaltsverzeichnis

Über die Autorin

 **Sabrina Malter** ist eine ausgewiesene Expertin im Bereich Lernkultur, Führungskräfte- und Teamentwicklung. Im Jahr 2021 gründete sie die Unveil Business Consulting GmbH (www.unveil-businessconsulting.com) und begleitet seither Führungskräfte und Teams auf allen Ebenen von Unternehmen. Ihr Schwerpunkt liegt dar auf, eine Kultur des Lernens zu gestalten und Methoden des praktischen Lernens zu vermitteln, die ihren Klienten helfen, Ziele schneller zu erreichen, Probleme effektiver zu lösen und in Zeiten der Veränderung und Unsicherheit erfolgreich zu navigieren. Sabrina schöpft außerdem aus 25 Jahren Industrieerfahrung in verschiedenen Rollen in den Bereichen Personal, Entwicklung und Produktion, in denen sie unter anderem für Transformationsbegleitung, Führungskräfteentwicklung, Kulturprogramme, kontinuierliche Verbesserung sowie Strategiemanagement zuständig war.

Sabrina spricht regelmäßig auf Konferenzen und in Podcasts zum Thema lernende Organisation und Lernkultur. Sie hält außerdem einen Lehrauftrag zum Thema an der Universität Heidelberg.

Teil I

Eine solide Basis für das Lernen

„In einer Kultur, die auf Lernen basiert, ist alles möglich: Es gibt keine Grenzen.“

–Gianfranco Gabriele

In Teil 1 legen wir eine solide Basis für Lernen und Erfolg im Team und Unternehmen. Dazu brauchen wir eine starke **Lernhaltung und Lernkultur**. Wie du beides fördern und gestalten kannst, erfährst du nun. Zunächst stelle ich dir nützliche Konzepte und Modelle vor. Anschließend zeige ich dir, wie du das Gelernte direkt in die Praxis umsetzen kannst und dabei Stolperfallen vermeidest.

Fördere eine Haltung des Lernens

1

Zusammenfassung

Eine Lernhaltung ermöglicht uns, mehr zu lernen, mehr zu erreichen, mit Rückschlägen besser umzugehen und uns gut an neue Situationen anzupassen. Denn in der Lernhaltung können wir unsere Energie und Kreativität genau darauf fokussieren. Die Lernhaltung zeichnet sich durch Offenheit, Neugier und Lernfreude aus und es liegt in unserer Hand, diese im Team und in unserem Umfeld zu fördern. Das gelingt auf dreierlei Art und Weise: Erstens auf rationaler Ebene, indem wir verstehen, was uns ein dynamisches Selbstbild (Growth Mindset) nutzt und dass wir frei sind, dieses zu wählen. Zweitens auf emotionaler Ebene durch Zutrauen, Ermutigung und aufrichtig freundliche Unterstützung, die wir anderen geben oder uns selbst suchen. Und drittens auf methodischer Ebene durch das bewusste Einüben der Denk- und Handlungsmuster des Lernens.

„Wenn ich morgens zur Arbeit komme, gebe ich mein Hirn direkt beim Eintreten an der Drehtür ab" (Abb. 1.1). Als ich diesen Ausspruch meiner ehemaligen Kollegin Susanne hörte, blieb mir erst einmal die Luft weg. Wie konnte das nur sein? Susanne war doch immer Feuer und Flamme im Job gewesen! Fast in jeder Pause hatten wir damals gemeinsam überlegt, wie wir mit einer Methodenentwicklung weitermachen oder irgendwelche Probleme lösen konnten. Und in die Teammeetings hatte sie sich auch immer mit Ideen eingebracht. Wieso legte sie dann jetzt bei der Arbeit eine ganz andere Haltung an den Tag?

Es lag nicht daran, dass Susanne auf einmal nicht mehr gerne mitdenken wollte. Im Gegenteil: Die Situation machte sie traurig. Sie hätte sich nach wie vor lieber voll eingebracht. Doch sie hatte zu oft erleben müssen, dass ihr Mitdenken, ihre Ideen und ihre Fragen nicht geschätzt wurden. Der Satz ihres Chefs: „Du wirst hier nicht fürs Denken bezahlt!", hatte für Susanne das Fass zum Überlaufen gebracht. Seitdem hielt sie sich lieber zurück. Dieses Beispiel bringt auf den Punkt, warum eine Lernkultur, in der Mitdenken

S. Malter, *Lernen leben*, https://doi.org/10.1007/978-3-662-69980-5_1

und Ideen von Mitarbeitern geschätzt und erwartet werden, für das Engagement der Menschen so wesentlich ist. Wie so oft wird auch in diesem Fall durch den Mangel an etwas sein Wert erst deutlich.

In diesem Kapitel erfährst du, was eine Lernhaltung ausmacht, wie sie entsteht und was ihr im Wege stehen kann. Außerdem zeige ich dir, wie du deine Lernhaltung und die anderer Menschen auf rationaler, emotionaler und methodischer Ebene fördern kannst. Wenn du dich mit diesen drei Ebenen beschäftigst, bist du bestens aufgestellt, deine eigene Lernhaltung und die in deinem Team und Umfeld zu stärken.

1.1   Was ist Haltung?

Der Begriff *Haltung* steht erstens für die innere Einstellung, die jemandes Denken und Handeln prägt. Alex beispielsweise, ein Mechatroniker in einem Pharmaunternehmen, ist immer interessiert an neuen Methoden der Anlagensteuerung und des Machine Learning. Er nimmt alles, was er zu diesen und angrenzenden Themen in Erfahrung bringen kann, in sich auf und überlegt, wie er es in der Praxis einsetzen könnte. Er hat zumeist eine offene und neugierige Haltung. Zweitens bezeichnet der Begriff Haltung das Verhalten und das Auftreten, welche durch diese innere Einstellung bedingt sind. Bei Alex merkt man die offene und neugierige Haltung daran, dass er meistens viele Fragen stellt, um Neues zu erfahren, und auch Ideen entwickelt, die er ausprobieren möchte.

Im Businessalltag verwenden wir häufig den Begriff *Mindset*, wenn wir von Haltung sprechen. Der Begriff wird dabei oft wortwörtlich verstanden, als „mind set" im Sinne von „die Haltung ist gesetzt": Nach meiner Erfahrung haben viele Menschen ein eher unflexibles Bild von Mindset und Haltung. *Mindset* wird somit häufig genutzt, um jemanden, ein Team oder eine Abteilung zu charakterisieren – im Positiven wie im Negativen.

„Mit Alex kann ich wunderbar arbeiten – er hat so ein offenes Mindset!"

„Mit der Technikabteilung ist die Projektarbeit ein Graus – die sind alle im vorgestrigen, hierarchischen Mindset verhaftet."

Dieses Charakterisieren birgt die Gefahr des Schubladendenkens und erweckt den Anschein, dass Haltung eine unveränderliche oder zumindest schwer veränderliche, individuelle Eigenschaft sei. Das ist jedoch ein Trugschluss.

Tatsächlich ist unsere Haltung durchaus veränderlich. Sie wird direkt, schnell und meist unbewusst beeinflusst durch das Umfeld, in dem wir uns befinden, und durch konkrete Situationen, die uns in eine Abwehrhaltung triggern. Haltung ist außerdem beeinflusst von unseren Annahmen über uns selbst und die Welt und von unseren gewohnheitsmäßigen Denk- und Verhaltensmustern. Diese Annahmen und Muster sind ihrerseits veränderlich – wenn auch nicht so schnell, wie das beim Umfeld möglich ist – und wir können sie sogar bewusst und gezielt ändern.

1.2   Wovon wird Haltung beeinflusst?

Haltung und Verhalten werden beeinflusst von unserem Umfeld. Unsere Haltung entsteht meist unbewusst und wird beeinflusst, ohne dass wir es bemerken. Sie entsteht aufgrund unseres Selbstbilds, unseres Menschenbilds und unseres Weltbilds: Was nehmen wir an, wie wir selbst und unser Umfeld funktionieren?

Alex ist beispielsweise überzeugt, dass er auch Dinge lernen kann, die ihm zu Anfang völlig unklar und schwierig erscheinen. Andere Menschen hält er generell zunächst für freundlich und hilfsbereit. Solche Annahmen werden geprägt durch die Erfahrungen, die wir machen, und durch die Geschichten und Glaubenssätze, die wir selbst und andere uns erzählen. Nimmst du an, dass du nicht gut in Statistik bist, und gibst deshalb deine Idee auf, dich auf eine spannende Rolle in der Forschungsabteilung zu bewerben? Oder nimmst du stattdessen an, dass du vielleicht heute *noch* keine Expertise in Statistik hast, aber das Potenzial, diese aufzubauen?

Je häufiger du bereits die Erfahrung gemacht hast, dass du Dinge heute *noch* nicht kannst, aber, solange du dranbleibst und dir bei Bedarf Unterstützung holst, doch schaffen wirst, umso eher wirst du diese Zuversicht entwickeln, denn Zuversicht entsteht durch das Machen. Nimmst du an, dass alles knapp und begrenzt ist, und hältst mit Blick auf den Topjob, der bald zu besetzen sein wird, dein Wissen und deine Unterstützung vor deinen Kollegen zurück? Oder glaubst du, dass genug für alle da ist und, solange wir uns gegenseitig helfen, sich ein Weg finden wird, dass alle weiterkommen und Erfolg haben? Die Erfahrungen, die du bisher gesammelt hast, werden auch hier deinen Blick auf die Welt prägen.

Diese und viele andere Annahmen über uns selbst, unsere Kollegen und unser Unternehmen wirken wie Geschichten, die wir uns selbst immer wieder erzählen: Sie prägen unsere Haltung und auch unsere Interpretation der Wirklichkeit. Auch die „Geschichten", die wir einander erzählen, beeinflussen unsere Haltung, je nachdem, wie wir den Erzähler der Geschichte einschätzen. Nimmst du an, dass Wertschätzung nur für Leistung gezollt wird, oder ist Wertschätzung für dich ein Bestandteil von Respekt, der jedem Menschen gebührt?

Die Haltung, mit der du erzogen wurdest und die du bei deinen bisherigen Vorgesetzten erlebt hast, wird hier eine Rolle spielen. Mein Kollege Mark zum Beispiel erwähnte, wie es ihn bestärkte, mich auf einen peinlichen, wenn auch undramatischen Fehler hinzuweisen. Er hörte die Stimme unserer gemeinsamen Freundin Karyn in seinem Inneren, die sagte: „Auf einen Fehler hingewiesen zu werden, mag unangenehm sein. Aber es ist das, was wir im Sinne aufrichtiger Freundlichkeit machen sollten!"

Eine weitere Art, unsere Haltung zu beeinflussen, gelingt uns nur, wenn wir Folgendes begriffen haben: Es steht in unserer Macht, unsere Haltung bewusst zu ändern. Wir können uns entscheiden, ein *Growth Mindset* anzunehmen: eine Haltung, in der wir annehmen, dass wir etwas lernen und Fähigkeiten entwickeln können. Sobald wir verstanden haben, dass ein *Growth Mindset* uns die Türen öffnet, vieles zu erreichen, was wir uns vielleicht bislang nicht zugetraut hatten, können wir diese Haltung bewusst einüben. Das gelingt bereits ein Stück weit durch Self-Talk Bewusstmachen und fange gerne gleich jetzt damit an. Noch besser gelingt uns diese Haltungsänderung durch eine der drei Methoden des Lernens, die ich dir in Teil 2 des Buches vorstellen werde.

Wir können unsere Haltung bewusst ändern, wenn wir uns inspiriert fühlen oder uns klar wird, dass dies möglich ist und uns nützen wird. Denn nicht jede Haltung ist gleichermaßen nützlich für uns selbst und wir haben die Wahl, diese zu ändern. Zwar gibt es keinen Kippschalter für eine andere Haltung, doch wie wir mit uns selbst sprechen, wie wir mit anderen sprechen, wie wir handeln und welche Erfahrungen wir machen – das alles prägt unsere Haltung.

Unser Verhalten wird neben unserer gewöhnlichen inneren Einstellung auch vom Kontext und der Kultur beeinflusst, in denen wir uns bewegen. Wenn du als Führungskraft oder Change Agent Kultur gestalten willst, bist du deshalb gut beraten, das Thema Haltung in den Blick zu nehmen. Berücksichtige, welche Haltung und welches Verhalten in unserer Gesellschaft gefördert werden, und führe Gespräche mit den Menschen, um von ihren bisherigen Erfahrungen zu hören.

1.3   Was nützt uns eine Haltung des Lernens?

Eine Lernhaltung ermöglicht jedem Einzelnen, mehr zu lernen, mehr zu erreichen, mit Rückschlägen besser umzugehen und sich gut an neue Situationen anzupassen. Denn in der Lernhaltung können wir unsere Energie und Kreativität mit Freude darauf richten,

Ziele zu erreichen und Probleme zu lösen. Oft heißt es, Lernen, Weiterentwicklung und Hochleistung finden außerhalb der Komfortzone statt. Das halte ich für zu kurz gegriffen (und aus Sicht der Team- und Organisationsentwicklung für recht unambitioniert). Selbstverständlich lernen und wachsen wir an herausfordernden Aufgaben und Bequemlichkeit kann uns im Wege stehen. Doch wir brauchen uns in der Lernzone nicht unwohl fühlen. Die Kür ist vielmehr, ein Umfeld zu schaffen und eine Haltung zu fördern, sodass Menschen sich trotz herausfordernder Aufgaben „komfortabel" fühlen: weil sie überzeugt sind, dass sie, was sie heute *noch* nicht können, bald lernen werden, weil sie sich auf interpersoneller Ebene unterstützt und sicher fühlen und weil sie verinnerlicht haben, dass sie einen Schritt nach dem anderen ans Ziel kommen werden, auch wenn sie heute nur einen Kompass haben, der die Richtung weist, und keine detaillierte Karte. Mehr dazu, wie man diese Fähigkeit des Lernens konkret entwickeln kann, in Teil 2 des Buches.

Für das Team bedeutet eine Lernhaltung der Teammitglieder: Sie können in einer angenehmeren Atmosphäre arbeiten und gemeinsam mehr erreichen, da sie weniger Energie im Drama von mangelnder Wertschätzung, Kränkungen und Tratsch verschwenden. Durch solches Drama im Businessalltag geht viel Energie und Freude verloren – eine enorme und bedauernswerte Verschwendung. Dagegen werden Menschen in der Lernzone durch Offenheit, Neugier und Lernfreude eher und konstruktiver Feedback geben und auch besser mit Feedback, das sie erhalten, arbeiten können.

Für das Unternehmen bedeutet eine ausgeprägte Lernhaltung in der Belegschaft eine starke Grundlage für Anpassungsfähigkeit und Erfolg.

Der geballte Nutzen einer Lernhaltung für jeden Einzelnen, das Team und das Unternehmen klingt wohl zu gut, um wahr zu sein. Wir werden eine Lernhaltung in Reinform in der Realität auch nicht durchweg erreichen können. Vielmehr kann sie uns ein Nordstern sein, auf den hinzuarbeiten sich lohnt. Wie du das konkret machen kannst, erfährst du nun.

1.4   So förderst du eine Haltung des Lernens

Wir können unsere Haltung und die anderer Menschen auf dreierlei Art in Richtung Lernhaltung beeinflussen:

1. auf rationaler Ebene, indem wir verstehen, was uns ein dynamisches Selbstbild nutzt und dass wir frei sind, dieses zu wählen,
2. auf emotionaler Ebene durch Zusammenarbeit, aufrichtige Freundlichkeit, Unterstützung, Ermutigung und bedeutsame Ziele und Werte, sodass wir uns in der zunächst unkomfortablen Lernzone bald wohler fühlen,
3. auf methodischer Ebene durch das bewusste Einüben der Denk- und Handlungsmuster des Lernens.

Im Folgenden gehe ich auf die drei Ansatzpunkte nacheinander ein. Den dritten Ansatzpunkt beleuchte ich in diesem Kapitel nur kurz: Er ist Thema von Teil 2 dieses Buches. Die

ersten beiden Ansatzpunkte schauen wir uns ausführlich an und ich zeige dir, was du konkret tun kannst, um Haltung in Richtung Lernhaltung zu beeinflussen.

1.4.1   Lernhaltung fördern durch ein dynamisches Selbstbild

Als Carol Dweck eine junge Wissenschaftlerin war und gerade am Anfang ihrer
Forscherinnenlaufbahn stand, geschah etwas, das ihr Lebenswerk prägen sollte.[1] Damals
forschte sie zur Frage, wie Menschen mit Misserfolgen umgehen. Dazu beobachtete
Dweck, wie Schüler auf Aufgaben reagierten, die sie nicht zu lösen vermochten. Sie ließ
die Kinder einzeln in ein Klassenzimmer in ihrer Schule kommen, sorgte dafür, dass sie
sich wohlfühlten, und gab ihnen dann Denksportaufgaben zu bearbeiten. Die erste Runde
war recht einfach, doch in der zweiten Runde waren die Fragen für die Klassenstufe der
Schüler zu schwierig, sodass Dweck den Umgang mit Misserfolgen untersuchen konnte.
Während die Kinder sich bemühten, die Aufgaben zu lösen, beobachtete Dweck deren
Lösungsstrategien und fragte sie, was sie dachten und fühlten. Sie erwartete, unterschiedliche Strategien zu beobachten, wie die Schüler mit Misserfolgen umgingen. Doch sie
machte eine überraschende Entdeckung.

Ein zehnjähriger Junge rückte während des Bearbeitens der schwierigen Aufgaben seinen Stuhl zurecht, rieb sich die Hände, schnalzte mit der Zunge und rief: „Ich liebe kniff-
lige Rätsel!" Ein anderer blickte plötzlich auf und sagte sehr bestimmt: „Wissen Sie, genau
das hatte ich gehofft: Dass ich hier etwas lerne." Dweck war überrascht: Dass jemand
gerne an einer Aufgabe scheitert, das hatte sie nicht erwartet. Ihr wurde klar, dass diese
Kinder etwas erkannt hatten, was für sie noch im Verborgenen lag, und sie war ent-
schlossen, es herauszufinden und diese innere Einstellung kennenzulernen, die einen
Misserfolg in etwas Positives verwandeln kann.

Was genau hatten diese Kinder erkannt? Sie hatten erfahren, dass menschliche Eigenschaften, zum Beispiel unsere intellektuellen Fähigkeiten, sich durch Übung weiterentwickeln lassen. Und genau das machten sie nun: Sie ließen sich durch ihren Misserfolg nicht
nur nicht entmutigen, sie bewerteten ihn nicht einmal als Misserfolg. Sie begriffen ihn als
Chance, zu lernen. Dagegen war Dweck bisher davon ausgegangen, dass menschliche
Eigenschaften in Stein gemeißelt seien; entweder ist man schlau oder man ist es nicht,
ganz einfach. Und wer immer darauf achtet, Erfolg zu haben und Misserfolge zu vermeiden, darf sich weiter als schlau betrachten. Anstrengungen, Fehler und Hartnäckigkeit hatten bisher keinen Platz in diesem Menschenbild gehabt.

Die Frage, ob geistige und körperliche Fertigkeiten in Stein gemeißelt oder veränderbar
sind, ist alt. Können wir unsere Intelligenz und unsere Persönlichkeit weiterentwickeln
oder handelt es sich dabei um unveränderbare Eigenschaften? Können wir nur lernen,
wozu wir ein angeborenes Talent haben, oder kann man nahezu alles lernen? In der

---

[1] Diese Geschichte teilte Carol Dweck in ihrem Buch *Selbstbild: Wie unser Denken Erfolge oder
Niederlagen bewirkt* (Dweck 2017).

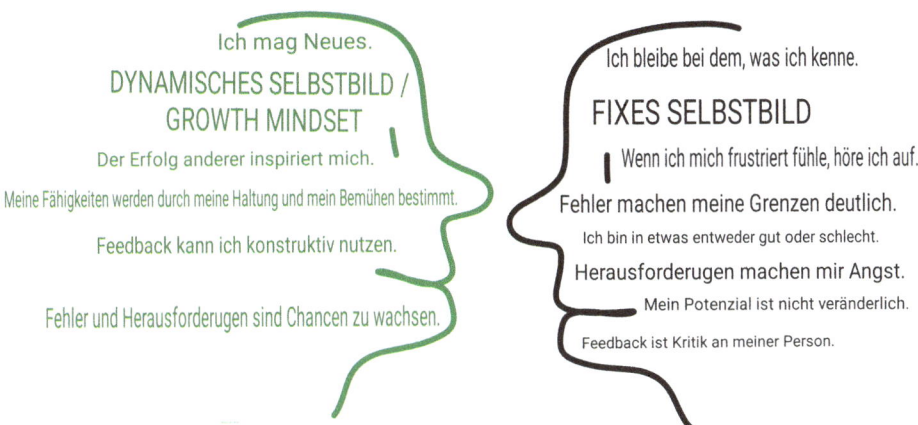

Abb. 1.2 Dynamisches und statisches Selbstbild. (Quelle: Dweck 2017, illustriert von © Sabrina Malter 2024. All Rights Reserved)

Wissenschaft ist man sich heutzutage weitestgehend einig: Wer es zum Schachprofi von Weltrang oder zu irgendeiner Art von Expertentum bringen möchte, braucht nicht nur eine günstige Veranlagung, sondern muss dafür auch jahrelang trainieren. Doch jeder Mensch hat seine ganz eigene Antwort auf diese Fragen. Und diese Antwort entscheidet, welches Bild man von sich und anderen hat: Je nach Selbstbild glauben wir mehr oder weniger stark, dass wir lernen und uns verändern können. Ein Extrem ist das statische Selbstbild. Menschen mit statischem Selbstbild glauben, dass wir von Natur aus und unveränderlich zu bestimmten Dingen begabt oder unbegabt sind und es ohne Begabung in einem Gebiet zu nichts bringen werden. Dagegen glauben Menschen mit dynamischem Selbstbild, dass durch ausreichend Training jeder ein Meister im Gebiet seiner Wahl werden kann. Menschen mit statischem Selbstbild, das Dweck auch als *Fixed Mindset* bezeichnet, glauben (Abb. 1.2):

- Außergewöhnliche Fähigkeiten erfordern außergewöhnliches Talent.
- Herausforderungen sind bedrohlich.
- Scheitern zeigt mir die Grenzen meiner Fähigkeiten.
- Negatives Feedback wertet mich als Person ab.
- Menschen sind entweder intelligent und fähig oder dumm und unfähig.

Menschen mit einem dynamischen Selbstbild, das Dweck auch *Growth Mindset* nennt, sind dagegen überzeugt:

- Außergewöhnliche Fähigkeiten erfordern viel Übung.
- Herausforderungen sind Chancen, zu lernen und zu wachsen.
- Scheitern zeigt mir, wo ich noch mehr lernen muss.

- Negatives Feedback kann mir wertvollen Input geben, um zu lernen und mich weiterzuentwickeln.
- Menschen können ihre Intelligenz, ihre Persönlichkeit und ihre Fähigkeiten weiterentwickeln.

Carol Dwecks mittlerweile mehr als 20-jährige Forschung hat gezeigt, dass unser Selbstbild einen weitreichenden Einfluss darauf hat, wie wir unser Leben führen. Diese Haltung entscheidet, ob wir der Mensch werden, der wir sein wollen, und ob wir das erreichen, was wir uns vornehmen. Wie kann das sein? Wie kann uns diese Haltung so stark beeinflussen?

Viele Menschen verfolgen aus dem statischen Selbstbild heraus das Ziel, sich selbst ständig zu beweisen – ob als Schüler im Klassenzimmer, als Erwachsener im Businessalltag oder innerhalb von Familie und Freundeskreis. Jede Situation wird bewertet: Werde ich Erfolg haben oder scheitern? Komme ich gut an oder schlecht? Wirke ich klug oder dumm? Werde ich mich am Ende bestärkt oder zerstört fühlen?

Dagegen sind Menschen mit dynamischem Selbstbild überzeugt, dass wir unsere Eigenschaften und Fähigkeiten durch eigene Anstrengungen weiterentwickeln können. Auch wenn wir uns in Talenten, Neigungen und Interessen noch so sehr unterscheiden: Wir alle können uns durch Leidenschaft, Einsatz und Übung weiterentwickeln.

Selbstverständlich spielt Talent auch eine Rolle und nicht jeder hat das Potenzial zur Weltspitze. Doch Menschen mit dynamischem Selbstbild sind von einer Sache überzeugt: Was jemand durch Jahre der Leidenschaft, des Einsatzes und der Übung alles erreichen kann, ist nicht vorhersagbar. Diese Überzeugung weckt Lernbegeisterung.

Selbst wenn einmal nicht alles planmäßig verläuft, verfolgen Menschen mit dynamischem Selbstbild mit Leidenschaft ihr Ziel und überwinden ein Hindernis nach dem anderen. Umgekehrt können wir das Verhaltensmuster einüben, Hindernisse zu überwinden und dadurch ein *Growth Mindset* fördern. Dann wird es uns möglich, über uns hinauszuwachsen, auch wenn wir vor großen Herausforderungen stehen.

Spannend für die Praxis ist am Konzept des dynamischen Selbstbildes, dass wir es rational verstehen und erklären können, und dann, sobald wir es verstehen, können wir frei entscheiden, welches Selbstbild wir für uns kultivieren wollen. Wir können uns ganz bewusst, in Anbetracht des Nutzens für uns selbst, für ein dynamisches Selbstbild entscheiden und ab sofort uns und andere in diese Richtung bestärken.

Ein dynamisches Selbstbild fördern

Um ein dynamisches Selbstbild zu fördern, empfehle ich dir Folgendes:

1. Sprich dir selbst Mut zu, wenn es darum geht, eine Aufgabe zu übernehmen, der du dich *noch* nicht ganz gewachsen fühlst: Du kannst es lernen!
2. Ermutige deine Mitarbeitenden und Kollegen, an ihre Lernfähigkeit zu glauben.

3. Wenn dir etwas nicht auf Anhieb gelingt, nimm die Herausforderung sportlich an und finde heraus, was du dazu lernen kannst.
4. Ermutige deine Mitarbeitenden und Kollegen, die Lerngelegenheiten zu ergreifen, die Rückschläge und Fehler bieten.
5. Bringe deinem Team das Konzept des dynamischen Selbstbildes, des *Growth Mindset,* näher. Ein Workshop-Design findest du als Bonusmaterial im Downloadbereich.

▶ *Vorsicht Stolperfalle!* Die Macht unserer Worte.

Unterschätze in keinem Fall die Macht deiner Worte.

▶   Eine Ermutigung zur rechten Zeit kann eine große Kraft in einem Menschen entfalten. Ein einziger Satz wie: „Kein Problem, dass du das noch nie gemacht hast. Ich weiß, du kannst es lernen!“, kann Menschen befähigen, ihre alten bremsenden Denkmuster zu überwinden.

Cawa Younosi, selbst langjährige Führungskraft und leidenschaftlicher Vordenker um Themen wie Potenzialentfaltung und People Experience, sagte diesen Satz einmal recht beiläufig zu einer jungen Mitarbeiterin, die unsicher war, ob sie einer herausfordernden Aufgabe gewachsen sei. Jahre später bekam er ihre Rückmeldung, wie viel seine Worte für ihre Weiterentwicklung bedeutet hatten (Younosi 2024). Und ich muss auch an einen meiner ersten Vorgesetzten denken, der mich, als ich unsicher war und mich überfordert fühlte, in seiner trockenen Art mit einem knappen: „Sie sind doch erwachsen“, ermutigte und anspornte. Der Effekt dieser vier Worte auf mich war so groß, dass ich diese Anekdote und vor allem die darin enthaltene Ermutigung immer dann weitergebe, wenn es jemandem an Zutrauen mangelt.

Wie wir mit unserer Haltung gegenüber Mitarbeitenden deren Lernhaltung prägen

„Wenn wir an das Potenzial glauben und sie ermutigen, helfen wir ihnen in die Lernhaltung und unterstützen sie, ihr Potenzial zu entfalten. Als Führungskraft prägen wir mit unserer Haltung gegenüber unseren Mitarbeitenden deren Lernhaltung“, sagt Gaby Kruse, langjährige Führungskraft im Bereich IT beim Traktorenhersteller John Deere, als ich sie für dieses Buch interviewte (Kruse 2024). Die umfangreiche Forschung des Organisationspsychologen Adam Grant der Wharton Business School unterstreicht Gabys Erfahrungswissen. Grant (2013, S. 121) schreibt: „Die Haltung der Führungskraft, eines Coachs oder Mentors hat einen enormen Einfluss darauf, wie gut es Menschen gelingt, ihr Potenzial zu entfalten.“

Viele Unternehmen geben große Summen aus und betreiben viel Aufwand, um „High Potentials“ zu erkennen und dann gezielt zu fördern. Dieser Ansatzpunkt ist allerdings ein Irrweg. Die Lernforschung zeigt eindrucksvoll, dass künftiger Erfolg und Hochleistung nicht zuallererst auf Talent basieren, das entdeckt und gefördert werden kann. Vielmehr steckt in jedem Menschen Talent, das durch sein Interesse am Thema und seine Freude am Lernen beflügelt wird. Der US-amerikanische Bildungspsychologe Benjamin Bloom und sein Team machten bereits in den 1980er-Jahren eindrucksvolle Forschung an Spitzen- musikern (Bloom 1982, S. 510–522). Sie nahmen an, dass Spitzenmusiker häufig bereits als Kinder durch ihr Talent zumindest auf lokaler oder regionaler Ebene aufgefallen wären. Außerdem nahmen sie an, dass Spitzenmusiker häufig von Musiklehrern mit besonderer Expertise unterrichtet wurden. In ihrer Forschung interviewten sie die 21 Finalisten eines internationalen Wettbewerbs der Spitzenpianisten und deren Eltern. Beide Annahmen konnten die Forscher nicht bestätigen. Als Kinder waren die Musiker höchstens im Ver- gleich der Familie und Nachbarschaft aufgefallen und wurden häufig von örtlichen, durch- schnittlichen Musiklehrern unterrichtet. Doch mit der Zeit wurden diese Kinder zu den weltbesten Pianisten. Das erreichten sie, indem sie wesentlich mehr übten als andere Pia- nisten. Dasselbe Muster zeigt sich wieder bei weiterer Forschung mit Spitzentennis- spielern. Die frühen Tennislehrer waren keine überragenden Experten. Sie legten den Grundstein für ein intensives Training, indem sie eine positive Lernatmosphäre schafften, Freude am Trainieren erzeugten und an das Potenzial ihrer Schüler glaubten (Grant 2013, S. 122–123).

Auch weitere Forschung unterstreicht, wie wesentlich das Interesse und das Üben für den Erfolg sind. Der schwedische Psychologe Karl Anders Ericsson, der sich mit mensch- licher Leistung beschäftigte, konnte etwa zeigen, dass das Erlangen von Expertise in einem Feld zumeist um die 10.000 Stunden des zielgerichteten Übens benötigt (Gladwell 2009). Doch was bringt Menschen dazu, ein solches Interesse und eine solche Motivation zu entwickeln und aufrechtzuerhalten? Hierzu fanden Bloom und sein Team ebenfalls eine Antwort:

▶   Ermutigung, aufrichtig freundliches Interesse am Menschen und der Glaube an sein Potenzial beflügelten Motivation und Lernfreude.

Diese Erkenntnisse führen uns zur zweiten Ebene, auf der wir eine Lernhaltung fördern können: auf die Ebene der Emotionen.

1.4.2   Lernhaltung fördern auf Ebene der Emotionen

Lass uns in diesem Abschnitt etwas intensiver auf die Ebene der Emotionen blicken: Welche Emotionen fördern oder hindern eine Lernhaltung? elche Dynamiken der Emotionen im Team können zu einer Lernhaltung in der Aufwärts- oder Abwärtsspirale führen? Und wie kannst du aus dem Blickwinkel der Emotionen eine Lernhaltung fördern?

Unsere Lernhaltung wird nicht nur durch unser Selbstbild, sondern auch durch unsere Emotionen geprägt. Zu gewissem Maße hängt beides zusammen: Mit einem *Growth*

Mindset interpretieren wir die Realität in anderer Weise als mit statischem Selbstbild und erfahren dadurch andere Emotionen. So kann ein und derselbe Hinweis auf einen Fehler als Angriff und Abwertung wahrgenommen werden oder als freundliche Unterstützung. Je nach Wahrnehmung triggert diese Situation eine Haltung der Abwehr und Verschlossenheit oder sie fördert eine Haltung der Neugier und Lernfreude.

Andererseits: Wenn ich mich in einer konkreten Situation aufgrund anderer Treiber bereits in einer Haltung der Verschlossenheit befinde, werde ich mit jedem Selbstbild eher abwehrend und verschlossen reagieren. Stell dir vor, du hast gerade die Nachricht erhalten, dass du aufgrund der betriebswirtschaftlich angespannten Lage die Hälfte deiner Mitarbeitenden entlassen musst. Wenn du in dieser Situation ein herausforderndes Feedback erhältst, wirst du wohl kaum so offen und lernbereit sein wie noch am Tag zuvor.

Um Emotionen als Einflussfaktoren auf die Haltung bewusst zu machen und einige Dynamiken der Emotionen zu erklären, stelle ich dir im Folgenden ein Modell vor. Wie alle Modelle vereinfacht auch dieses die Wirklichkeit und doch liefert es uns hilfreiche Denkanstöße, um eine Haltung des Lernens im Team zu fördern.

Das State-of-Mind-Modell

Das *State-of-Mind*-Modell, das ich in meiner Beratungspraxis nutze und über die Jahre entwickelt habe, basiert auf Richard. E. Boyatzis' *Intentional Change Theory* (Boyatzis et al. 2019) und Jeffrey A. Grays *Reinforcement Sensitivity Theory* (Corr 2008). Daneben gingen Einsichten von Amy C. Edmondson (2019), Amy Cuddy (2024), Grant, Adam (2013) und Karyn Ross (2022) und Susan David (2020) in das Modell ein.

Nach dem *State-of-Mind*-Modell befinden sich Personen abhängig von der Situation und dem Umfeld in einem bestimmten Haltungszustand, dem *State of Mind*. Das Modell veranschaulicht, inwiefern dieser Zustand von äußeren und inneren Faktoren beeinflusst wird (Abb. 1.3). Es bietet eine Erklärungsweise, weshalb ein und derselbe Mensch in verschiedenen Umfeldern vielleicht eine andere Haltung einnimmt – wie Susanne, die du zu Beginn des Kapitels kennengelernt hast. Susanne war zum Zeitpunkt ihrer oben zitierten Äußerung im Arbeitsumfeld passiv und leistete nur Dienst nach Vorschrift, ohne ihre Kreativität zu nutzen. Doch im gleichen Zeitraum war sie nach Feierabend im Sportverein aktiv und begeisterte dort ihre Vereinskollegen durch brillante Einfälle und ihren engagierten Einsatz.

Ein verschlossener, abwehrender *State of Mind* – unterhalb der Linie in Abb. 1.3 – wird durch Ängste und gefühlte Bedrohungen ausgelöst beziehungsweise verstärkt. Solche Ängste und gefühlten Bedrohungen können zum Beispiel ein Mangel an Wertschätzung oder eine eingeschränkte Kontrolle über die Gestaltung des eigenen Arbeitsalltags sein. In diesem Zustand fühlen wir uns fast erdrückt von der Wahrnehmung des *Nicht-Genug*: nicht genug Gestaltungsraum, nicht genug Anerkennung, nicht genug Sicherheit …

Wir sind in diesem *State of Mind* zumeist überzeugt, unsere Wahrnehmung sei objektiv, auch wenn das nicht der Fall sein sollte. In diesem tristen emotionalen Zustand, in dem wir oft keinen Weg aus einer negativen Situation heraus sehen, schalten wir auf eine Art Überlebensmechanismus, der uns erschwert, Verbindung zu anderen Menschen aufzunehmen,

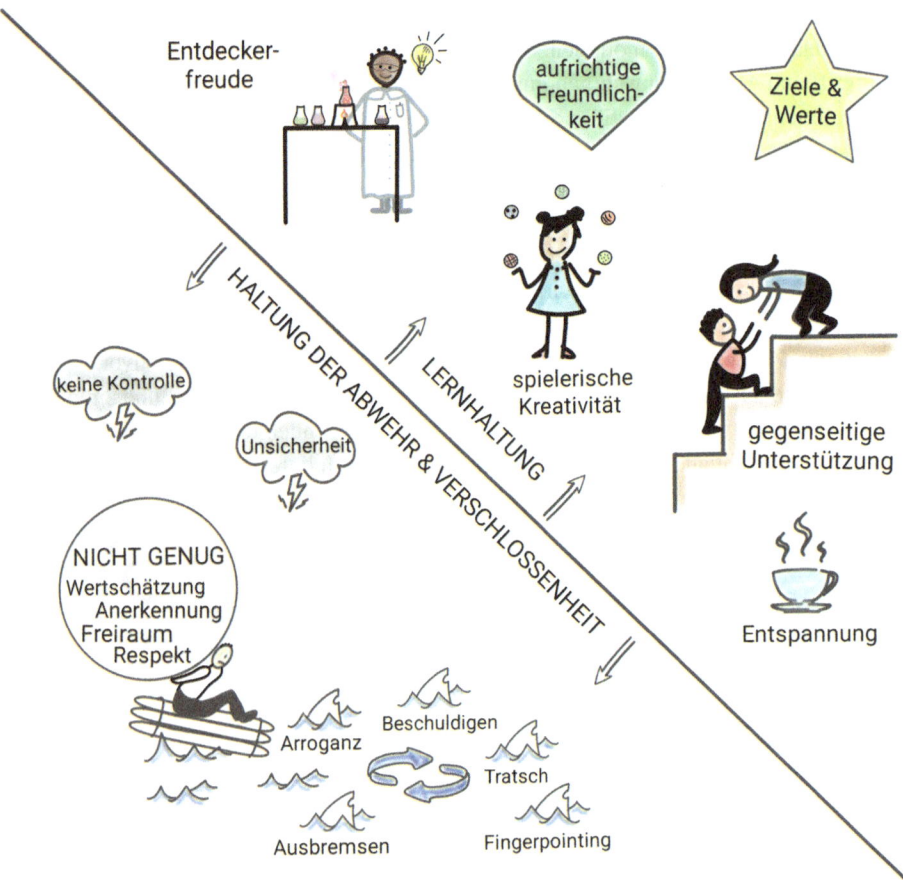

Abb. 1.3 Das *State-of-Mind*-Modell. (Quelle: © Sabrina Malter 2024. All Rights Reserved)

effektiv zusammenzuarbeiten, kreativ und innovativ zu sein. Wir sehen vor allem Restriktionen und Gefahr und kaum Möglichkeiten und Chancen. Oft reagieren wir mit Schuldzuweisungen oder arrogantem Verhalten und sind der festen Überzeugung, das sei berechtigt. Oder wir werden passiv oder versuchen zum Zwecke des Selbstschutzes, es anderen recht zu machen. Diese Mechanismen rauben uns Energie und Fokus auf die eigentlichen Arbeitsaufgaben und sie können krank machen.

Wenn wir dagegen solchen Triggern nicht oder kaum ausgesetzt sind oder gut mit ihnen umzugehen wissen, gelangen wir in einen offenen, wissbegierigen und lernfreudigen Zustand. Auch eine tiefe Verbindung zu unseren persönlichen Werten sowie eine aufrichtig freundliche Unterstützung und Ermutigung durch andere helfen uns, in diese Lernzone zu kommen.

Haltung und Persönlichkeit

Unsere Haltung ist in gewissem Maße durch unsere Persönlichkeit geprägt. Allerdings ist dieser Einfluss deutlich geringer als der des Umfelds und der konkreten Situation, in der wir uns befinden.

In der Psychologie werden fünf Persönlichkeitsmerkmale unterschieden:[2]

1. Verträglichkeit (Rücksichtnahme, Kooperationsbereitschaft, Empathie),
2. Gewissenhaftigkeit,
3. Extraversion (Geselligkeit),
4. Neurotizismus (emotionale Labilität),
5. Offenheit für neue Erfahrungen.

Jeder Mensch befindet sich für alle fünf Merkmale auf einem Spektrum der Ausprägung im Vergleich zum Mittelwert aus der psychologischen Forschung. Durch diese Ausrichtung des Modells am Mittelwert gibt es also zu jedem Merkmal eine klassische Gauß'sche Normalverteilung: Die meisten Menschen stehen in den Merkmalen relativ nah am Mittelfeld.

Eine vereinfachte und irreführende Einteilung in Persönlichkeitstypen – hopp oder top –, wie sie viele beliebte, aber unwissenschaftliche Persönlichkeitstests suggerieren, entspricht nicht der Wirklichkeit.

Trotzdem: Diese Persönlichkeitsmerkmale beeinflussen unsere Haltung. Im Hinblick auf eine Haltung des Lernens ist besonders die Offenheit für neue Erfahrungen relevant, die uns zur Lernhaltung tendieren lässt. Im Gegensatz dazu kann eine emotionale Labilität uns anfälliger machen für Trigger, die in die Abwehrhaltung führen.

Interessant ist ebenfalls, dass Verträglichkeit, Gewissenhaftigkeit und Extraversion mit Optimismus korrelieren, der wiederum für eine Lernhaltung förderlich ist.

Insgesamt ist der Einfluss der Persönlichkeitsmerkmale auf die Lernhaltung zwar unbestritten, aber nur moderat ausgeprägt. Situation und Umfeld sind die ausschlaggebenderen Faktoren.

Das *State-of-Mind*-Modell ist hilfreich, um unsere Wahrnehmung zu schärfen und zu erkennen, was uns und andere in einen Zustand der Abwehr triggern oder aber in die Lernzone helfen kann.

So förderst du eine Lernhaltung über den State of Mind

Der *State of Mind* beeinflusst ganz entscheidend die Fähigkeit, zu lernen und konstruktiv im Team und Unternehmen zusammenzuarbeiten. Umgekehrt beeinflusst das Umfeld, also das Team und Unternehmen, maßgeblich in welchem *State of Mind* wir uns vornehmlich befinden.

Wir schwanken in unserem *State of Mind* je nachdem, welcher Zustand gerade angeregt wird. Manchmal verbleiben wir längere Zeit in der Lernzone, einem Zustand der Offenheit und des Lernens, oder aber in einem Zustand der Verschlossenheit und Abwehr. Manchmal wechseln wir selbst während der Kürze eines Gesprächs zwischen den beiden Zuständen. Doch wie kannst du – zunächst einmal für dich selbst – erreichen, möglichst oft in der Lernzone zu sein?

---

[2] Fünf-Faktoren-Modell (FFM) oder Big 5, Modell der Persönlichkeitspsychologie (z. B. Saum-Aldehoff 2007).

Das gelingt dir in drei Schritten:

1. Lerne, welche für dich die Auslöser der Abwehr und Verschlossenheit sind.
2. Achte auf diese Auslöser der Abwehr und Verschlossenheit und trainiere deine emotionale Agilität,[3] sodass diese dich weniger und kürzer beeinflussen.
3. Suche bewusst Situationen, Umfelder und Gedanken, die dich in die Lernhaltung bringen.

▶  *Vorsicht Stolperfalle!* Persönlichkeitsentwicklung ist anstrengend.

„Das gelingt dir in drei Schritten", mag einfach klingen. Doch die Aufgabe, um die es hier geht, ist die der Persönlichkeitsentwicklung zu mehr emotionaler Agilität und diese kann durchaus so anstrengend sein, dass mancher es lieber beim Darüber-hinweg-Lesen belässt. Diese Anstrengung ist jedoch außerordentlich lohnend: Sie gibt dir Handlungsmacht. Du entscheidest, wie du handelst, nicht irgendein Trigger. Ich möchte dich deshalb ermutigen, dich mit den drei Schritten ernsthaft auseinanderzusetzen und diese Handlungsmacht zu erlangen. Außerdem: Je mehr du aus eigener Erfahrung über diese Persönlichkeitsentwicklung zu mehr emotionaler Agilität weißt, desto effektiver kannst du dein Team und Umfeld darin unterstützen. Beginne deshalb gleich jetzt mit dreimal fünf Minuten der Reflexion und notiere deine Antworten.

Schritt 1: Erkenne, was bei dir Abwehr und Verschlossenheit auslöst.
- Welche Auslöser triggern dich im Alltag in eine Haltung der Abwehr und Verschlossenheit?
- Ging es dir einmal so, dass du nichts von neuen Ideen und anderen Perspektiven hören wolltest? Was hat diesen Zustand bei dir ausgelöst?
- Ging es dir einmal so, dass dir Recht-Haben wichtiger war als der Wunsch, etwas dazuzulernen? Was hat diesen Zustand ausgelöst?

Schritt 2: Erkenne und nutze, was deine Lernhaltung aktiviert.
- Wann warst du zuletzt in einer besonders offenen, wissbegierigen und lernfreudigen Haltung? Was hat diesen Zustand ausgelöst?
- Welche Situationen und welche Menschen beeinflussen dich regelmäßig in Richtung Lernhaltung?
- Was könnte dir helfen und was hat dir schon einmal geholfen, um aus der Abwehrhaltung in die Lernhaltung zurückzufinden?

---

[3] Das Konzept der emotionalen Agilität oder emotionalen Beweglichkeit wurde von Susan David (2020) entwickelt. Emotionale Agilität hilft uns, einen Schritt zurückzutreten und Entscheidungen auf der Grundlage der eigenen Werte und Ziele zu treffen, anstatt spontan zu reagieren.

Schritt 3: Stärke deine emotionale Agilität.

- Was bewirken die Trigger, die du in Schritt 1 identifiziert hast, jeweils ganz konkret? Wie fühlst du dich? Wie reagierst du?
- Wie würdest du stattdessen mit klarem Kopf gerne handeln? Welches Handeln passt mit deinem Idealbild deiner selbst überein?
- Wie könnte es dir trotz Trigger gelingen, einen klaren Kopf zu behalten oder wieder zu erlangen?

▶ Es liegt in deiner Macht, wie du handelst. Wie du auf deine Trigger reagierst, ist kein unabänderlicher Reflex, sondern „nur" ein tief eingegrabenes Muster, das es zu überwinden gilt.

Um bewusst und selbstbestimmt agieren zu können, musst du eine Pause schaffen zwischen einem Trigger und deiner Reaktion. Atme zum Beispiel dreimal tief durch. Frage dich dann, was dir in dieser Situation wichtig ist, und wähle bewusst, wie du handelst und wohin deine Gedanken sich wenden.

Die Intentionspause

Eine einfache und nützliche Technik, um deine emotionale Agilität zu steigern, ist die Intentionspause. Ich habe sie von Katie Anderson gelernt, die du in Kap. 3 noch kennenlernen wirst.

Nimm im Tagesverlauf immer wieder kurz deine Intention in den Blick. Überlege dir zum Beispiel, bevor du morgens das Büro betrittst oder vor einem Termin: Was ist meine Intention in der kommenden Situation? Wie kann ich entsprechend agieren?

Wenn du die Intentionspause einige Zeit geübt hast, kannst du diese Technik auch dann nutzen, wenn dich eine Situation sehr triggert, wenn du im Stress bist oder dich angegriffen fühlst. Gehe dann kurz in dich und atme beispielsweise dreimal tief durch und verbinde dich wieder mit deiner Intention. Durch Übung gelingt dir die Intentionspause bald leicht und automatisch. Ihr Nutzen ist enorm.

Andere in der Lernhaltung stärken

Du kannst andere auf mehrere Weisen in ihrer Lernhaltung stärken. Du kannst im Gespräch darüber, wie du an dir arbeitest und wozu, andere inspirieren, es dir gleich zu tun. Du kannst dir einen Sparringspartner suchen und ihr macht euch gemeinsam auf diese Lernreise und unterstützt euch gegenseitig. Wenn du über Gespräche und Sparringspartner hinaus noch weitere Kollegen oder dein Team in seiner Lernhaltung stärken möchtest, nutze gerne das *Workshop-Design State of Mind* im Downloadbereich als Einstieg. Im Team-Workshop geht es zusätzlich zu dem, was du bisher gelernt hast, auch darum, wie wir uns gegenseitig im Team in unserem *State of Mind* beeinflussen. Deshalb empfehle ich eine teamexterne Moderation, durch jemanden, der sich in dem Thema sicher fühlt. Denn du bist Teil deines Teams und der Dynamiken im Team und somit nicht die ideale Besetzung zur Moderation.

Drei Dynamiken im Team und ihr Einfluss auf den *State of Mind*

Der *State of Mind* beeinflusst das individuelle Lernen und das Lernen im Team und Unternehmen. Umgekehrt beeinflussen wir uns im Team gegenseitig in unserem *State of Mind*. Ich stelle dir hier drei wesentliche Dynamiken vor, durch die das geschieht.

1. State-of-Mind-Dynamik: Ansteckung und Verstärkung

Die erste Dynamik, wie wir uns im Team im *State of Mind* gegenseitig beeinflussen, ist dir wahrscheinlich bewusst: Wir stecken uns gegenseitig mit unserer Haltung an. Wir lassen uns von der Begeisterung, Neugier und Lernfreude eines Kollegen mitreißen. Und wir werden von einer Abwehrhaltung und Betonung von Bedrohungsszenarien heruntergezogen: Entweder lassen wir uns anstecken oder die Negativität raubt uns Energie.

Wenn du ein neues Thema im Team besprechen willst, spielt der *State of Mind* eine große Rolle. Im offenen *State of Mind* des Lernens erkunden wir Neues mit Interesse und Begeisterungsfähigkeit, ohne Risiken auszublenden. Vielmehr bemühen wir uns, Lösungen zu entwickeln, um Risiken zu entschärfen und Nachteile zu überwinden. Im *State of Mind* der Abwehr dagegen geben wir weder neuen Ideen, neuen Themen, neuen Prozessen noch neuen Strukturen eine Chance. Stattdessen ist unser Blick auf mögliche Nachteile und Risiken fixiert.

Die Dynamik des gegenseitigen Ansteckens und Verstärkens im *State of Mind* gilt es deshalb zu moderieren: Du kannst das positive Anstecken und Verstärken des offenen und lernfreudigen *State of Mind* fördern, indem du einen begeisterungsfähigen Kollegen zu einem neuen Thema zuerst zu Wort bittest. Die Dynamik in ihrer negativen Form kannst du bremsen, indem du mit Moderationsmethoden arbeitest, die erst einmal jedem Einzelnen Gelegenheit geben, seine Gedanken zum neuen Thema zu formulieren: Was sind Chancen und was wird durch die Neuerung möglich? Was sind Risiken und wie können diese reduziert werden?

2. State-of-Mind-Dynamik: Die Vereinzelung

Eine weitere häufige Auswirkung der Abwehr und Verschlossenheit im Team ist die Vereinzelung: Das Team funktioniert nicht (mehr) als Gemeinschaft. Man arbeitet nebeneinander her. Im *State of Mind* der Abwehr tendieren Menschen dazu, recht haben zu wollen, statt sich für die Perspektive anderer zu interessieren. Gute Feedbackgespräche finden in solchen Teams eher nicht statt. Man lernt sich nicht kennen und kann sich dadurch nicht gut unterstützen, Missverständnisse werden wahrscheinlicher und gemeinsame Lösungen oder Kompromisse, die für alle im Team annehmbar wären, sind schwerlich zu finden. Gleichzeitig steht die Verschlossenheit der gemeinsamen Bearbeitung von Ideen und dem gemeinsamen Ausloten von Verbesserungspotenzialen entgegen. Dadurch lernt das Team nicht nur weniger und arbeitet weniger effektiv. Die Menschen im Team erleben auch weniger gegenseitige Unterstützung und Wertschätzung, die in gesunden Teams die Lernhaltung begünstigen.

Gaby Kruse, die IT-Führungskraft, die du schon kennengelernt hast, kennt diese Dynamik. Sie führte ein recht homogenes Team an langjährig erfahrenen IT-Experten, als sie eine junge Mitarbeiterin direkt nach Universitätsabschluss sowie eine Werkstudentin einstellte. Die beiden jungen Frauen brachten neuestes Fachwissen, viel Kreativität und neue Denk- und Arbeitsweisen mit. Gaby freute sich sehr über diese Bereicherung für ihr Team. Zunächst ließen sich die erfahrenen Kollegen auch durchaus von der Energie der beiden jungen Kolleginnen anstecken und hatten Spaß daran, Neues zu lernen. Doch bald kippte die Stimmung. „Nach einigen Gesprächen mit meinen erfahrenen Mitarbeitern wurde mir bewusst, dass ich ihnen viel zu wenig meine Wertschätzung für ihre wertvolle Arbeit zeigte. Sie hielten den Laden am Laufen, doch hatten den Eindruck, dass nur die Zusatz-Projekte der jungen Kolleginnen meine Aufmerksamkeit erhielten. Das musste ich unbedingt ändern." Außerdem wünschte sich Gaby eine stärkere Zusammenarbeit in ihrem Team, sodass die jungen Mitarbeiterinnen vom Erfahrungsschatz der älteren Kollegen lernen konnten und diese umgekehrt vom neuen Fachwissen und den neuen Arbeitsweisen der jüngeren. „Diese Zusammenarbeit ließ sich am besten durch *Swarming*[4] erreichen: Ich buchte ein großes Besprechungszimmer im Nachbargebäude für gemischte Arbeitsgruppen aus meinem Team, gab ihnen eine klar definierte Aufgabe, die sie bis zum Abend oder innerhalb von zwei Tagen entwickeln sollten, und ließ sie arbeiten", berichtet Gaby. Sie beobachtete ab und an kurz, wie die kleinen Teams arbeiteten, und merkte, dass sie hier nicht gebraucht wurde. In diesem Setting klappte die Zusammenarbeit wunderbar. Das Team nahm diese Erfahrung in den Businessalltag mit und auch wenn *Swarming* nicht allzu häufig möglich war, arbeiteten sie wieder mehr zusammen und der soziale Zusammenhalt war viel stärker.

„Den sozialen Zusammenhalt im Team stärken, ist ein wesentlicher Erfolgsfaktor für gute Zusammenarbeit und das Lernen im Team", davon ist auch Julia Tolle (2023) überzeugt. Julia ist eine erfahrene Führungskraft in der Pharmabranche. Ich interviewte sie für dieses Buch, insbesondere, weil sie in ihrer ersten Führungsrolle miterlebte und miterreichte, wie die Zusammenarbeit und die Lernbereitschaft in ihrem Team sich sehr zum Positiven wandelten. „Erfolge gemeinsam richtig feiern, immer stark miteinander im Austausch stehen und auch regelmäßig viel Kleines für das Team tun: so wird der soziale Zusammenhalt stark und die Zusammenarbeit profitiert enorm. In meinem ersten Team haben wir vieles in dieser Richtung auf die Beine gestellt: Eine Mitarbeiterin hat zweimal in der Woche Ergonomietraining bei uns in der Pausenküche für alle angeboten. Wir hatten uns selbst ein Team-Motto gegeben, das ich auf Notizbücher drucken ließ und jedem im Team eines schenkte. Wir haben gemeinsam Kaffeepausen gemacht und auch ab und an gemein-

---

[4] Swarming oder Ausschwärmen ist eine agile Arbeitsmethode aus Scrum. Dabei bearbeiten Teammitglieder mit unterschiedlichen Fähigkeiten gemeinsam eine Aufgabe.

sam Crêpe oder Lasagne gegessen, die mein Vorgesetzter für alle zubereitete. Es war einfach sehr viel fürs Team und dann auch vom Team. Das war eine ganz besondere Konstellation."

Wenn du Vereinzelung durchbrechen willst, versuche Folgendes:

1. Gehe mit den Mitarbeitenden ins Gespräch, reflektiere, was die Haltung der Abwehr und Verschlossenheit auslöst, und versuche, entgegenzuwirken. Ein gefühlter Mangel an Wertschätzung ist eine häufige Stolperfalle.
2. Fördere Zusammenarbeit und gegenseitige Unterstützung: Agile Arbeitsmethoden und Methoden, die Kreativität freisetzen, können sich dazu eignen.
3. Schaffe Gelegenheiten, um den sozialen Zusammenhalt im Team und den regelmäßigen Austausch zu stärken.

3. State-of-Mind-Dynamik: Die Negativspirale

Die dritte Dynamik, wie wir uns im Team im *State of Mind* gegenseitig beeinflussen, ist die Negativspirale. Ich möchte sie dir an folgender Anekdote meiner Klientin Maren illustrieren. Maren konnte sich gerade noch bremsen, die Augen zu verdrehen. Die zwei Teamleiter der Einkaufsabteilung, die sie leitete, machten sich gegenseitig das Leben schwer und zogen nicht an einem Strang. Während Christian agile Methoden einführen und innovative Konzepte entwickeln wollte, stand Andreas dafür ein, die bewährten Qualitätsstandards hochzuhalten, und wollte nichts von Veränderungen wissen. Maren schätzte die Innovationen sehr, die Christian mit viel Tatkraft vorantrieb und die der Abteilung bereits einen renommierten Unternehmenspreis eingebracht hatten. Gleichzeitig sah sie auch mit welchem Selbstbewusstsein Christian gegenüber Andreas auftrat und konnte nachvollziehen, dass Andreas das als arrogant empfand. Andreas lag vor allem am Herzen, Bewährtes zu bewahren, und Maren musste ihm recht geben, dass dieses bewährte Vorgehen der unternehmensweit geschätzten Qualität, die ihre Abteilung lieferte, zugrunde lag. Doch es brauchte genauso Innovation und das Marketing durch Christian. Andreas empfand sich durch die viele Aufmerksamkeit für Christian ungerechterweise zu wenig geschätzt und das schlug ihm auf die Stimmung. Jetzt wollte er erst recht nichts mehr von Christian und dessen Ideen hören! Christian wiederum brachte Andreas Abwehrhaltung auf die Palme. „Was um Himmels willen ist denn sein Problem?! Muss man denn immer alles Neue sofort ablehnen?!"

Maren berichtete mir von der Situation, als wir einen Workshop für ihr Leitungsteam vorbereiteten. Zwar war Andreas an diesem Termin verhindert, doch wir beschlossen die Gelegenheit zu nutzen und zumindest mit dem restlichen Team mit dem *State-of-Mind-Modell* zu arbeiten. Als ich im Workshop das Modell vorstellte, bat ich die Teilnehmer darauf zu achten, ob ihnen bestimmte Dynamiken bekannt vorkamen. Am Modell zeigte ich, was Menschen in die Lernhaltung oder aber in die Abwehrhaltung bringen kann. Ich erklärte unter anderem, wie Menschen in der Abwehrhaltung andere ausbremsen können und das dazu führen kann, dass der Ausgebremste ein arrogant wirkendes Verhalten an den Tag legt, dass wiederum den anderen noch tiefer in die Abwehrhaltung triggern kann und die Situation immer verfahrener wird. An diesem Punkt meldete sich Christian zu Wort: „Genauso ist es bei uns! Ich fühle mich ausgebremst und wirke in meiner Frustration sicherlich arrogant auf Andreas. Und damit verstärke ich noch, dass er verschlossen und in der Abwehr bleibt!"

Dass Christian seine Selbstreflexion direkt im Workshop so klar ausgesprochen hat, ist ungewöhnlich. Nicht ungewöhnlich ist dagegen die beschriebene Dynamik und Negativspirale. Ich habe sie schon häufig in Teams erlebt und nicht selten sind auch Führungskräfte involviert. Bisher war noch keinem der Menschen, mit denen ich gearbeitet habe, bewusst, dass sie durch ihr Verhalten verstärkten, was sie an ihren Kollegen oder Mitarbeitern in der Abwehrhaltung so sehr nervte. Doch das Erkennen dieser Dynamik ist der erste Schritt, um sie aufzubrechen. Wäre Christian die Auswirkung seines Verhaltens klar gewesen, hätte er sicherlich versucht, anders aufzutreten. Das ist selbstverständlich leichter gesagt als getan. Ich gab Christian damals folgenden Rat: Trainiere die Intentionspause, sodass du sie in Situationen mit Andreas anwenden kannst. Christian sollte einüben, eine Pause zwischen einem Trigger und seiner Reaktion zu schaffen, indem er den Trigger wahrnimmt und dann beispielsweise dreimal tief durchatmet oder sogar die Situation kurz verlässt. Dann sollte er sich fragen, was er in der Situation erreichen will und wie er das am besten erreicht. Erst mit dieser klaren Intention sollte er wieder in die Situation zurückgehen.

Die drei *State-of-Mind*-Dynamiken (1) Anstecken und Verstärken, (2) Vereinzelung und (3) die Negativspirale machen deutlich, wie nützlich es sein kann, sich als Führungskraft, als Change Agent oder im Team damit auseinanderzusetzen. Das Modell kann uns helfen, uns dieser Dynamiken bewusst zu werden und effektiv damit umzugehen. Dabei kann das *State-of-Mind*-Modell ein guter Startpunkt sein, um die Reflexion im Team anzustoßen und darüber ins Gespräch zu kommen, was jedem Einzelnen in die Lernzone hilft oder aber in die Abwehrhaltung triggert. Als Frage empfehle ich: „Wie könnte für dich Unterstützung durch einen Kollegen aussehen, dass du zur Lernhaltung zurückfinden kannst?"

Ich rate dir, nicht zu zögern, mit deinem Team das *State-of-Mind*-Modell zu erkunden, auch wenn du keine der negativen Dynamiken erlebst. Tauch lieber in das Thema ein, bevor es unbedingt erforderlich wird, denn so ist es leichter, offen ins Gespräch zu kommen und die Lernhaltung im Team zu stärken, einander besser kennenzulernen und sich besser gegenseitig zu unterstützen.

1.4.3   Lernhaltung fördern durch neue Denk- und Handlungsmuster

Unsere Denk- und Handlungsmuster spiegeln in gewissem Maße unsere Haltung wider und sind beeinflusst von unserem Selbstbild, Menschenbild und Weltbild. Im Arbeitskontext sind sie außerdem beeinflusst von der Kultur, die in unserem Team und unserer Organisation vorherrscht. Und drittens beruhen sie darauf, wie wir bisher gewohnheitsmäßig dachten und handelten. Gewohnte Muster sind tief in unser Gehirn eingegraben, sodass sie schnell abrufbar sind und uns auch in Krisensituationen leicht fallen. Was aber, wenn unsere bisherigen Denk- und Handlungsmuster nicht ideal sind, um zu lernen, Probleme zu lösen und neuen Herausforderungen zu begegnen?

Ein Denk- und Handlungsmuster, das der menschlichen Natur entspricht, uns aber im Businessalltag oft im Weg steht: Wir springen oft vorschnell zu Schlussfolgerungen und sind uns darüber nicht einmal bewusst. Unser Gehirn füllt blinde Flecken still und leise mit Annahmen. Auch wenn die Realität vielleicht anders aussieht, bleibt sie oft unerkannt.

Ein weiteres Muster, das der menschlichen Natur entspricht und uns doch im Businessalltag oft im Weg steht: Wir vermischen die Bewertung einer Idee mit der Bewertung einer Person. Das führt entweder dazu, dass wir die Idee weiterverfolgen, die die Person mit dem höchsten Status vertritt, oder es führt dazu, dass wir über den Weg nach vorn in unnütze Diskussionen verfallen, die eher von der persönlichen als der Sachebene herrühren.

Wie die Denk- und Handlungsmuster des Lernens diesen beiden klassischen Mustern entgegenwirken, erfährst du in Teil 2 und insbesondere in Kap. 4 dieses Buches. Doch so viel schon vorab: Beim Kennenlernen und gedanklichen Nachvollziehen sollte es nicht bleiben. Denn neue Denk- und Handlungsmuster erlangen wir nur durch Einüben.

Stelle dir vor, du möchtest lernen, Flamenco zu tanzen oder Gitarre zu spielen: Du hörst einen Vortrag dazu und siehst dir ein Video zu den Grundschritten des Tanzes beziehungsweise den Grundgriffen des Gitarrespielens an. Du hast alles verstanden. Doch kannst du nun Flamenco tanzen oder Gitarre spielen? Natürlich nicht. Nur durch Einüben der Grundtechniken wirst du diese erlernen. Idealerweise unterstützt dich dabei ein Coach, der dich darauf hinweist, wenn du die Schritte noch nicht richtig machst. Auf genau die gleiche Weise gilt es, die Muster des Lernens zu verinnerlichen.

Nun sind wir am Ende dieses ersten Kapitels angelangt. Du hast bereits vieles gelernt, was dir erleichtern wird, Lernen in deinem Team und Umfeld auf ein neues Level zu heben. Nun ist es an dir, ins Tun zu kommen! Nutze gerne das Bonusmaterial und lass dich durch einen Kollegen mit entsprechender Expertise oder einen externen Moderator in den Workshops unterstützen. Im nächsten Kapitel bauen wir auf die Lernhaltung auf und beleuchten das Thema Lernkultur. Wir schauen uns an, was Lernkultur bedeutet und wie sie entsteht. Und ich zeige dir, wie du Lernkultur gestalten kannst.

Das Wichtigste in Kürze
- Unsere Haltung entsteht aufgrund unserer stillen Annahmen und unterscheidet sich je nach Situation und Umfeld.
- Unsere Haltung beeinflusst unsere Wahrnehmung, unser Denken und unser Handeln und damit unsere Fähigkeit zu lernen.
- Eine Lernhaltung ist geprägt von Offenheit, Neugier und einem dynamischen Selbstbild und wird gestärkt, wenn wir ein für uns relevantes und herausforderndes Ziel anstreben.

- Die Lernzone ist weder die Zone der Angst noch die der Bequemlichkeit, sondern ein Platz, an dem wir uns gleichzeitig herausgefordert und ausreichend sicher fühlen. Idealerweise ist es trotz und aufgrund hoher Leistungsstandards eine Wohlfühlzone, in der wir die Herausforderung als Wachstumschance schätzen.
- Wir können unsere Haltung und die anderer Menschen auf dreierlei Art in Richtung Lernhaltung beeinflussen:
  (1) auf rationaler Ebene, indem wir verstehen, was uns ein dynamisches Selbstbild nutzt und dass wir frei sind, dieses zu wählen,
  (2) auf emotionaler Ebene durch Zutrauen, Ermutigung und aufrichtig freundliche Unterstützung,
  (3) auf methodischer Ebene durch das bewusste Einüben der Denk- und Handlungsmuster des Lernens.

Einladung zur Reflexion

1. Welche Themen, welche Unsicherheiten, welches Verhalten kann dich in einen Zustand der Abwehr und Verschlossenheit triggern?
2. Welche eigenen Verhaltensmuster und welches Verhalten anderer helfen dir in einen Zustand des Lernens, der Wissbegier und Lernfreude?
3. Hast du schon einmal eine Negativspirale in den Zustand der Abwehr und Verschlossenheit erlebt oder beobachtet? Wie ließe sich diese im konkreten Fall durchbrechen?
4. Wenn du (oder jemand in deinem Umfeld) das nächste Mal feststellst: „Das kann ich nicht", ergänze ein **noch**: „Das kann ich **noch** nicht." Wie fühlt sich das an? Was wird möglich?

1.5 Bonusmaterial

Code	Titel	Beschreibung
1.1	Workshop-Design *Growth Mindset*	Workshop zielt darauf, (1) bewusst zu machen, wie sich ein statisches Selbstbild (*Fixed Mindset*) und ein dynamisches Selbstbild (*Growth Mindset*) unterscheiden (2) die Reflexion über das eigene Selbstbild anzuregen (3) zu einer bewussten Wahl eines dynamischen Selbstbildes zu ermutigen

Code	Titel	Beschreibung
1.2	Workshop-Design *State of Mind*	Workshop zielt darauf, (1) im Team oder im Rahmen eines Führungskräftetrainings Bewusstsein zu schaffen, was Menschen in die Lernzone oder in eine Haltung der Abwehr triggert (2) die Reflexion über sich selbst und das Team/die Kollegen anzustoßen: Wann bin ich oberhalb, wann unterhalb der Linie aus dem *State-of-Mind*-Modell? Was hilft mir in die Lernzone? Wie kann ich anderen in die Lernzone helfen? (3) Austausch im Team: Was triggert die einzelnen Menschen? Welche Unterstützung wünschen sich die Einzelnen, um aus der Abwehrhaltung in die Lernhaltung zurückzufinden?

Literatur

Bloom, Benjamin. 1982. The role of gifts and markers in the development of talent. *Exceptional Children* 48(6): 510–522.

Boyatzis, Richard E., Melvin Smith, und Ellen Van Oosten. 2019. *Helping people change*. Boston: Harvard Business School Publishing.

Corr, Phillip J., Hrsg. 2008. *The reinforcement sensitivity theory of personality*. Cambridge: Cambridge University Press.

Cuddy, Amy. 2024. *Bullies, bystanders, And bravehearts*. New York: HarperCollins.

David, Susan. 2020. *Emotionale Beweglichkeit: Für freie Entfaltung mit klarem Blick und offenem Geist*. Kandern: Unimedica.

Dweck, Carol. 2017. *Selbstbild: Wie unser Denken Erfolge oder Niederlagen bewirkt*. München: Piper.

Edmondson, Amy C. 2019. *The fearless organization: Creating psychological safety in the workplace for learning, innovation, and growth*. New Jersey: Wiley.

Gladwell, Malcolm. 2009. *Outliers: The story of success*. New York: Penguin Random House.

Grant, Adam. 2013. *Give and take: Why helping others drives our success*. New York: Penguin Random House.

Kruse, Gaby. 2024. im Interview mit Sabrina Malter zu Lernhaltung und Lernkultur, 09.02.2024.

Ross, Karyn. 2022. *The kind leader: A practical guide to eliminating fear, creating trust, and leading with kindness*. Boca Raton, FL: Routledge.

Saum-Aldehoff, Thomas. 2007. *Big Five – Sich selbst und andere erkennen*. Düsseldorf: Patmos.

Tolle, Julia. 2023. im Interview mit Sabrina Malter zu Lernhaltung und Lernkultur, 11.12.2023.

Younosi, Cawa. 2024. LinkedIn Post zum Thema ‚Ermutigung und Lernen' vom 25.02.2024. www.linkedin.com/posts/cawa-younosi_potenzial-vertrauen-activity-7162098105314701312-rqUb?utm_source=share&utm_medium=member_desktop. Zugegriffen am 25.02.2024.

Zum Weiterlesen

Boyatzis, Richard E., Melvin Smith, und Ellen Van Oosten. 2019. *Helping people change*. Boston: Harvard Business School Publishing.

David, Susan. 2020. *Emotionale Beweglichkeit: Für freie Entfaltung mit klarem Blick und offenem Geist*. Kandern: Unimedica.

Dweck, Carol. 2017. *Selbstbild: Wie unser Denken Erfolge oder Niederlagen bewirkt*. München: Piper.

Grant, Adam. 2013. *Give and take: Why helping others drives our success*. New York: Penguin Random House.

Ross, Karyn. 2022. *The kind leader: A practical guide to eliminating fear, creating trust, and leading with kindness*. Boca Raton, FL: Routledge.

Gestalte eine Kultur des Lernens im Team und im Unternehmen

2

„Zum Lernen braucht es Vertrauen, Verständnis und eine Prise Humor."

–*Silvia Rose*

Zusammenfassung

Lernkultur baut auf der Lernhaltung im Team und in der Organisation auf. Gemeinsam bilden Lernhaltung und Lernkultur die Grundlage, auf der das Lernen auch in herausfordernden, turbulenten und unsicheren Zeiten gelingt. In einer Lernkultur erreichen wir erfolgreicher unsere Ziele, lösen Probleme effektiver und gehen mit Veränderungen konstruktiver um.

Wir können eine Lernkultur gestalten, indem wir fünf Aspekte angehen: Zunächst braucht es ein gemeinsames Verständnis, dass Lernen erforderlich für den Team- oder Unternehmenserfolg ist und von der Führungskraft gewünscht und erwartet wird. Zweitens gilt es, psychologische Sicherheit und drittens Vertrauen zu stärken. Viertens sollten wir Zusammenarbeit und gegenseitige Unterstützung im Team und in der Organisation fördern. Und fünftens gilt es, die Denk- und Handlungsmuster des Lernens einzuüben, sodass sie mehr und mehr zum normalen Modus Operandi der Menschen im Team und in der Organisation werden.

In diesem Kapitel geht es um Lernkultur. Lernkultur baut auf der Lernhaltung der Menschen im Team und Unternehmen auf. Umgekehrt beeinflusst Kultur unbewusst und reflexiv die Haltung jedes Einzelnen. In einer Kultur, in der wir uns sicher und wertgeschätzt fühlen, befinden wir uns eher in der Lernzone als in einer Kultur, die unseren Selbstschutz und damit eine Abwehrhaltung auslöst.

Um zu illustrieren, welchen Einfluss Kultur auf die Lernhaltung eines Menschen hat, möchte ich dir Lara vorstellen. Lara ist Versicherungskauffrau und Expertin für Schadensregulierung. Heute wird sie sehr geschätzt dafür, bei jedem Problem schnell gute Lösungsansätze zu entwickeln: Ein Prozess ist kompliziert und dauert oft länger als geplant – Lara hat bestimmt gute Verbesserungsideen. Ein Klient hat unrealistische Erwartungen und ist unzufrieden – Lara weiß sicher Rat. Schon während ihrer Ausbildungszeit sprudelte sie vor Ideen und ließ sich von keiner Herausforderung abschrecken. Doch in ihrem ersten Job nach der Ausbildung war das mit einem Mal anders. Ihre damalige Chefin sprach viel über Exzellenz und das Ansehen des Teams im Konzern. Für sie bedeutete das: Fehler wurden harsch sanktioniert und nach außerhalb des Teams war der Schein des Perfekten unbedingt zu wahren. Auch die Kollegen in diesem Team waren keine Unterstützung für die Berufseinsteigerin: Sie reagierten ungeduldig auf Laras Fragen. Zu dieser Zeit hatte Lara fortwährend das Gefühl, dass sie perfekt funktionieren musste, um sich nicht angreifbar zu machen. Zunächst behielt sie ihre Ideen für sich, bald kamen ihr gar keine mehr in den Sinn. Spaß machte ihr die Arbeit auch nicht mehr und so wechselte sie bald in ihr heutiges Team – und hatte Glück: Auch hier wird Exzellenz großgeschrieben. Und diese wird erreicht, so ist man hier überzeugt, durch kontinuierliches Lernen und Verbessern, Zusammenarbeit und gegenseitige Unterstützung.

Während unsere Haltung individuell ist und im Innenleben eines jeden verortet, wird Kultur in der Gemeinschaft geprägt und gelebt. Dadurch beeinflussen sich Lernhaltung und Lernkultur gegenseitig. Lernhaltung und Lernkultur zusammen bilden die Grundlage, auf der im Unternehmen gelernt wird und auf der die Fähigkeiten des Lernens – zum Ziele erreichen, Probleme lösen und zur konstruktiven Veränderung – eingesetzt und entwickelt werden. Lernhaltung und Lernkultur bieten im guten Fall ein sicheres Parkett fürs Lernen. Und dann kann der Tanz beginnen.

2.1   Was ist Kultur im Team und Unternehmen?

Kultur im Team und Unternehmen meint die üblichen, gewohnheitsmäßigen Muster der Interaktion zwischen Menschen, in Teams und unter weitläufigen Kollegen. Wie arbeiten wir gewöhnlich zusammen? Wie verhalten wir uns und wie gehen wir miteinander um? Sprechen wir beispielsweise Schwierigkeiten offen an oder wird über Kollegen hinter deren Rücken gelästert?

Kultur kann also beschrieben werden als die Art und Weise, wie Menschen in einer Gruppe Dinge tun. Was sind die Verhaltensweisen und Interaktionsmuster, die im Team und im Unternehmen üblich sind? Welche Routinen und Rituale gibt es? Welche Normen werden vertreten? Hilft man sich gegenseitig wie in Laras heutigem Team oder arbeitet jeder auf sich allein gestellt? Ist es üblich, Unwissen einzugestehen? Wenn Lara heute eine scheinbar dumme Frage in den Sinn kommt, hält sie sich nicht zurück, diese zu stellen, denn in ihrem jetzigen Team ist das kein Problem. Ihr erfahrener Kollege Christoph reagierte auf Laras Frage während einer Präsentation, die er im Team hielt, wie folgt: „Die Antwort auf deine Frage wissen sicher einige nicht im Detail. Danke, dass du fragst, Lara."

Ist es üblich, Probleme zu besprechen und sich Unterstützung zu deren Lösung zu holen? In Laras heutigem Team schon. Im ersten Team sah es anders aus: Da klang jede Statusmeldung wie in einem Hochglanzmagazin und Probleme löste man alleine. Fehler wurden unter den Teppich gekehrt, sodass das Team diese weder gemeinsam bearbeiten noch daraus lernen konnte.

Kultur wird beeinflusst von unseren stillen Annahmen, wie Organisationen funktionieren, wie Leistung entsteht, wie Menschen ticken. Stille Annahme bedeutet, ich spreche diese Annahme (beispielsweise mein Menschenbild) nicht aus, vielleicht ist sie mir nicht einmal bewusst. Manchmal erfahren wir die stillen Annahmen von Menschen, wenn wir nachfragen. So erging es mir mit Emil, einem Teamleiter, der außergewöhnlich großen Wert darauf legte, die besonderen Fähigkeiten, Neigungen und Antriebe seiner Teammitglieder kennenzulernen. Ihm gelang es in beeindruckender Weise, starke Teams zu formen und den Menschen ein Gefühl der Wertschätzung zu vermitteln. Seine stille Annahme war: „Die Unterschiedlichkeit der Menschen ist ein Geschenk, das es zu nutzen gilt: Dann können wir gemeinsam viel mehr erreichen." Nachdem er das einmal mit leuchtenden Augen aussprach, verstand ich, was ihn antrieb.

Je nachdem, welche stillen Annahmen im Unternehmen vorherrschen, prägen sie die Kultur auf unterschiedliche Weise. Besagt die vorherrschende stille Annahme, Verhalten, Einsatzbereitschaft und Leistungswille ließen sich am besten durch positive wie negative Sanktionen steuern, haben wir eine transaktionale Kultur: Wir versuchen über Anreize wie Gehaltserhöhungen und Titel zu steuern. Wenn Finn auch noch das dritte Projekt übernimmt, gibt's einen Bonus. Wir wollen Luise als Leiterin des herausfordernden Programms gewinnen. Deshalb lasst uns ihr eine Beförderung in Aussicht stellen!

Eine Kultur des Teamworks basiert dagegen auf der Annahme, dass Menschen in einem Umfeld von Vertrauen, mit klaren Zielen und durch Förderung und Weiterentwicklung die beste Leistung erbringen. Laras heutige Teamleiterin Carina investiert deshalb in gut vorbereitete Teammeetings und wöchentliche 1-zu-1-Gespräche mit ihren Mitarbeitenden. In diesen hört sie zuallererst aufmerksam zu und zeigt ihr Interesse am Menschen. Außerdem setzt sie herausfordernde Ziele, die sie gut erklärt und aufzeigt, wie diese zum Erfolg des Unternehmens beitragen. Und sie unterstützt als Coach, auf dem Weg diese Ziele zu erreichen.

Kultur beinhaltet auch Normen. Was vielleicht angestaubt und nach Verbot klingen mag, liegt mir sehr am Herzen. Denn bei Normen geht es um unsere gemeinsamen und unverhandelbaren roten Linien im Team und Unternehmen. Welches Verhalten wird hier *nicht* toleriert? Wenn das klar ist, kann Sicherheit entstehen, insbesondere für Kollegen, die von Diskriminierung und Menschenfeindlichkeit betroffen sind. Nur weil Laras schwarze Kollegin Sara weiß, dass sie sich im Team darauf verlassen kann, nicht zur Zielscheibe rassistischer Spotts zu werden, kann sie sich mit voller Energie und Offenheit mit dem Team in kreative Prozesse stürzen. Selbstverständlich ist das relevant für Lernkultur und Leistung. Vor allem aber gebieten Anstand und Respekt, ein solches sicheres Umfeld zu schaffen und zu verteidigen.

Welche Kultur braucht Lernen?

Ein Reflexionsanstoß für dich zu Beginn: Stell dir eine ideale Lernkultur vor. Welche Handlungsmuster würdest du ganz konkret beobachten? Wie würden sich die Menschen verhalten, miteinander umgehen und zusammenarbeiten?

2.2 Wie wirkt sich Kultur im Team und Unternehmen auf das Lernen aus?

Kultur ist, wie wir Dinge tun und wie wir uns verhalten und miteinander umgehen. Wie wirkt sich das auf das Lernen aus? Dazu gebe ich dir in Tab. 2.1 noch weitere Beispiele.

Wenn wir uns die Wirkung einer Lernkultur in der und für die Organisation (Tab. 2.1) vor Augen halten, wird klar, dass eine Lernkultur die Grundlage für Leistung und Erfolg legt. Wenn wir im Unternehmen stattdessen versuchen, Leistung direkt zu managen, stellen wir uns womöglich selbst ein Bein.

▶   *Vorsicht Stolperfalle!* Mitarbeitersegmentierung als Leistungsmanagementansatz.

Die Leistung einer Organisation im Blick zu behalten und zu fördern, ist eine wesentliche Managementaufgabe. Wir gestalten nicht zuletzt deshalb eine Lernkultur im Unternehmen, um die Basis für Hochleistung zu legen. Manch ein Managementansatz zur Leistungsförderung verfehlt allerdings sein Ziel. Seit den 1980er-Jahren machen in regelmäßigen Abständen Unternehmen den Versuch, durch eine Bewertung und Segmentierung ihrer Mitarbeitenden in Leistungskategorien wie Hochleister, Normalleister und Minder-

Tab. 2.1 Wirkung einiger Aspekte der Lernkultur in Organisationen

Kulturaspekt	Wirkung in der Organisation
Bringen wir Probleme auf den Tisch und lösen sie gemeinsam?	Dann lernen wir voneinander, mehr und schneller.
Hören wir einander mit voller Aufmerksamkeit zu?	Dann können wir voneinander lernen und zeigen Wertschätzung füreinander.
Machen wir im Team eine Retrospektive?	Dann lernen wir aus der Reflexion der Vergangenheit und aus unterschiedlichen Perspektiven.
Besteht für alle die Möglichkeit, Fehler zu äußern, und wird diese Möglichkeit genutzt?	Dann können alle aus diesen Fehlern lernen und ähnliche vermeiden. Außerdem lassen sich die Konsequenzen des Fehlers gemeinsam vielleicht noch entschärfen.
Sind wir regelmäßig intensiv im Austausch?	Dann bekommen wir mehr Informationen und lernen die Perspektiven der anderen kennen.
Stellen wir viele offene Fragen?	Dann verstehen wir ein Thema besser und können es besser gemeinsam durchdenken.

leister und Sanktionssystemen die Leistung der Organisation zu fördern. Die Sanktionen sehen zumindest in Ländern, in denen Mitarbeitende nicht einfach aufgrund von vergleichs-weise geringer Leistung entlassen werden können, meist so aus: Die „Hochleister" werden mit Boni bedacht, die „Normalleister" werden in Ruhe gelassen, die „Minderleister" wer-den mit unangenehmen Maßnahmen und vor allem durch die negative Etikettierung ab-gestraft. Meist werden solche Programme nach kurzer Zeit wieder beendet, da sie ihr Ziel der Leistungssteigerung verfehlen. Mitarbeitersegmentierung als Leistungsmanagement ist eine Stolperfalle, die aus mehreren Gründen vermieden werden sollte: Erstens werden durch den Fokus auf die Leistung der Mitarbeitenden andere Aspekte, die die Unter-nehmensleistung negativ beeinflussen, verschleiert – ob das nun strukturelle oder kulturelle Schwachstellen sind oder Managementfehler. Zweitens macht an der Leistung der Mit-arbeitenden die individuelle Leistung nur einen Teil aus. Eins plus eins kann und sollte mehr als zwei ergeben. Organisationen sind Kooperationsarenen: Leistung entsteht gerade auch durch konstruktive Zusammenarbeit und gegenseitige Unterstützung. Doch dieser Leistungsbaustein gerät durch den Fokus auf individuelle Leistung ebenfalls aus dem Blick. Drittens wird die Leistung eines Mitarbeitenden nicht nur bestimmt von der individuellen Leistungsbereitschaft und -fähigkeit, dem Wollen und Können. Die Leistung jedes Einzel-nen hängt auch von der Leistungsmöglichkeit, dem Dürfen, ab. Für dieses Dürfen braucht es eine Vertrauenskultur und eine Erlaubnis zum Lernen. Beides wird durch einen Leistungs-managementansatz der Mitarbeitersegmentierung nicht gefördert.

Statt Kultur aus der Vogelperspektive auf den Businessalltag allgemein zu betrachten, können wir auch ein Detail dieses Alltags unter die Lupe nehmen und beobachten, wie sich Kultur auf Lernen auswirkt. Dazu empfehle ich, den Arbeitsalltag vor Ort zu be-obachten.

Ein Beispiel: In einem mittelständischen Industrieunternehmen in Süddeutschland habe ich vor einiger Zeit im Rahmen einer agilen Transformation unterstützt. Das Unter-nehmen hatte in allen Teams tägliche Kurzbesprechungen etabliert. Doch der Nutzen die-ser „Stand-up-Meetings" wurde von den Mitarbeitenden sehr unterschiedlich bewertet. Die Einschätzungen der Teams reichten von „extrem wertvoll" bis „reine Zeitverschwen-dung". Die interne Projektleiterin war irritiert: Wie konnte das sein? Der Ablauf der Stand-up-Meetings war doch in allen Teams quasi gleich!

Bei genauerem Hinschauen vor Ort konnte sie allerdings erkennen, dass sehr wohl große Unterschiede bestanden: In einem Team wurde beispielsweise eine vermeintlich „dumme" Frage mit Augendrehen kommentiert. In einem anderen Meeting wurde viel dis-kutiert, wurden Fragen gestellt und Bedenken geäußert. Im dritten sprachen nur zwei der sechs Anwesenden: Sie achteten nicht darauf, ob sie bei ihren Fachtermini von allen ver-standen werden konnten, und zeigten deutlich, dass sie ihre eigene Arbeit und Leistung für besonders relevant hielten.

So unterschiedlich ging unsere „Go-and-see"-Tour weiter, bei der wir uns vor Ort an-schauten, was geschah. Danach waren uns die sehr unterschiedlichen Einschätzungen zum Wert der Stand-up-Meetings klar und wir wussten, was es jetzt zu tun galt: Die Kultur ge-stalten! Doch wie gelingt das?

2.3   Lernkultur aktiv gestalten

Eine Kultur des Lernens gestaltest du, indem du fünf Aspekte im Blick behältst und förderst:

1. einen Rahmen für die Lernkultur setzen,
2. *psychologische Sicherheit* stärken,
3. Vertrauen wachsen lassen,
4. unterstützende Zusammenarbeit fördern,
5. Denk- und Handlungsmuster des Lernens einüben.

Beim Gestalten der Lernkultur geht es nicht darum, noch mehr Aufgaben oben drauf zu packen und diese nacheinander abzuarbeiten. Vielmehr geht es darum, Dinge dauerhaft anders zu machen. Die vier erstgenannten Aspekte stelle ich dir im Folgenden vor und zeige dir, was du jeweils konkret tun kannst. Dem letztgenannten Aspekt, den Denk- und Handlungsmustern des Lernens, widme ich Teil 2 dieses Buches. Diese Muster gilt es mithilfe der Methoden, die ich dir dann vorstellen werde, einzüüben, sodass sie mit der Zeit alte Routinen ersetzen.

2.3.1   Den Rahmen setzen: Lernen ist erforderlich und wird gewünscht und erwartet

Den Rahmen für Lernkultur setzen wir, indem wir zweierlei klar, eindeutig und regelmäßig kommunizieren und entsprechend vorleben. Erstens: Warum wollen wir unsere Arbeit möglichst gut machen und warum ist Lernen dazu erforderlich? Was steht auf dem Spiel? Warum und für wen ist das wichtig? Warum ist die Stimme jedes Einzelnen wichtig?

Zweitens und mit Betonung auf Vorleben: Von allen im Team und der Organisation wird gewünscht und erwartet, dass sie durch Lernen, durch das Teilen von Fehlern und Ideen, durch Unterstützen und Hilfe-Annehmen ihren Beitrag leisten. Diese Aussage gilt es immer wieder mit Leben zu füllen und entsprechend zu handeln, Stichwort: Role Modelling.

Das Warum erklären
Um die Menschen im Team und im Unternehmen zu begeistern, täglich ihren Beitrag zum gemeinsamen Erfolg zu leisten, musst du als Führungskraft immer wieder klar kommunizieren, welchen Nutzen die Arbeit des Teams für die Kunden und die Mitarbeitenden stiftet. Vielleicht wunderst du dich, liebe Leserin, lieber Leser, warum ich das betone, wo es doch nicht um eine Leistungskultur, sondern eine Lernkultur gehen soll. Nun, eine Lernkultur *ist* eine Leistungskultur – wenn auch nicht das, was manchmal Leistungskultur genannt wird. Wenn von Leistungskultur gesprochen wird, geht es mitunter um ein Umfeld, in dem hohe Leistung stark eingefordert, niedrige Leistung sanktioniert wird und Fehler

nicht vorkommen dürfen. Leistung ist Antrieb und steht im Mittelpunkt der Kommunikation. Doch das Ergebnis sind nicht unbedingt Hochleistung und Erfolg für das Unternehmen.

Eine Lernkultur dagegen stellt das Lernen in den Mittelpunkt als die beste Art und Weise, wie wir erfolgreich das Unternehmensziel erreichen können. Das Unternehmensziel ist aber nicht in erster Linie das Lernen der Mitarbeitenden, sondern ein Produkt oder eine Dienstleistung, die im guten Fall das Leben der Kunden besser macht und gleichzeitig wirtschaftlichen Erfolg und sichere Arbeitsplätze beschert. Dieses Unternehmensziel und seinen Nutzen müssen wir allen in der Organisation klar begreifbar machen, um zu Hochleistung und dem dazu erforderlichen Lernen zu motivieren.

Die Erwartungshaltung deutlich machen
Ebenso wie beim Sinn und Zweck der Arbeit empfehle ich dir: Betone deine Erwartung an das gemeinschaftliche Lernen klar und regelmäßig und lebe konsequent vor, was du sagst. Wenn wir unsere Erwartungen wiederholt und klar aussprechen und unser Handeln im Einklang mit unserer Aussage steht, prägen wir Kultur. Dann verstehen die Menschen, was uns wichtig ist, und richten sich daraufhin aus.

Julia Tolle, eine meiner Interviewpartnerinnen für dieses Buch, berichtet noch heute begeistert von Sebastian Scholz, ihrem „besten Chef ever" (Tolle 2023). In Julias erster Führungsrolle, damals als Laborleiterin in der Qualitätskontrolle eines Pharmaunternehmens, erlebte sie, wie man eine Lernkultur im Team durch eine klare Erwartungshaltung fördern kann. „Ihr habt in mir den besten Freund, auch wenn euch ein Fehler passiert, solange ihr diesen auf den Tisch bringt", sagte ihr Chef Sebastian zum Team. „Aber wenn ihr den unter den Teppich kehrt, dann kriegen wir echt ein Problem miteinander. Der fliegt uns dann nämlich irgendwann allen um die Ohren!" Den Mitarbeitenden war klar, dass es wesentlich unangenehmer wäre, für das Vertuschen eines Fehlers einstehen zu müssen als für den Fehler selbst. Außerdem machte Sebastian den Schaden bewusst, der dem ganzen Team durch ein Vertuschen entstehen konnte. Sebastian und Julia merkten im Gespräch mit mir allerdings an, dass ein solcher Zungenschlag nur dann passend ist, wenn man sich im Team schon gut kennt und eine Vertrauensbasis besteht. In einem neuen Team würden beide etwas sachter formulieren.

Lernen als wesentlicher Wert
Wenn Lernen ein wesentlicher, gemeinsamer Wert im Unternehmen ist und Beiträge im Sinne des Lernens geschätzt und erwartet werden, beflügelt das nicht nur das Lernen selbst, sondern auch die Zusammenarbeit und Atmosphäre. Durch den gemeinsamen Wert des Lernens werden sich Kollegen untereinander eher Feedback geben und auf Fehler hinweisen. Sie können darauf vertrauen, dass der Adressat die Lernmöglichkeit mehr schätzt, als er die Konfrontation mit dem eigenen Fehler unangenehm empfindet, und müssen keinen negativen Effekt auf die Arbeitsbeziehung befürchten.

2.3.2 Psychologische Sicherheit stärken

Effektive Teams machen weniger Fehler. Das zumindest war die These von Amy Edmondson, als sie zu Beginn ihrer Wissenschaftslaufbahn an ihrer Promotion arbeitete (Edmondson 2019). Sie hatte sich zum Ziel gesetzt, den Zusammenhang zwischen Fehlern und Teamarbeit in Krankenhäusern zu untersuchen, und hatte erwartet, ihre These zu bestätigen. Als sie ihre Daten auswertete, sah sie auch schnell eine Korrelation. Doch was war das? Die Korrelation war genau umgekehrt zu dem, was Edmondson erwartet hatte! Machten Teams, die über eine bessere Teamarbeit berichteten, also mehr Fehler?

Dann stieß Edmondson bei ihrer Recherche auf ein Konzept, das sie neugierig machte: *psychologische Sicherheit*.

Der Begriff der *psychologischen Sicherheit* wurde bereits in den 1950er-Jahren von dem Psychologen Carl Rogers geprägt (Rogers 1954). Rogers beschäftigte sich mit den Bedingungen, die die Kreativität von Menschen steigern. Nach Rogers Verständnis fördern folgende drei Faktoren *psychologische Sicherheit*:

- Respekt für den Menschen,
- empathisches Verstehen,
- keine Abwertung.

Als Edmondson sich mit diesem Konzept und ihren Daten befasste, begann sie sich zu fragen, ob effektivere Teams möglicherweise eher bereit wären, ihre Fehler zu melden – weil sie sich dabei sicher fühlten –, und führte Folgeuntersuchungen durch, um diese Hypothese zu untersuchen. Nachdem es ihr gelungen war, eine valide Messmethode[1] für *psychologische Sicherheit* zu entwickeln, und sie die Teams dahin gehend untersucht hatte, war ihr klar: Sie hatte einen Volltreffer gelandet – ihre Hypothese war bestätigt!

Amy Edmondson, heute Professorin für Leadership an der Harvard Business School, entwickelte das Konzept der *psychologischen Sicherheit* im Laufe ihrer langjährigen Forschung zu Hochleistung in Teams weiter und brachte den Begriff zu großer Bekanntheit.

Psychologische Sicherheit bezieht sich auf die Kultur und das Empfinden *im Team*. „Es ist ein Phänomen auf Teamebene – es prägt das Lernverhalten der Gruppe und beeinflusst die Teamleistung", sagt Amy Edmondson[2] (Edmondson 2023). Das Gefühl der Sicherheit und die Bereitschaft, sich zu äußern, sind kein individuelles Merkmal, auch wenn man es auf individueller Ebene spürt und erlebt, „es ist eine Eigenschaft der Gruppe, die in der Gruppe entsteht" (Edmondson 2023).

In den meisten Organisationen fühlt es sich für viele Menschen sicherer an, sich zurückzuhalten und zu schweigen – sie behalten im Zweifelsfall ihre Ideen und Meinungen für sich (Tab. 2.2). Diesen Status quo zu ändern, ist das Ziel aller Bemühungen um *psychologische Sicherheit*.

---

[1] Die Methode zur Messung von *psychologischer Sicherheit* ist beschrieben in Edmondsons Buch *The fearless organization* (2019, S. 20).

[2] Dieses und die weiteren Zitate von Amy Edmondson in diesem Kapitel sind einem Interview durch Amy Gallo entnommen, das im Februar 2023 im *Harvard-Business-Review* erschien (Gallo 2023).

Tab. 2.2 Warum Schweigen in der Abwägung zwischen Ansprechen und Schweigen oft gewinnt nach Edmondson (2019, S. 34)

	Wer profitiert?	Wann wird der Benefit realisiert?	Gewissheit des Benefits
Ansprechen	Das Unternehmen/ die Kunden	Nach einiger Zeit	Niedrig
Schweigen	Man selbst	Sofort	Hoch

Tab. 2.3 Leader's Toolkit zum Aufbau von *psychologischer Sicherheit* nach Edmondson (2019, S. 159)

	Den Rahmen setzen	Zur Teilnahme einladen	Produktiv antworten
Leadership-Aufgabe	**Mache Erwartungen klar** zu Fehlern, Komplexität, gegenseitiger Abhängigkeit **Betone Ziel und Zweck** Zeige auf, was auf dem Spiel steht, warum und für wen das wichtig ist	**Lade ein** Mache deutlich, dass es den Input aller braucht **Frage und höre zu** Stelle gute Fragen und höre intensiv zu **Setze Strukturen und Prozesse auf** Kreiere Foren für Input und gebe Diskussionsrichtlinien	**Zeige Wertschätzung** Höre zu, zeige Anerkennung und bedanke dich **Entstigmatisiere Fehler** Richte die Perspektive auf die Zukunft, biete Unterstützung an, brainstorme und diskutiere nächste Schritte und sanktioniere klare Verstöße
Damit wird erreicht	Transparente Erwartungen und Verständnis der Bedeutung	Zuversicht, dass Ansprechen willkommen ist	Orientierung auf kontinuierliches Lernen

„Man muss diesen Instinkt außer Kraft setzen, indem man ihnen die Möglichkeit gibt, sich zu Wort zu melden", betont Amy Edmondson (2023). Erkläre deshalb deinen Mitarbeitenden klar und deutlich, dass und wozu ihre Sichtweise und ihr Beitrag wichtig sind und wie sich dies auf die Ergebnisse eurer Arbeit auswirkt.

Wie stärkst du psychologische Sicherheit in deinem Team?
Ein Umfeld zu gestalten, in dem Menschen Fehler und Beinahefehler, halbgare Ideen und Bedenken äußern, ist nicht leicht. Aber es ist eine lohnende Führungsaufgabe (Tab. 2.3).

Es gibt leider kein simples Rezept, das eine Führungskraft nur befolgen müsste, und schon wäre Erfolg garantiert. Und es ist ein Klima, das Führungskräfte und Mitarbeitende gemeinsam gestalten, nicht die Führungskraft alleine. Die Versicherungskauffrau Lara und wohl jeder, der in einem Team gearbeitet hat, das von Schweigen und Zurückhaltung geprägt war, weiß, wie schwer es ist, dies zu ändern. Doch gute Führungspraktiken können viel dazu beitragen: klare Erwartungen formulieren, eine offene Kommunikation und aktives Zuhören, sicherstellen, dass sich die Teammitglieder unterstützt fühlen, und Wertschätzung zeigen, wenn Menschen sich zu Wort melden. Amy Edmondson (2019) empfiehlt dreierlei:

1. **Lead by Example:** Erleichtere deinen Mitarbeitenden und Kollegen, Fehler zu teilen, indem du dieses Verhalten vorlebst. Zeige, dass du Fehler eingestehen kannst, und teile, was du daraus gelernt hast. Damit ebnest du anderen den Weg, das Gleiche zu tun. Wenn du als Change Agent in deinem Bereich oder im Unternehmen Kultur gestalten

willst, empfehle ich dir noch etwas Weiteres, das ich selbst gerne mache: Interviewe einen Senior Leader während eines Townhalls oder in einem Videointerview, das ins Intranet gestellt wird, und frage, aus welchem Fehler sie oder er am meisten gelernt hat. Die persönliche Geschichte macht die Führungspersönlichkeit nahbarer. Das Teilen von Fehlern und Wertschätzen der Lerngelegenheit wird normalisiert. Die Hürde, selbst Fehler zu teilen und daraus gemeinschaftlich zu lernen, wird niedriger. Einen bewährten Leitfaden, um Menschen nach einem lehrreichen Fehler zu interviewen, findest du auf der *Lernen-leben-Website* im Downloadbereich, Code 2.1.

2. **Lade zum Beitragen ein:** Gehe nicht davon aus, dass Menschen einfach so sagen, was sie denken, oder von vornherein annehmen, dass du ihren Input schätzt. Frage besser ausdrücklich danach: Was ist eure Einschätzung? Was denkt ihr darüber? Wie stehst du zu dieser Idee?

   Beachte dabei auch, dass unterschiedliche Persönlichkeitstypen auf unterschiedliche Weise zum Beitragen einzuladen sind: Ein extrovertierter und spontaner Mensch wird eher in großer Runde auf diese Fragen antworten. Menschen, die introvertiert sind und Dinge gerne etwas durchdenken, werden eher beitragen, wenn du ihnen etwas Zeit gibst, über ein Thema nachzudenken, und die Gelegenheit, ihre Gedanken im 1-zu-1-Gespräch oder schriftlich mitzuteilen.

3. **Reagiere produktiv:** Auch wenn du deinem Team immer wieder sagst, dass du seine Meinung schätzt und es in Ordnung ist, Fehler zu machen, wird das nicht automatisch von Erfolg gekrönt sein. Menschen werden ihr Verhalten erst dann in diese Richtung ändern, wenn sie überzeugt sind, dass es ihnen nicht negativ angelastet wird. Frage dich selbst: Wie reagiere ich, wenn Menschen eine verrückte Idee oder ein schwieriges Feedback vorbringen? Bin ich auch dann noch wertschätzend? Gelingt es mir stets, nicht Menschen die Schuld für etwas zu geben, sondern Prozesse und Systeme ins Visier zu nehmen? Falls dir das schwerfällt, nimm ganz bewusst eine neugierige Lernhaltung an und versuche, etwas zu Prozessen und Fehlerquellen herauszufinden, was du noch nicht weißt.

Warum ist psychologische Sicherheit wichtig?

Psychologische Sicherheit führt erstens dazu, dass sich Teammitglieder engagierter und motivierter fühlen, weil sie das Gefühl haben, dass ihre Beiträge wichtig sind und dass sie sich ohne Angst zu Wort melden können. Zweitens kann es zu besseren Entscheidungen führen, da Menschen eher ihre Meinungen und Bedenken äußern. Dadurch kann eine größere Vielfalt an Perspektiven gehört und berücksichtigt werden. Drittens fördert psychologische Sicherheit eine Kultur des kontinuierlichen Lernens und der Verbesserung, da sich die Teammitglieder trauen, ihre Fehler zu teilen und daraus zu lernen.

Alle diese Vorteile – die Auswirkungen auf die Leistung, Innovation, Kreativität, Belastbarkeit und das Lernen in Teams – wurden im Laufe der Jahre in der Forschung nachgewiesen, insbesondere in der Originalstudie von Amy Edmondson und in einer bei Google durchgeführten Studie (Duhigg 2016). Ziel dieser als Projekt Aristoteles bekannten Forschung war es, die Faktoren zu verstehen, die die Teameffektivität bei Google beeinflussten. Unter Verwendung von über 30 statistischen Modellen und Hunderten von Variablen kam dieses Projekt zu dem Schluss, dass es weniger darauf ankommt, wer in einem Team ist, als darauf, wie das Team zusammenarbeitet. Und der wichtigste Faktor war die *psychologische Sicherheit.*

▶   *Vorsicht Stolperfalle!* Psychologische Sicherheit und Leistung.

Man könnte vermuten, dass eine Kultur, in der Menschen nicht befürchten müssen, für ihre Fehler verdammt zu werden, zu einer schlechteren Leistung und zu mehr Fehlern führt. Mangelt es denn dann nicht an Motivation zum fehlerfreien Arbeiten? Die Forschung von Amy Edmondson zeigte tatsächlich, dass in Krankenhausteams mit hoher *psychologischer Sicherheit* mehr Fehler berichtet wurden als in Teams mit geringerer *psychologischer Sicherheit.* Zum Messen der *psychologischen Sicherheit* verwendete Edmondson einen standardisierten Test (Edmondson 2019, S. 20). Bei der Analyse der Fehler, die in den Teams tatsächlich geschahen, kam allerdings zu Tage, dass nur die Anzahl der *berichteten* Fehler im Team mit hoher *psychologischer Sicherheit* höher war. Die *tatsächliche* Fehleranzahl war im Team mit geringer *psychologischer Sicherheit* höher. Denn in diesem Team vermieden es die Menschen nach Möglichkeit, Fehler zu berichten, und kehrten sie eher unter den Teppich. Dadurch vergab dieses Team sowohl die Möglichkeit, manche Auswirkung eines Fehlers zu reduzieren als auch gemeinschaftlich aus Fehlern zu lernen und diese künftig eher zu vermeiden.

Vermeide diese Stolperfalle. Verteufle Fehler nicht. Mache stattdessen klar, dass Fehler auf den Tisch müssen, sodass erstens ihre Auswirkungen möglichst noch reduziert werden und zweitens alle aus ihnen lernen. Vertuschen und nichts aus Fehlern lernen – das sind die wahren Gegner von Qualität, Sicherheit und Leistung.

Fazit: Hochleistung kann durch *psychologische Sicherheit* wesentlich besser gefördert werden als durch eine Kultur der Angst.

Psychologische Sicherheit fördert die Fähigkeit, als Team und Unternehmen zu lernen. Aufgrund einer verlässlich respektvollen und wertschätzenden Reaktion wird die Tendenz zu schweigen vermindert, zugunsten des Ansprechens und Teilens. Sicherlich kann man annehmen, dass sich Mitarbeitende in einer solchen Kultur wohler fühlen. Gleichzeitig ist es ein Missverständnis, *psychologische Sicherheit* mit einer Wohlfühl- oder Komfortzone gleichzusetzen, in der Mitarbeitende nicht für ihre Leistung verantwortlich gehalten werden. Denn das ist nicht das Konzept. Vielmehr schafft *psychologische Sicherheit* ein Umfeld, in dem hohe Leistungsstandards besser erfüllt werden können. Denn Menschen, die frei von größeren interpersonellen Ängsten sind, können ihre volle Energie auf ihre Arbeitsaufgabe und das kontinuierliche Lernen konzentrieren.

In Abb. 2.1 ist dargestellt, dass Leistungsstandards und psychologische Sicherheit zwei unterschiedliche Dimensionen sind. Wenn wir also ein Umfeld mit hohen Leistungsstandards betrachten, bringt uns psychologische Sicherheit den Unterschied zwischen der

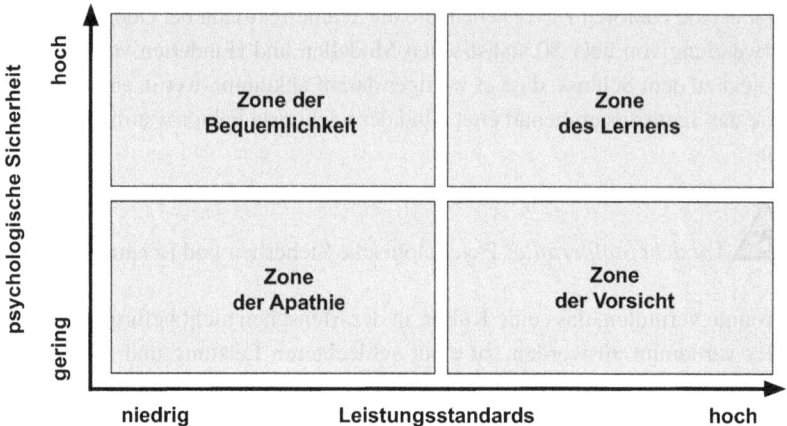

Abb. 2.1 Psychologische Sicherheit und Leistungsstandards. (Quelle: Amy Edmondson (2019, S. 18))

Vorsichtzone, in der Ängste, etwa vor einem cholerischen Chef, das Umfeld und Agieren der Menschen prägen, und der Lernzone, in der man sich mit ganzer Energie auf die Arbeitsaufgabe konzentrieren kann. In der Vorsichtzone wird Leistung stark eingefordert, doch trotz hohen Einsatzes kann sie auf Organisationsebene durch die Selbstsabotage einer toxischen Kultur, die Lernen und Problemlösen behindert, nur bedingt erreicht werden. Stattdessen wird ein Unter-den-Teppich-Kehren von Fehlern gefördert, was das Lernen behindert und den Geschäftserfolg bedroht.

2.3.3   Vertrauen wachsen lassen

Vertrauen und *psychologische Sicherheit* sind nicht ein und dasselbe, doch beides hängt zusammen. Vertrauen besteht zwischen Individuen, *psychologische Sicherheit* ist ein Konzept, das sich auf die Kultur und das Empfinden in Teams bezieht. Vertrauensvolle Arbeitsbeziehungen erhöhen die *psychologische Sicherheit* im Team und umgekehrt können Menschen in einem Team mit hoher *psychologischer Sicherheit* leichter Vertrauen fassen. Vertrauen hängt ebenso zusammen mit unserer Haltung: Eine offene, lernfreudige Haltung fördert Zusammenarbeit und schützt in einem gewissen Maß vor Abwertung, Verurteilung und Missverständnissen, die dem Aufbau von Vertrauen im Weg stünden. Andersherum fördern typische Bestandteile einer Vertrauenskultur wie Wohlwollen und das Unterstellen einer positiven Intention die Lernhaltung.

   Zu Vertrauen im Arbeitsumfeld und Team hat insbesondere Brené Brown umfangreich geforscht. Brown hält eine Forschungsprofessur an der Universität Houston und eine Gastprofessur für Management an der Universität Texas und erreicht durch zahlreiche Publika-

Tab. 2.4 Die Bestandteile von Vertrauen. (Nach Brown 2018, S. 219)

V	Verlässlichkeit	Du kannst dich darauf verlassen, dass ich meine Aufgaben wahrnehme und Zusagen einhalte.
ER	Erst mal wohlwollend (positive Intention annehmen)	Zumindest solange ich nichts Gegenteiliges mit dir erlebe, interpretiere ich dich und dein Verhalten mit Wohlwollen. Ich unterstelle dir stets eine positive Intention.
TR	Tratsch Ade!	Ich spreche weder hinter deinem Rücken negativ über dich noch mit dir über andere hinter deren Rücken.
A	Abwerten Ade!	Ich werte dich, deine Arbeit und dein Verhalten nicht ab. Ich gehe wertschätzend mit dir um.
U	Übernahme von Verantwortung	Ich stehe zu meiner Verantwortung. Meine Verantwortung bleibt die meine. Für Fehler entschuldige ich mich aufrichtig.
E	Einhalten von Grenzen	Ich achte darauf, deine Grenzen einzuhalten. Ich frage dich, was okay ist, wenn ich mir unsicher bin.
N	Nicht nur etwas sagen, sondern auch entsprechend handeln (Integrität)	Walk the Talk: Ich spreche nicht nur von meinen Werten, ich lebe auch nach ihnen, selbst wenn es anstrengend wird.

tionen und TED-Talks ein breites Publikum. Als sie begann, sich mit Vertrauen zu beschäftigen, ging es ihr zunächst wie vielen. Sie konnte das Konzept nur schwer greifen: ein wolkiger Begriff, unter dem bald jeder etwas anderes versteht. Ein großes Verdienst von Browns Arbeit ist es, dass sie diesen wolkigen Begriff greifbar macht, indem sie konkrete Bestandteile von Vertrauen herausarbeitete (Tab. 2.4). Das macht es erst möglich, konstruktiv über Vertrauen zu sprechen.

Diese Darstellung der Bestandteile von Vertrauen nutze ich gerne in meiner Arbeit mit Teams, um ins Gespräch über Vertrauen zu kommen und eine Basis zu legen, um Vertrauen wachsen zu lassen.

Über Vertrauen ins Gespräch kommen

Wenn du in einem Team oder mit einem einzelnen Mitarbeitenden über Vertrauen ins Gespräch kommen möchtest, empfehle ich dir zu fragen, was jeder unter den verschiedenen Bestandteilen von Vertrauen versteht und welche Bestandteile für jeden die drei wichtigsten sind. Auch wenn die Bestandteile nach diesem Modell auf umfangreicher Forschung begründet sind – frage zusätzlich:

- Was versteht jeder Einzelne vielleicht noch darüber hinaus als Bestandteil von Vertrauen?
- Warum ist das wichtig?
- Wie spiegelt sich dieser Bestandteil in konkretem Verhalten wider? Beziehungsweise:
- Woran merkt man, dass es an diesem Bestandteil von Vertrauen mangelt?

Mein Workshop-Konzept zum Thema Vertrauen, das ich in der Arbeit mit Teams häufig und gerne einsetze, findest du im Downloadbereich, Code 2.2. Ein solcher Workshop bringt regelmäßig zwei wichtige Effekte:

1. Selbst Menschen, die schon einige Zeit zusammenarbeiten, lernen ihre Kollegen besser kennen und verstehen: Was ist dem Kollegen wichtig? Was triggert ihn vielleicht? Welches Verhalten interpretiert er komplett anders als ich? Dadurch wachsen das Verständnis und die Rücksichtnahme im Team.
2. Das Team hat einen stärkeren Fokus auf die Zusammenarbeit und ein Vokabular, um Dinge anzusprechen. Dadurch verbessert sich die Qualität der Zusammenarbeit.

▶    *Vorsicht Stolperfalle!* Auch die Führungskraft ist Teil des Teams.

Auch die Führungskraft ist Teil des Teams und damit nicht die ideale Besetzung zur Moderation eines Workshops zu Vertrauen. Meine dringende Empfehlung: Suche einen Moderator außerhalb des Teams! Vielleicht gibt es Kolleginnen und Kollegen im Personalbereich oder einen Pool von Agile Coaches, die euch unterstützen können, oder ihr findet einen unternehmensexternen Moderator.

Vertrauen wachsen lassen

Mit einem Gespräch oder einem Workshop über Vertrauen setzt du einen wertvollen Startpunkt. Doch Vertrauen entsteht nicht an einem Tag: Es wächst über die Zeit in oftmals kleinen Schritten. Wenn ihr euch im Team regelmäßig wertschätzendes Feedback zum Thema gebt und dranbleibt, könnt ihr eure Arbeitskultur mit der Zeit wesentlich verbessern. Das gemeinsame Vokabular und Verständnis der Bestandteile von Vertrauen sowie eure eigenen Beispiele, in welchen konkreten Situationen ihr welche Bestandteile spürt oder vermisst, werden euch dabei helfen.

Vertrauen wächst oder erodiert mit unseren Verhaltens- und Konversationsmustern. Ein Muster, das Vertrauen ebenso wie das Lernen fördert, werde ich dir in Kap. 4 vorstellen: Es ist Teil der Lernmethode Kata. Meine geschätzte britische Kollegin Ann Hill bezeichnet Kata als „mechanism to build trust within organizations" (Hill 2023), also einen Mechanismus zum Aufbau von Vertrauen in Organisationen. Denn die darin enthaltenen Coaching-Routinen fördern, wenn gut eingesetzt, eine unterstützende Haltung und ein aufrichtiges Interesse am Gegenüber und damit den Aufbau von Vertrauen.

▶    *Vorsicht Stolperfalle!* Eine Haltung der Abwehr.

Wir waren wahrscheinlich alle schon an einem solchen Punkt: Jemand sagt oder tut etwas, das bei uns eine Abwehrreaktion auslöst. Dann bohren wir die Fersen in unsere Gewissheit, recht zu haben, und bekämpfen alles, was diese infrage stellt. Wir befinden uns in der Abwehrhaltung, die wir im vorherigen Kapitel besprochen haben. Und diese Abwehrhaltung kann Vertrauen erodieren. Wenn wir uns unserer Haltung und Trigger wie Tratsch oder einem Mangel an Verlässlichkeit bewusst sind, können wir diese Stolperfalle vermeiden. Ein Gegenmittel beziehungsweise etwas, das Vertrauen leichter entstehen lässt, ist Wohlwollen: eine aufrichtig empfundene Freundlichkeit und das Unterstellen einer positiven Intention.

Lust, das einzuüben?

Bei fast allen Menschen triggert ein handwerklich schlecht vorgetragenes Feedback die Abwehr. Stell dir vor, du hast für ein wichtiges Projekt, in dem du mitarbeitest, ein Management-Update vorbereitet. Du hast dir gründlich Gedanken gemacht, sehr viel Arbeit investiert und dann deinen Entwurf dem Projektleiter zu Durchsicht und Feedback gesandt. Zunächst lässt die Rückmeldung lange auf sich warten. An einem Freitagabend erhältst du dann endlich eine E-Mail: „Deine Arbeit, liebe [dein Name], hat mich zum Verzweifeln gebracht! Das soll unser Projekt-Update für das Leadership-Team sein? Am liebsten würde ich alles komplett ändern! Noch nie habe ich solch ein lax formuliertes Management-Update gesehen. Wirkt für mich eher wie eine Präsentation in der Schule meiner Kinder."

Na, wie würde das bei dir landen? Vielleicht zweifelst du einerseits an deiner Arbeit und deinem Können und gerätst in Panik. Vielleicht wirst du auch einfach sehr wütend. Konstruktiv weiterarbeiten kannst du auf jeden Fall nicht.

Angebracht und im Sinne der Lernkultur wäre außerdem dein Feedback über die Art und Weise, in der der Projektleiter sein Feedback vorbrachte. Doch in Panik oder wütend solltest du nicht in ein Feedbackgespräch gehen. Um dich zuerst wieder in einen Zustand mit kühlem Kopf zu bringen, empfehle ich dir Folgendes: Ziehe eine positive Intention deines Gegenübers ernsthaft in Erwägung: Hat er vielleicht Angst, selbst in keinem guten Licht dazustehen? Will er vielleicht sicherstellen, dass die Arbeit des ganzen Teams gebührend geschätzt wird? Selbstverständlich weißt du nicht, ob diese freundlichen Erwägungen zutreffen. Das Gedankenspiel wird dir auf jeden Fall helfen, aus der Abwehrhaltung herauszutreten. Du kannst tief durchatmen und vielleicht, nachdem du über das ärgerliche Feedback geschlafen hast, sogar wertvolle Impulse daraus ziehen. Auf jeden Fall kannst du, indem du dem Angriff für dich die Spitze nimmst, souverän agieren. Werde dir bewusst, was dir in der Situation, betreffend das Projekt, den Projektleiter und dich selbst wichtig ist, und handle im Einklang damit. Wenn du deinerseits Feedback geben willst, bist du mit klarem Kopf und Offenheit in einer wesentlich besseren Position. Nur so kannst du deinem Gegenüber wirklich zuhören, wodurch auch seine Offenheit für deine Perspektive größer und euer Gespräch konstruktiver wird.

2.3.4 Unterstützende Zusammenarbeit stärken

Bist du eher ein Geber oder ein Nehmer? Damit meine ich: Fragst du dich eher, wie du deinem Gegenüber helfen kannst, oder bist du eher darauf bedacht, eigenen Nutzen aus einer Interaktion zu ziehen?

Während der letzten drei Jahrzehnte haben zahlreiche sozialwissenschaftliche Studien gezeigt, dass sich die übliche Verhaltensweise der Menschen in Bezug auf Gegenseitigkeit (Reziprozität) stark unterscheidet (Grant 2013). Etwas mehr als die Hälfte der Menschen bevorzugen einen ausgeglichenen Reziprozitätsstil wie im Tauschhandel: Ich gebe dir etwas und bekomme von dir etwas Gleichwertiges zurück und umgekehrt. Etwa jeder Fünfte handelt üblicherweise egoistisch und nimmt gerne mehr, als er gibt. Und etwa jeder Vierte fragt sich zumeist in erster Linie, was er für sein Gegenüber tun kann und hilft und gibt bereitwillig.

Der letztgenannte Reziprozitätsstil des großzügigen Gebens macht Organisationen besser. Denn dann teilen wir am bereitwilligsten Wissen und Informationen, vernetzen und helfen einander. Der Stil des Gebens stimmt ebenfalls am stärksten mit den Werten der meisten Menschen überein. Doch die Befürchtung, ausgenutzt zu werden und dadurch hinter den Kollegen zurückzubleiben, hält viele Menschen davon ab. Manch einer hat vielleicht schon schlechte Erfahrungen mit großzügigem Geben gemacht oder beobachtet. Nun achtet er stärker auf seinen eigenen Nutzen und peinlich darauf, nicht mehr zu geben als zu bekommen, denn „das dankt einem ohnehin keiner". Doch ist diese Vorsicht hilfreich?

Die organisationspsychologische Forschung um Adam Grant an der Wharton Business School zeigt in mehr als 30 Studien mit über 3000 Teilnehmenden über Branchen hinweg, dass ein Reziprozitätsstil des großzügigen Gebens durchaus nicht nur die Organisationen, sondern auch einen selbst erfolgreich machen kann. Für eine Kultur, in der beides gelingt, sind einige Voraussetzungen wichtig, auf die ich im Folgenden eingehe.

Geben anerkennen und fördern
Zur Gestaltung einer Kultur des großzügigen Gebens ist es einerseits wichtig, dieses Verhalten anzuerkennen. Durch die Organisation der Aufgaben und Arbeitsziele in den meisten Unternehmen besteht zunächst ein Anreiz, sich auf die „eigenen" Aufgaben und Ziele zu konzentrieren. Das ist auch durchaus nützlich, denn diese Klarheit, was eines jeden Beitrag zum Unternehmenserfolg sein soll, hilft, diese Ziele auch zu erreichen. Gleichzeitig kann die Planung der Zielbeiträge natürlich nicht zu Jahresbeginn alle Notwendigkeiten oder Chancen oder kleinen Beiträge voraussehen und festschreiben, die idealerweise während des Jahres geleistet werden. Der gesunde Menschenverstand wird auch mit guter Planung weiterhin gebraucht! Denn es nützt dem Unternehmen wenig, wenn eine Person, ein Team oder eine Abteilung ihre Ziele mit Bravour erreicht, doch die Ziele anderer oder neu aufkommende, wichtige Themen komplett ausgeblendet wurden.

Hätte man mit dem Blick aufs Ganze und mit geringem Einsatz Großes erreichen können? Das sollte im Sinne des Unternehmens keinesfalls vor lauter Fokus auf die eigenen Ziele unterbleiben. Deshalb gilt es als Führungskraft die Unterstützung anderer und damit des großen Ganzen ausdrücklich anzuerkennen. Noch besser ist es für die Organisation, das Geben und Unterstützen aktiv zu fördern. Das gelingt zum Beispiel so: Ein bestimmter Anteil der Arbeitszeit wird vereinbart, in dem es ausdrückliches Ziel und Aufgabe eines jeden ist, anderen zu helfen.

▶   *Vorsicht* Stolperfalle*!* Schädigender Egoismus.

Es ist wunderbar, das Geben wertzuschätzen. Doch sobald sich Menschen im Team oder in der Organisation sehr egoistisch verhalten und die Großzügigkeit der Geber ausnutzen, werden die meisten Menschen sich zurückhalten, weiterhin zu geben oder aber darunter leiden und schlimmstenfalls ausbrennen.

Das kannst du dagegen tun:

- Formuliere immer wieder die klare Botschaft: Egoismus auf Kosten anderer ist nicht in Ordnung! Gib klares Feedback, falls du schädigenden Egoismus beobachtest.
- Unterstütze Menschen mit großzügigem Geberverhalten bei Bedarf darin, Grenzen zu setzen.
- Lebe ein wertschätzendes und respektvolles Verhalten gegenüber Gebern vor und inspiriere damit die Nehmer, ihr Handlungsmuster zu überdenken.
- Der Organisationspsychologe Adam Grant, der zu diesem Thema geforscht hat, empfiehlt außerdem Folgendes: Versuche bereits im Einstellungsgespräch zu erkennen, wer sich vermutlich ein ausgeprägtes Nehmerverhalten angewöhnt hat, und lass das in deine Entscheidung einfließen. Frage nach drei Personen, denen der Bewerber geholfen hat. Nach Grant weist es auf Nehmerverhalten hin, wenn nur Personen, die in der Hierarchie oberhalb des Bewerbers standen, genannt werden. Denn nur bei diesen Personen verspreche sich ein typischer „Nehmer" einen hinreichenden Nutzen.

  Ich persönlich bin bei dieser Empfehlung zwiegespalten: Einerseits wirkt sie schlüssig und nützlich, weshalb ich sie aufgenommen habe. Andererseits diskreditiert sie in gewissem Maße zu helfen, falls der Adressat der Hilfe in der Hierarchie weiter oben steht. Das halte ich für schädlich. Kultur lässt sich auch aufwärts in die Hierarchie gestalten und zu großzügigem Geben inspirieren.

▶   Zusammengefasst: Um unterstützende Zusammenarbeit zu stärken, empfehle ich dir als Führungskraft oder Change Agent:

   1. Lead by Example:
      Gib selbst großzügig und sprich darüber, warum das die Organisation voranbringt.
   2. Geben anerkennen und fördern:
      Erkenne ein großzügiges Geberverhalten an und entscheide, inwiefern du das aktiv fördern möchtest, etwa durch entsprechende Ziele.
   3. Schädigenden Egoismus eindämmen:
      durch klare Botschaften, Feedback, Unterstützung beim Grenzen ziehen, gegebenenfalls bei der Personalauswahl.

Im dritten Teil des Buches stelle ich am Beispiel der Deutschen Telekom vor, wie die Kultur des Lernens und Gebens auf Unternehmensebene gestärkt werden kann. Diese Anregung lässt sich auch – vielleicht zunächst? – auf eine Abteilung oder ein Team skalieren.

Nun sind wir am Ende des zweiten Kapitels angelangt. Du hast einen guten Einblick bekommen, was Lernkultur ausmacht und wie du sie gestalten kannst. Mit einer Lernkultur gestaltest du die Grundlage für Lernen und für Hochleistung.

Wenn du tiefer in die Themen aus diesem Kapitel einsteigen möchtest, findest du unten wieder weiterführende Leseempfehlungen. Doch eine Veränderung erreichst du nur durch Handeln, und um einen guten, wirksamen Schritt zu tun, bist du schon jetzt ausreichend gerüstet. Plane deshalb heute deinen ersten Schritt und gestalte Lernkultur!

Im folgenden zweiten Teil des Buches stelle ich dir drei Methoden vor, um die Denk- und Handlungsmuster des Lernens einzuüben. Dadurch stärkst du die Fähigkeit zu lernen, die es braucht, um Ziele zu erreichen, Probleme zu lösen und Veränderung erfolgreich zu gestalten.

Das Wichtigste in Kürze
- Kultur im Unternehmen bezeichnet die üblichen, gewohnheitsmäßigen Muster der Interaktion zwischen Menschen, in Teams und unter weitläufigen Kollegen.
- Kultur basiert auf der Haltung und den stillen Annahmen, wie Menschen- und Weltbild jedes Einzelnen. Umgekehrt beeinflusst Kultur die Haltung und Annahmen der Menschen in der Organisation.
- Eine Lernkultur zeichnet sich durch fünf Aspekte aus:
  (1) einen Rahmen: Lernen ist erforderlich, wird gewünscht und erwartet,
  (2) psychologische Sicherheit,
  (3) Vertrauen,
  (4) unterstützende Zusammenarbeit,
  (5) Denk- und Handlungsmuster des Lernens.
- Eine Lernkultur gestaltest du, indem du diese fünf Aspekte stärkst, förderst und vorlebst.

2.4   Was jetzt zu tun ist

Genau **jetzt** ist es an der Zeit, erste Impulse für eine Lernkultur zu setzen!

- Frage dein Team oder Kollegen nach ihrem Input zu einer noch unausgereiften Idee. Damit machst du es anderen leichter, beizutragen, und bist ein Role Model für Lernkultur.
- Prüfe, inwiefern du verlässlich deine Mitarbeitergespräche führst. Verbessere das bei Bedarf! So zeigst du Wertschätzung und förderst Vertrauen durch Verlässlichkeit.
- Drücke einem Mitarbeitenden oder Kollegen deine Wertschätzung für unterstützende Zusammenarbeit aus.
- Definiere **deinen eigenen** ersten Impuls in Richtung Lernkultur und setze ihn um!

Einladung zur Reflexion

Versuche die Lernkultur bei dir im Team einzuschätzen:

1. Inwiefern herrscht psychologische Sicherheit?
2. Inwiefern herrscht Vertrauen im Team?
3. Wie gut gelingt es euch, einander zu helfen und um Unterstützung zu bitten?
4. Welches Denken und welche Annahmen liegen der Kultur in deinem Team zugrunde?

2.5   Bonusmaterial

Code	Titel	Beschreibung
2.1	Interviewleitfaden „Mein lehrreicher Fehler"	Interviewleitfaden mit Fragen rund um einen Fehler, aus dem viel gelernt wurde. Ein solches Interview kann (1) dazu anstoßen, aus Fehlern zu lernen, (2) zum Teilen von Fehlern und Learnings inspirieren.
2.2	Workshop-Design „Vertrauen"	Workshop zielt darauf, (1) ein gemeinsames, greifbares Verständnis zu erreichen, was Vertrauen bedeutet, und das Thema damit besprechbar zu machen, (2) zum Thema Vertrauen im Team ins Gespräch zu kommen, (3) eine Grundlage zu legen, um im Team an Vertrauen zu arbeiten.

Literatur

Brown, Brené. 2018. *Dare to Lead: Brave Work. Tough Conversations. Whole Hearts.* New York: Penguin Random House.

Duhigg, Charles. 2016. What Google learned from its quest to build the perfect team. *The New York Times*, 25. Februar. https://www.nytimes.com/2016/02/28/magazine/what-google-learned-from-its-quest-to-build-the-perfect-team.html. Zugegriffen am 30.05.2024.

Edmondson, Amy C. 2019. *The fearless organization: Creating psychological safety in the workplace for learning, innovation, and growth.* New Jersey: Wiley.

Edmondson, Amy C. im Interview mit Gallo, Amy. 2023. What is psychological safety? *Harvard-Business-Review*, 2023/02. https://hbr.org/2023/02/what-is-psychological-safety. Zugegriffen am 16.02.2024.

Gallo, Amy. 2023. What is psychological safety? *Harvard-Business-Review*, 2023/02. https://hbr.org/2023/02/what-is-psychological-safety. Zugegriffen am 16.02.2024.

Grant, Adam. 2013. *Give and take: Why helping others drives our success.* New York: Penguin Random House.

Hill, Anne. 2023. während eines Lehrvortrags zu Kata Coaching in Organisationen, Gastgeber: KKG, 23.10.2023.

Rogers, Carl R. 1954. Toward a theory of creativity. *ETC: A Review of General Semantics* 11(4): 249–260. http://www.jstor.org/stable/42581167. Zugegriffen am 30.06.2024.

Tolle, Julia. 2023. im Interview mit Sabrina Malter zu Lernhaltung und Lernkultur, 11.12.2023.

Zum Weiterlesen

Brown, Brené. 2018. *Dare to Lead: Brave Work. Tough Conversations. Whole Hearts*. New York: Penguin Random House.

Edmondson, Amy C. 2019. *The fearless organization: Creating psychological safety in the workplace for learning, innovation, and growth*. New Jersey: Wiley.

Feltman, Charles. 2008. *The thin book of trust. An essential primer for building trust at work*. Portland: Thin Pub Co.

Grant, Adam. 2013. *Give and take: Why helping others drives our success*. New York: Penguin Random House.

Teil II

Die Grundschritte des Lernens

„Dem Lernenden schiebt sich der Weg unter die Füße."

–Dorothe Liebig

In Teil 2 geht es darum, **praktische Lernkompetenz** zu entwickeln: die Kompetenz, selbstständig an den Herausforderungen des Businessalltags zu lernen und somit erfolgreich Probleme zu lösen, Ziele zu erreichen, uns an neue Umfelder anzupassen und Wandel konstruktiv zu gestalten. All das gelingt, indem wir die Denk- und Handlungsmuster des Lernens einüben: neugieriges, exploratives „Denken wie ein Forscher" und ein dynamisches Menschenbild – *Ich kann es noch nicht, doch ich kann es lernen.* Wir trainieren diese Denk- und Handlungsmuster des Lernens wie ein Musiker, Sportler oder Tänzer seine Grundschritte, bis sie uns zur Gewohnheit und zum normalen Modus Operandi werden.

In Teil 1 hast du dich bereits mit der inneren Haltung des Lernens und mit der Lernkultur beschäftigt: Du hast deinen eigenen Beitrag reflektiert und auch das Verhalten deines Teams. Nun ist dir klar, was zu einer Haltung der Abwehr und Verschlossenheit beiträgt und wie ihr zurück zu Offenheit und Lernfreude gelangt. Du hast außerdem gelernt, wie du zum Lernen im Team einlädst und ein Umfeld schaffst, das Lernen und damit Hochleistung fördert. Indem du eine Lernhaltung und Lernkultur im Team gestaltest, beseitigst du Bremsklötze und bereitest eine solide Basis, auf der dein Team sein Potenzial entfalten kann. Nun seid ihr bereit, die Grundschritte des Lernens einzuüben und praktische Lernkompetenz zu entwickeln.

Genau dafür stelle ich dir in den folgenden Kapiteln drei effektive Lernmethoden vor. Mit diesen gelingt es dir und deinem Team, herausfordernde Probleme zu lösen, ambitionierte Ziele zu erreichen und Veränderungen konstruktiv mitzugestalten. Den Methoden ist zweierlei gemeinsam: Erstens die Betonung der Reflexion: Reflektieren ist der Anfang des Lernens und macht unser Handeln wirkungsvoller. Zweitens die Struktur: Sie leitet uns Schritt für Schritt auch durch unbekanntes, von Unsicherheit geprägtes Terrain. Die grundlegende der drei Methoden ist der Lernzyklus – mit diesem und einem Beispiel aus dem Businessalltag fangen wir jetzt an!

Reflexion ist der Anfang: Der Lernzyklus

3

> *„Reflexion ist der Schlüssel zum Lernen."*
>
> *–Katie Anderson*

Zusammenfassung

Der Lernzyklus ist die grundlegende Methode des Lernens. Mit dieser Methode vertiefst und beschleunigst du dein Lernen und das deiner Mitarbeitenden oder Kollegen, mit denen du die Methode nutzt. Der Lernzyklus umfasst vier Schritte: (1) Reflexion, (2) Intention beziehungsweise Ziel setzen, (3) Planen des nächsten Schrittes und (4) Umsetzen des geplanten Schrittes in einer Haltung des Lernens. Er wird in kurzen Zyklen mehrmals durchlaufen, um ein Ziel zu erreichen oder eine Intention zu erfüllen. Durch den für die meisten Menschen ungewohnten Beginn mit der Reflexion fühlt sich das Arbeiten mit dem Lernzyklus langsam an. Tatsächlich hilft die Methode jedoch dabei, gleich zu Beginn die Annahmen und Denkmuster unter die Lupe zu nehmen, die unserem Handeln und unseren Ergebnissen zugrunde liegen. Dadurch kommen wir mit dem Lernzyklus schneller ans Ziel und erzielen stärkere Ergebnisse.

„Oh, nein! Wie konnte mir das nur passieren!" Mit Feuereifer und großer Freude hatte ich diesen Auftrag ganz zu Beginn meiner Selbstständigkeit als Beraterin und Business Coach angenommen. Ich durfte ein mehrmonatiges Coaching-Capability-Building-Programm bei einem mittelständischen Dienstleistungsunternehmen durchführen. Dabei brachte ich Führungskräften die grundlegende Coaching-Methode als Führungsinstrument nahe: starke Fragen stellen, statt selbst immer die Antwort geben, und damit die Mitarbeitenden unterstützen, Probleme eigenständig zu lösen. Der Geschäftsführerin des Unternehmens war es wichtig, alle Führungsebenen, inklusive des Leitungsteams, einzubeziehen. Denn gerade auch dort nahm sie die Neigung wahr, immer eine Lösung präsentieren zu wollen, und sah die negativen Auswirkungen auf die Mitarbeitenden, die ihre eigenen Lösungsansätze oft lieber für sich behielten.

Das Coaching-Capability-Building-Programm ist noch heute einer meiner liebsten Aufträge – die Erfolge und Aha-Erlebnisse sind einfach enorm. Es ist eine wahre Freude, mitzuerleben, was starke Fragen in Bewegung setzen können: Sie erweitern die Perspektive, regen zum Nachdenken an und lassen ganz neue Ideen aufkeimen. Durch eine starke Frage denken plötzlich alle im Raum mit und bringen unterschiedliche Sichtweisen und Wissen ein, sodass oft nicht nur die Lern- und Problemlösungskompetenz wachsen, sondern auch noch eine bessere, passendere Lösung gefunden werden kann.

Ich war also hoch motiviert und glücklich mit diesem Auftrag; und dann passierte es mir selbst: Lars, der Personalchef, fragte mich nach meiner Perspektive: „Was meinst du, wie kann ich diesen Konflikt in meinem Team lösen?" Ich hatte diesen Konflikt bereits einige Zeit bemerkt. Seit Tagen schon war ich ungeduldig, die Situation zu verbessern. Und so sprang ich schnurstracks in den Problemlösemodus und gab meine Lösungsvorschläge zum Besten – aber Stopp! Nach wenigen Minuten merkte ich zum Glück, was ich da tat. Ich atmete tief durch: „Lars, ich kann dir anders besser helfen. Lass mich dir eine Frage stellen …"

Meine Intention (und mein Auftrag) war schließlich nicht, meiner Freude am Problemlösen zu frönen, sondern die Coaching-Fähigkeiten der Führungskräfte zu entwickeln. Und dazu gehört zuallererst vorzuleben, wie man starke Fragen stellt, und erlebbar zu machen, welchen großen Nutzen das bringt. Und tatsächlich wurde es dann noch ein sehr gutes Gespräch: Lars durchdachte nicht nur sein konkretes Problem in der Tiefe, formulierte es nochmals um und fand nächste Schritte, um daran zu arbeiten. Er lernte auch einiges über die Kraft des Coaching-Ansatzes: mit guten Fragen darin unterstützen, ein Thema zu durchdenken, ohne die Lösung vorzugeben.

Am Abend dachte ich nochmals über die Situation nach und war erst einmal ganz zufrieden mit mir. Doch dann reflektierte ich auch über die letzten Tage, die ich in diesem Unternehmen verbracht hatte, und dabei fiel mir auf: Es war nicht die einzige Situation gewesen, in der ich schnell und unbedacht in die Problemlöserrolle gesprungen war! Jetzt ärgerte ich mich doch über mich selbst und mir wurde bewusst: Ich habe selbst noch einiges zu lernen.

In diesem Buch schreibe ich an vielen Stellen von praktischer Lernkompetenz. Damit meine ich die Fähigkeit, aus dem echten Leben zu lernen: aus unseren Handlungen und Erfahrungen, an Problemen und herausfordernden Zielen. Diese Art des Lernens geschieht bereits automatisch und beiläufig. Wenn wir es dabei belassen, vergeben wir jedoch eine große Chance. Unsere praktische Lernkompetenz können wir nämlich ausbauen und mit geeigneten Methoden können wir unser Lernen vertiefen und beschleunigen. Der Reflexion kommt dabei eine zentrale Rolle zu. Oft wird ihre Kraft für effektives Lernen unterschätzt, doch richtig angewandt ist Reflexion der Schlüssel zum Lernen und ermöglicht uns, eine starke Wirkung zu erzielen. In diesem Kapitel stelle ich dir die grundlegende Methode des praktischen Lernens vor: den RIPU-Lernzyklus. Und ich zeige dir, wie du diese Methode einsetzen kannst, um deine eigene praktische Lernkompetenz und die deines Teams zu stärken.

3.1   Was ist der RIPU-Lernzyklus?

Der RIPU-Lernzyklus ist die grundlegende Methode des Lernens in der Praxis, im Businessalltag und generell im echten Leben. RIPU steht für die vier Schritte der Methode: Reflektieren, Intention setzen, Planen und Umsetzen. Die Reflexion steht am Anfang und ich betone sie besonders, denn sie ist ebenso wesentlich für das Lernen und Erreichen unserer Ziele wie das Handeln im Schritt Umsetzen. Doch in der Reflexion sind wir gewöhnlich weitaus weniger geübt und effektiv. Im Handlungsmodus fühlen wir uns produktiv und wirksam. Die Reflexion dagegen bleibt im stressigen Businessalltag leicht einmal aus oder wird hastig in einer „Check-the-Box"-Manier erledigt. Doch dann bleibt das Lernen oberflächlich und zufällig, und wir planen und machen einen nächsten Schritt basierend auf möglicherweise hinderlichen Denkmustern und falschen Annahmen.

3.1.1   Die vier Schritte des RIPU-Lernzyklus

RIPU ist das Akronym für die vier Schritte des Lernzyklus:

1. **Reflektieren:** Zuerst beantwortest du Fragen, um dir bewusst zu werden, was du zum Thema bereits weißt und annimmst.
2. **Intention oder Ziel setzen:** Dann formulierst du deine Intention oder dein langfristiges Ziel im betreffenden Kontext.
3. **Planen:** Anschließend planst du ein Experiment oder einen nächsten Schritt, um mehr zu lernen und deiner Intention beziehungsweise deinem Ziel näher zu kommen.
4. **Umsetzen:** Daraufhin unternimmst du deinen geplanten nächsten Schritt mit der Intention zu lernen – so wie der Forscher ein Experiment durchführt.

Anschließend folgt die Reflexion zu deinem Schritt und damit beginnt der nächste Durchlauf des Lernzyklus (Abb. 3.1).

Abb. 3.1 Der RIPU-Lernzyklus. (Quelle: © Sabrina Malter 2023. All Rights Reserved)

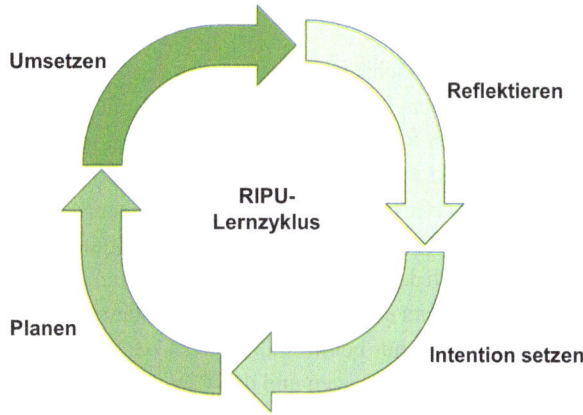

Diese vier Schritte werden schnell, idealerweise innerhalb eines oder zweier Tage, durchlaufen. Das gilt sowohl für die Phase, in der du die Methode einübst, als auch generell bei ihrer Anwendung. Der Zweck eines jeden Durchlaufs ist das Lernen. Deine Intention oder dein Ziel geben die Richtung vor und sind normalerweise nicht in einem Durchlauf erreichbar. Nach dem Umsetzen folgt wieder Schritt 1: Reflektieren. Durch schnelle Lernzyklen werden das Lernen und Verbessern strukturiert und bewusst und dadurch intensiver: Wir kommen schneller voran und erreichen unser Ziel sicherer und mit mehr Leichtigkeit. Denn anstelle von: „Das weiß ich nicht", mit all dem Frust und Abwerten, das da mitschwingen mag, heißt es nun voll Zuversicht und Entdeckerfreude: „Das weiß ich **noch** nicht!"

Jetzt komme ich zurück in die oben beschriebene Situation während meines Auftrags zum Aufbau von Coaching-Fähigkeiten. Als mir auffiel, dass ich teilweise nicht zielführend agiert hatte, begann ich einen RIPU-Lernzyklus, um mich künftig besser auf meine Intention auszurichten. Anhand dieses Beispiels möchte ich dir einen Durchlauf durch den RIPU-Lernzyklus illustrieren.

Reflektieren Ich fragte mich also: Was verleitet mich oft dazu, in den Problemlösemodus zu springen? – Mein Wunsch, meine Kompetenz zu beweisen, Dinge voranzubringen und zu helfen.

Intention setzen Aber was war ursprünglich meine Intention bei diesem Kunden? – Ganz sicher eine andere: Ich wollte die Coaching-Fähigkeiten der Führungskräfte aufbauen und die Führungskräfte ermuntern, starke Fragen zu stellen. Wie effektiv das sein kann, wollte ich vorleben.

Planen Was war nun also mein Plan? – Ich nahm mir zwei Dinge vor: erstens, mir vor jedem Termin mit jemandem aus diesem Unternehmen meine Intention nochmals bewusst zu machen Zweitens, bevor ich auf eine Frage antwortete und einen Rat gab, immer nochmals innerlich zu prüfen, wie ich mit Blick auf meine Intention am besten handeln konnte: Den Rat geben? Eine Frage stellen? Erst einmal schweigen, um dadurch zu provozieren, dass mein Gegenüber seine Gedanken ausspricht?

Umsetzen Am nächsten Tag gelang es mir gut, meinen Plan in die Praxis umzusetzen. Doch am zweiten Tag passierte mir wieder ein „Beratungspatzer". Zum Glück hatte ich mich durch den RIPU-Lernzyklus bewusst mit meiner Intention und meinen Fallstricken beschäftigt und war dadurch besonders aufmerksam. So bemerkte ich den Patzer gleich und konnte das Gespräch abermals gut umlenken. Außerdem lieferte mir die ganze Episode ein gutes Praxisbeispiel, um den Führungskräften den RIPU-Lernzyklus näherzubringen. Seither habe ich den RIPU-Lernzyklus als festen Bestandteil ins Coaching-Programm aufgenommen – denn er ist die Grundtechnik allen Lernens und Weiterentwickelns. Er unterstützt somit nicht nur beim Einüben der Coaching-Technik, sondern kann auch als Gerüst für starke Coaching-Fragen und den Coaching-Prozess dienen.

3.1.2   Die Wurzeln des RIPU-Lernzyklus

Der RIPU-Lernzyklus oder im Englischen SAPD (Study-Adjust-Plan-Do) ist eine Variante des PDSA- (oder PDCA-)Zyklus, der zumeist aus dem Umfeld der kontinuierlichen Verbesserung bekannt ist. Der PDCA-(Plan-Do-Check-Act/Adjust-)Zyklus wurde bereits in den 1950er-Jahren von William Edwards Deming basierend auf Arbeiten seines Mentors Walter Shewhart entwickelt (Deming 2000, 2000a). Deming und Shewhart waren US-amerikanische Physiker und Statistiker sowie Pioniere im Bereich des Qualitätsmanagements. Deming nutzte den Lernzyklus intensiv in der Praxis: In seiner Arbeit mit japanischen Industrieunternehmen führte er den Lernzyklus in die Unternehmen ein, um Prozesse zu optimieren und das Qualitätsmanagement weiterzuentwickeln. Der Lernzyklus und die damit verbundene Methode wurden später im Lean Management, im Qualitätsmanagement und in der kontinuierlichen Prozessverbesserung als PDCA-, PDSA- oder Deming-Zyklus populär.

Zu Demings zwei unterschiedlichen Akronymen für den Zyklus kam es folgendermaßen: Deming arbeitete mit dem PDCA-Zyklus bereits einige Jahre erfolgreich mit Unternehmen an der kontinuierlichen Verbesserung ihrer Prozesse. Doch er war nicht ganz glücklich mit der Anwendung seiner Methode in der Praxis. Er stellte fest, dass die Anwender nach der Planung und Durchführung im Schritt *Check* sich häufig nicht die erforderliche Zeit nahmen, um aus den Ergebnissen und Beobachtungen während und nach der Durchführung zu lernen. Teilweise wurde *Check* gar als bloße Ja- oder Nein-Abfrage – „War das gewünschte Ziel erreicht oder nicht?" – missverstanden. Um dieses Missverständnis zu vermeiden, benannte Deming den dritten Schritt um in *Study*: Die Ergebnisse und Beobachtungen sollten intensiv betrachtet und reflektiert werden.

Katie Anderson, eine von mir hoch geschätzte US-amerikanische Lean-Praktikerin, Lernexpertin und Leadership-Coachin, ging noch einen Schritt weiter und setzte den Study-Schritt, in dem die Reflexion stattfindet, an den Anfang des Zyklus (Anderson 2024). Dieser Empfehlung schließe ich mich an, denn wenn es ein Problem zu lösen oder ein Ziel zu erreichen gilt, fangen wir zumeist nicht bei null an: Wir haben meist bereits relevante Erfahrungen und Beobachtungen über den aktuellen Zustand, der zu dem vorliegenden Ergebnis führte. Durch Reflexion können wir herausfinden: Welche Handlungsmuster führen zum aktuellen Ergebnis? Welches Denken liegt diesen Handlungsmustern zugrunde? Welche Informationen und Annahmen führen zu diesem Denken? Die Antworten auf diese mehrstufige Reflexion machen unser Lernen effektiver und schneller und ermöglichen uns, einen wirkungsvolleren nächsten Schritt zu planen und dadurch bessere Ergebnisse zu erreichen.

Wie Katie Anderson den Wert der Reflexion erkannte[1]
Kontinuierliches Lernen und Weiterentwickeln war Katie Anderson schon ihr Leben lang wichtig, das ist ein Grundzug, der sie ausmacht. Das galt nicht nur für sie persönlich, sondern sie liebt es auch, Prozesse zu verbessern und somit bessere Ergebnisse zu ermöglichen und die Arbeit zu er-

---

[1]Katie Andersons Story beschreibe ich basierend auf unserem Interview für dieses Buch (Anderson 2024).

leichtern. So wurde Katie zur Expertin der Prozessoptimierung und nachdem sie einige Zeit in dieser Rolle im Gesundheitswesen gearbeitet hatte, übernahm sie die Leitung eines Teams. Sie wollte alle im Team in die kontinuierliche Prozessoptimierung einbinden und motivieren. Deshalb achtete sie darauf, starke Fragen zu stellen, und wollte den Menschen Raum zum Denken geben, um eigene Lösungen zu entwickeln. Zu dieser Zeit bot sich Katie die Gelegenheit, mit einem Leadership-Coach zu arbeiten und da sie immer darauf bedacht war, sich selbst weiterzuentwickeln, ergriff sie diese sofort. Sie bat um Feedback zu ihrem Führungsverhalten und erwartete, einige Hinweise zu bekommen, was sie noch besser machen könnte. Der Coach begleitete Katie während eines Arbeitstags und war in Arbeitsmeetings mit Katie und ihren Mitarbeitenden sowie mit Katie und dem Leadership-Team, das sie beriet, zugegen. Am Abend erhielt Katie ihr Feedback – und das riss ihr fast den Boden unter den Füßen weg: Sowohl mit ihren Mitarbeitenden als auch mit dem Leadership-Team war sie viel weniger effektiv, als sie angenommen hatte. Sie stellte einige starke Fragen. Doch dann sprang sie viel zu schnell in die Rolle, die sie selbst sehr liebte und für die sie in der Vergangenheit viel Wertschätzung erhalten hatte: Sie gab die Antwort. Teilweise ganz direkt, teilweise paraphrasiert als Fragen wie: „Habt ihr schon darüber nachgedacht, xy auszuprobieren?" Katie konnte kaum glauben, wie häufig sie an diesem Tag „ich denke, …", gesagt hatte und damit signalisierte, dass sie sich um das Problem kümmerte. Ihr Coach half Katie dabei, nicht nur ihre Wirkung zu sehen: wenig Verantwortungsübernahme sowohl im Leadership-Team als auch bei ihren Mitarbeitenden. Der Coach half Katie auch, ihre Verhaltensmuster, die dazu geführt hatten, zu erkennen, und herauszufinden, welches Denken hinter ihren Verhaltensmustern lag und auf welchen Annahmen dieses Denken beruhte. Für Katie brachte die tiefe, mehrstufige Reflexion ein großes Aha-Erlebnis. Ihr Coach hatte diese Art und Weise, tief zu reflektieren, von John Shook gelernt, der es wiederum während seiner Zeit in Japan bei Toyota von Isao Yoshino gelernt hatte. Katie würde später in ihrem Leben noch mit Isao Yoshino zusammenarbeiten und *Hansei* – die tiefe Reflexion – besser kennenlernen und anwenden. Doch das wusste sie zu diesem Zeitpunkt noch nicht. Und dir, liebe Leserin, lieber Leser, stelle ich *Hansei* im nächsten Abschnitt vor. Doch zunächst zu Katie: Ihr war klar geworden, dass wir im Businessalltag zwar oft glauben zu reflektieren, beispielsweise wenn wir uns am Ende eines Projekts kurz die Fragen stellen: Was war gut? Was könnte besser laufen? Was habe ich daraus gelernt? Das machen wir oft recht schnell und einigermaßen oberflächlich in einer Check-the-Box-Manier. Katie erkannte, dass tiefe Reflexion viel mehr bedeutet und das Lernen effektiver macht.

Lernen und Erkenntnisgewinn geschehen oft nicht aus einer einzigen Situation, sondern sind ein fortwährender Prozess: eine „Kette des Lernens", wie Katie es beschreibt. Auch in Katies Karriere gab es nicht den einen Punkt, an dem sie plötzlich verstand, wie wesentlich Reflexion für das Lernen und für wirkungsvolles Handeln war. Stattdessen trugen viele Erlebnisse zu diesem Verständnis bei: das Feedback ihres Coachs und ihr persönlicher Reflexionsprozess als Führungskraft, ihre Erlebnisse und Beobachtungen, als sie später gemeinsam mit Isao Yoshino in japanischen Unternehmen arbeitete und erlebte, welche starke Wirkung der *Hansei*-Prozess dort in der Prozessoptimierung entfaltete, und die vielen Reflexionsgespräche, die sie mit Yoshino über dessen eigene Lernreise als Führungskraft und Kulturentwickler bei Toyota führte.

Katies Fazit: „Die Reflexion ist der Anfang des Lernens – nicht das Ende. Wenn wir lernen wollen, wenn wir unsere Ergebnisse verbessern und die von uns gewünschte Wirkung erzielen wollen, müssen wir mit der Reflexion beginnen. Und wir müssen der Reflexion ein ebenso großes Gewicht beimessen wie dem Handeln. Geschäftigkeit macht uns noch nicht wirkungsvoll, unsere stärkste Wirkung entfalten wir erst, wenn wir beides verbinden: Lernen aus der tiefen Reflexion und entsprechendes Handeln. Damit verstärken und beschleunigen wir unseren fortlaufenden Lernprozess."

3.1.3 So startest du mit dem RIPU-Lernzyklus

Die Lernzyklusmethode wird dir helfen, jeden Schritt des Lernens bewusst und komplett zu gehen. Die Methode unterstützt dich auf dreierlei Weise: Sie führt dich Schritt für Schritt, gibt dir eine hilfreiche Struktur und fördert durch die Fragen eine Haltung des Lernens. So kannst du dich ganz auf dein Lernthema konzentrieren, als hättest du einen Coach für die Lerntechnik zur Seite, und kommst effektiver voran.

Zu Beginn empfehle ich dir, den Lernzyklus für dich persönlich als Reflexions- und Lernmethode anzuwenden, bevor du ihn im Team oder mit einem Mitarbeitenden einsetzt. Dadurch lernst du zunächst einerseits die Methode besser kennen und andererseits erfährst du direkt den Nutzen und anfängliche Schwierigkeiten aus deiner eigenen Praxis: Wovon profitierst du am meisten? Was fällt dir noch schwer? Wie kommst du weiter? Nach etwa drei Wochen kannst du auf deine Erfahrung aufbauen und den Lernzyklus zusammen mit deinen Mitarbeitenden einsetzen. Wie du das Schritt für Schritt machst, zeige ich dir jetzt.

3.2 So setzt du den RIPU-Lernzyklus im Businessalltag ein

3.2.1 Der Lernzyklus als persönliche Reflexions- und Lernmethode

Beispiel: Lotta will aufmerksam zuhören

Lotta zog die Stirn in Falten, als sie an diesem Freitagnachmittag ihr Fahrrad vor ihrem Bürogebäude aufschloss und sich auf den Nachhauseweg machte. „Wie nur konnte mir das schon wieder passieren?" Sie hatte sich mit ihren Kollegen Finn und Marie dazu besprochen, wie sie die Mitarbeitenden am Unternehmensstandort für Methoden der kontinuierlichen Verbesserung begeistern wollten. Als interne Beraterin zur Optimierung von Prozessen brannte Lotta für das Thema. In der Diskussion mit ihren Kollegen war sie so engagiert für ihre Idee eingetreten, dass sie nun gar nicht mehr sagen konnte, was die beiden denn genau vorgeschlagen hatten. Statt zuzuhören, war Lotta während des Gesprächs viel mehr damit beschäftigt gewesen, ihr nächstes Argument im Kopf zu formulieren und an die Möglichkeiten zu denken, die ihr Ansatz bieten würde. Dabei war sie doch überzeugt davon, dass es alle weiterbrachte, wenn man sich gegenseitig aufmerksam zuhört. Vielleicht würde es ihnen sogar gelingen, Aspekte der verschiedenen Ideen zusammenzubringen zu einer noch stärkeren Idee! „Ich will endlich eine bessere Zuhörerin sein! Da optimiere ich den ganzen Tag Prozesse, aber eine meiner eigenen, ganz grundlegenden Fähigkeiten wie das Zuhören bleibt, wie sie ist – das kann doch nicht sein!"

Lotta beschloss, das Thema Zuhören strukturiert anzupacken. Am Montagmorgen nahm sie sich Zeit zur Reflexion und notierte:

- Oft formuliere ich während eines Gesprächs oder Meetings bereits im Kopf, was ich gleich sagen will. Kürzlich ist es mir sogar während einer Vorstellungsrunde passiert, dass ich danach kaum einen Namen wusste, weil ich die ganze Zeit formuliert hatte, wie ich mich selbst vorstellen wollte.

- Manchmal sind meine Gedanken auch schon bei einem nächsten Termin oder einem anderen Thema statt bei dem, der spricht.
- Mir wird gerade bewusst, dass mein schlechtes Zuhören nicht nur dem Arbeitsergebnis schaden kann, sondern auch respektlos meinen Kollegen gegenüber ist. Beides möchte ich auf keinen Fall.

Lotta notierte außerdem ihre Intention: „Ich will eine gute Zuhörerin sein, um meinen Respekt gegenüber meinen Mitmenschen zu zeigen und um gemeinsam bessere Ergebnisse zu erzielen."

Für diesen Montag plante Lotta, die Technik der Intentionspause[2] einzusetzen: „Vor jedem Meeting und vor dem Lunch atme ich tief durch und beantworte mir selbst die Frage: Warum möchte ich gleich aufmerksam zuhören? Warum ist mir das wichtig?"

Lotta hat ein gutes Gefühl: Das muss doch funktionieren! Beinahe hätte sie nun einen wesentlichen Schritt im Lernzyklus übersprungen: sich fragen und notieren, was sie erwartet. Sie notierte: „Ich gehe davon aus, dass mir das Zuhören mit dieser kleinen Intentionspause vorab besser gelingen wird. Vielleicht bemerken sogar einige meiner Kollegen einen Unterschied."

Lotta startete mit ihrer Intention optimistisch in die Woche … ◄

▶ **Jetzt bist du an der Reihe!** Ich lade dich ein, gleich beim Lesen deine erste RIPU-Praxis zu sammeln. Auf zum Testlauf!

Suche dir jetzt ein Thema aus, das du entwickeln willst, beispielsweise ein besserer Zuhörer werden, häufiger Feedback geben und einfordern oder gesünder leben.

Schritt 1: Reflektieren

Nimm dir ein Blatt Papier im Querformat und übertrage die Tabelle oder nutze die Vorlage *3.1 RIPU in der Praxis* aus dem Downloadbereich.

Datum	Reflexion	Intention/Ziel setzen	Plane nächsten Schritt
1			
2			
3			
4			
5			

Beantworte im ersten Schritt folgende Reflexionsfragen:

- Wie gehst du gewöhnlich vor?
- Was hast du gegebenenfalls bereits ausprobiert?
- Was waren, was sind die Resultate?

---

[2] Die Intentionspause ist eine starke Technik, die uns hilft so zu agieren, wie wir es wirklich möchten. Ich habe sie von Katie Anderson gelernt und stelle sie in Kap. 1 ausführlicher vor. Probiere die Intentionspause bei nächster Gelegenheit aus!

Abb. 3.2 Die 1. Stufe der
Reflexion. (Quelle: © Sabrina
Malter 2024. All Rights
Reserved)

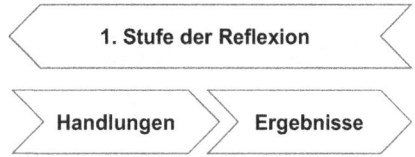

Diese Reflexionsfragen sind die erste Stufe der Reflexion: Sie fragen nach den Ergebnissen und den Handlungen, die zu diesen Ergebnissen geführt haben (Abb. 3.2).

Notiere deine Reflexion.

Manchmal kannst du dein Lernen noch weiter vertiefen und beschleunigen, indem du tiefer reflektierst. Dann hinterfragen wir nicht nur, welche Handlungen zu den Ergebnissen geführt haben, sondern außerdem:

- Welches Denken führte zu den Handlungen?
- Welche Annahmen oder Informationen lagen diesem Denken zugrunde?

Hansei – Tiefe Reflexion

Tiefe Reflexion (japanisch: *Hansei*) bedeutet, in der Reflexion über die sichtbaren Handlungen hinauszugehen, die zu bestimmten Ergebnissen geführt haben. In der tiefen Reflexion betrachten wir außerdem, welches Denken und welche Annahmen zu diesen Handlungen und dadurch zu diesen Ergebnissen geführt haben.

Mit dem Prozess der tiefen Reflexion gehen wir über das Sichtbare hinaus. Das ermöglicht uns zu verstehen, was unsere Handlungen und Ergebnisse beeinflusst und welche Anpassungen wir vornehmen können, um zu anderen Handlungen und Ergebnissen zu gelangen.

Im Businessalltag schauen wir in Reflexion, Retrospektive oder Debrief zumeist nur auf die Handlungen und Ergebnisse, die wir beobachten. Wirkungsstärker wird die Reflexion, wenn wir außerdem die nichtsichtbaren Aspekte aufdecken:

1) Was war unser Denken, das zu unseren Handlungen führte?
2) Welche Annahmen lagen diesem Denken zugrunde?

Unsere oft unbewussten und unausgesprochenen Annahmen beeinflussen unser Denken und das, was wir tun (oder nicht tun), und damit unsere Ergebnisse. Wenn wir uns unserer persönlichen und auch organisationalen Annahmen bewusst werden, fällt es uns leichter, unser Denken, unser Handeln und unsere Ergebnisse zielführend anzupassen. Wir vertiefen und beschleunigen unser Lernen und erzielen so bessere Ergebnisse.

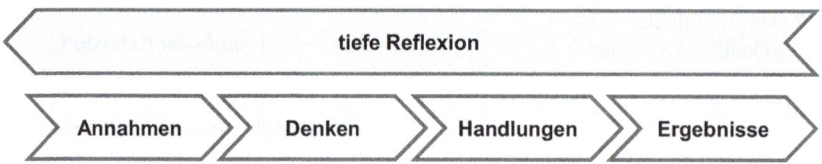

Schritt 2: Intention oder Ziel setzen

Nimm dir einen Moment Zeit, überlege und notiere:

- Wie sähe „besser" aus?
- Wie würde die Person, die du sein möchtest, agieren?
- Welchen idealen Zustand, welches Ziel möchtest du erreichen?

Notiere deine Intention beziehungsweise dein Ziel.

Schritt 3: Planen

Plane nun dein Experiment, deinen nächsten Schritt. Du darfst gerne etwas testen, von dem du noch nicht weißt, ob es dir gelingen wird. Vielleicht fällt deine Wahl auch auf etwas, das du bereits probiert hast, das dir aber nicht immer verlässlich gelingt. Wähle für diese erste Übung ein Experiment, das du noch heute – am besten jetzt gleich – durchführen kannst.

- Welches Experiment willst du durchführen?
- Welche Schritte wirst du gehen?
- Welchen zeitlichen Ablauf planst du?
- Und ganz wesentlich: Was nimmst du an, wird geschehen? Was wird dir leicht- oder schwerfallen? Was werden wohl die Resultate deines Experiments sein? Wie werden gegebenenfalls andere Menschen reagieren?

Notiere deine Planung und Annahmen.

▶  *Vorsicht Stolperfalle!* Ins Tun kommen.

Manchmal fällt es uns schwer, ins Tun zu kommen. Um es dir einfacher zu machen, empfehle ich dir: Führe dein Experiment so bald wie möglich durch; komme dann schnell wieder zurück zum Buch! Trage dir am besten **jetzt** einen Termin mit dir selbst für den nächsten Schritt im Kalender ein. So machst du es dir leichter und bleibst am Ball! Zu den Beispielen, die ich dir oben gegeben habe, bieten sich etwa die Beispielexperimente an.

Intention	Beispielexperiment
Ein besserer Zuhörer werden	Heute im Meeting werde ich ganz bewusst und aufmerksam zuhören. Ich werde mich darauf konzentrieren, zu verstehen, was gesagt wird. Ablenkende Gedanken werde ich schnell beiseiteschieben und wieder zur Aufmerksamkeit zurückkehren. Ich werde insbesondere vermeiden, meine Antwort, meinen Ratschlag oder meinen eigenen Wortbeitrag während des Zuhörens zu formulieren.
Häufiger Feedback geben und einfordern	Heute werde ich mindestens ein spontanes (positives oder konstruktiv-negatives) Feedback nach folgendem Schema geben. • Das habe ich wahrgenommen. • Das war die Auswirkung auf mich, auf andere, auf unseren Prozess, unsere Ziele. • Das wünsche ich mir für die Zukunft. (bei positivem Feedback: einfach bedanken) Oder: Heute werde ich in einer konkreten Situation eine Person um ein Feedback zu meinem Verhalten oder meiner Performance bitten, • Was hast du wahrgenommen? • Was war die Auswirkung auf dich, auf andere, auf unseren Prozess, unsere Ziele? • Was wünschst du dir oder empfiehlst du mir für die Zukunft?
Gesünder leben	Heute beim Lunch werde ich den Nachtisch durch Obst ersetzen. Oder: In der Mittagspause werde ich an der frischen Luft spazieren gehen.

Schritt 4: Umsetzen

Jetzt geht's daran, dein Experiment in die Tat umzusetzen. Viel Spaß und Erfolg dabei! Beobachte genau: Was fällt dir leicht, was fällt dir schwer? Was hilft dir und was hindert dich? Komm nach deinem Experiment an diese Stelle im Buch zurück und lass uns gemeinsam weitermachen!

▶ Hier geht's weiter nach deinem ersten RIPU-Experiment.

Schritt 5: Reflektieren

Schön, dass du wieder hier bist!

Alles, was du im Zusammenhang mit deinem Experiment erlebt hast, kannst du nun zum Reflektieren und Lernen nutzen. Dabei lernst du insbesondere aus dem, was **nicht** wie erwartet verlief.

Reflektiere:

• Schau dir zunächst nochmals deine Intention beziehungsweise dein Ziel, deine Planung und deine Annahmen an, die du notiert hast.
• Frage dich darauf aufbauend: Was ist tatsächlich passiert, im Gegensatz zu deinen Annahmen und darüber hinaus? Was hast du gelernt?

▶  *Vorsicht Stolperfalle!* Selbstbewertung.

Vermeide zu bewerten, was in deinem Experiment geschehen ist. Selbst wenn du dein Experiment nicht wie geplant durchführen konntest – und vielleicht sogar gerade deshalb –, hast du nun genau den richtigen, notwendigen Input, um Schritt für Schritt lernend in Richtung deiner Intention, deines Ziels voranzukommen!

Falls du dein Experiment nicht wie geplant durchführen konntest, frage dich:

• Was hat mich davon abgehalten, mein Experiment wie geplant durchzuführen?

Notiere deine Antwort im Reflexionsfeld der nächsten Zeile.

Herzlichen Glückwunsch zu deinem ersten Durchlauf durch den RIPU-Lernzyklus! Wie der Forscher im Labor hast du wertvolle Daten gesammelt, um dein nächstes Experiment aus einer stärkeren Position anzugehen.

Deine Erfolgsindikatoren sind das Lernen und das Dranbleiben. Denn wenn du jetzt am Ball bleibst, kommst du sicher zum Erfolg!

So bringst du dein persönliches RIPU zum Erfolg

Auf dem Weg zu einer erfolgreichen RIPU-Praxis lauern noch weitere Stolperfallen. Deshalb gebe ich dir weitere Tipps, wie du diese überwindest, basierend auf den Erfahrungen von Menschen, die ich dabei begleiten durfte, ihre RIPU-Routine zu etablieren.

▶  *Vorsicht Stolperfalle!* Der Businessalltag.

Der Businessalltag kommt einer Routine, die erst noch etabliert werden soll, nur allzu leicht in die Quere! Um diese Hürde zu überwinden, kannst du dich mit einem Kollegen zum gemeinsamen RIPU verabreden. Im Downloadbereich findest du ein Handout *(3.2 RIPU-Handout)*, das du deinem Kollegen mit der Einladung zum gemeinsamen RIPU geben kannst.

▶  *Vorsicht Stolperfalle!* Motivation.

Ist es mir gelungen, dich zum Ausprobieren der RIPU-Routine anzustiften?

Dann ist deine Motivation im Augenblick hoch und du bist vermutlich zuversichtlich, dass du RIPU auch tatsächlich ernsthaft probieren wirst. Doch Vorsicht – auf Motivation ist kaum Verlass: Ihr unverwechselbares Kennzeichen ist es zu schwanken. Deshalb werden all die vielen Neujahrsvorsätze nur selten langfristig wahr gemacht.

Ein Designproblem – keine Charakterschwäche

Nicht umgesetzte Vorsätze sind nicht Zeichen eines persönlichen Defizits, sondern weisen schlicht auf ein Designproblem hin. Designe dir deshalb deine neue RIPU-Routine vor allem: einfach. Wie zuvor erwähnt, hilft es bereits, wenn du dir einen festen Zeitpunkt setzt oder einen Sparringspartner zur Seite holst. Gestalte dir den Kniff, der dir am besten hilft!

Mehr zum Design neuer Routinen erfährst du übrigens in Kap. 5. Falls du Schwierigkeiten hast, die RIPU-Routine zu etablieren: Blättere gleich zu Kap. 5 vor und nutze den dort vorgestellten Design-Learn-Change-Ansatz.

Beispiel: Lottas erste RIPU-Erfahrung

Nach dem Lunch am Freitag hat sich Lotta 30 min für RIPU eingeplant. Sie schließt ihre Bürotür und blickt in den Kastanienbaum vor dem Fenster: „Was habe ich also gelernt?" Das ist gar nicht so leicht zu beantworten! Lotta wird klar, dass sie vor allem auch einiges auf der Metaebene über die RIPU-Methode gelernt hat. Sie notiert:

Um im Businessalltag mit RIPU tatsächlich am Ball zu bleiben, hat es mir geholfen:

- das RIPU-Template zu nutzen und vor allem die Fragen zu beantworten,
- eine Reflexionsroutine einzuführen – auch wenn mir das noch nicht ganz gelungen ist. Teilweise habe ich die tägliche Reflexion trotz meines Kalendertermins nicht gemacht, weil etwas anderes im Augenblick wichtiger erschien. Nächste Woche will ich RIPU bewusst stärker priorisieren.

„Und was waren die Resultate meines Experiments?" DRING! Das schrille Telefonklingeln reißt Lotta aus ihrer Reflexion. Tim, ihr Chef, ist in der Leitung. Er hört sich beunruhigt an. „Lotta, es gibt ein dringendes Problem in der Produktion: Linie 3 steht still." Nach einigen Details zum Problem in der Produktion steht fest: Das hat höchste Priorität. „Stell noch heute ein Team zusammen, findet die Ursache und behebt das Problem so schnell wie möglich!" Es wird noch ein langer Freitag für Lotta. In der nächsten Woche arbeitet das Team unter Hochdruck und kann glücklicherweise auch bald mögliche Ursachen ausmachen. Sie identifizieren die wahrscheinlichste Ursache, beheben diese, setzen Präventionsmaßnahmen um und führen Testläufe durch. Als nach neun Tagen die Produktion wieder stabil läuft und Lottas Reflexionstermin in ihrem Kalender aufpoppt, denkt sie enttäuscht, dass RIPU ihr wohl einfach nicht gelingen wird: Es kommt einfach immer etwas Dringendes dazwischen!

Beim Lunch berichtet sie ihrer Kollegin Marie davon. „Eigentlich schade", meint Marie, „die Methode hört sich doch vielversprechend an! Aber mir geht's ähnlich, ich finde auch nicht die Zeit zur Reflexion …"

Da kommt den beiden die Idee, sich und RIPU noch eine Chance zu geben. Sie verabreden sich für Montag früh zu einem RIPU-Meeting bei Marie im Büro und vereinbaren auch gleich einen feststehenden RIPU-Lunch immer freitags. Während der folgenden drei Wochen schaffen Marie und Lotta es gemeinsam, am Ball zu bleiben. Lotta ist ein klein wenig stolz, dass sie diese Routine nun doch noch etabliert hat. Sie hat viel gelernt und noch dazu hat es mit Marie als Sparringspartner richtig Spaß gemacht! Jetzt fühlt Lotta sich gut vorbereitet, um mit ihrem Team RIPU zu starten. ◄

3.2.2   Der Lernzyklus als Reflexions- und Lernmethode im Team

In diesem Abschnitt erfährst du, wie du RIPU in deinem Team einsetzen kannst. Auf typische Stolperfallen werde ich dich wieder hinweisen und dir zeigen, wie du diese überwindest.

Bevor du den RIPU-Lernzyklus mit deinem Team angehst, solltest du etwa drei Wochen lang konsequent selbst RIPU anwenden und dich idealerweise mit jemandem dazu austauschen: Was hast du gelernt? Was war schwierig? Wie hast du die Schwierigkeiten überwunden? Inwiefern hat dir die Methode genutzt? Falls du keinen Sparringspartner finden kannst, stelle dir diese Frage selbst zur Reflexion und notiere dir deine Antworten.

Wenn du RIPU mit deinem Team einige Zeit anwendest, wirst du merken, wie die Freude deiner Mitarbeitenden am Experimentieren und Lernen wächst und sie schneller und immer eigenständiger gut durchdachte und kreative nächste Schritte planen und umsetzen.

Um die RIPU-Methode in deinem Team anzuwenden, gibt es zwei Möglichkeiten: Einerseits kannst du die Methode sehr gut mit deinem Team im Rahmen eines Problemlösungs- oder Verbesserungs-Workshops einsetzen. Außerdem eignet sich RIPU ausgezeichnet für deine 1:1-Mitarbeitergespräche. Du kannst mit beiden Möglichkeiten gleichermaßen gut starten: Entscheide dich für die Möglichkeit, mit der du dich wohler fühlst.

RIPU im Workshop-Format

In einem RIPU-Workshop kannst du gemeinsam mit deinem Team oder mit einem crossfunktionalen Team ein Problem oder Verbesserungsthema bearbeiten und gleichzeitig die RIPU-Methode einführen. Achte bei der Vorankündigung sowie bei der Einführung am Workshop-Tag darauf, den richtigen Ton zu setzen. Denn wie du jetzt bereits weißt: Erfolgreich seid ihr im ersten Schritt nicht, wenn ihr möglichst schon alles wisst – dann hättet ihr ein sehr kleines Problem ausgewählt. Erfolgreich seid ihr, wenn ihr lernt und gemeinsam mehr herausfindet. Im ersten Schritt bedeutet das: Ihr erkennt, wo eure *Schwelle des Wissens* liegt. Dies ist euer Ansatzpunkt.

Schritt 1: Die Schwelle des Wissens

Im 1. Schritt des Workshops begebt ihr euch gemeinsam auf die Suche nach eurer *Schwelle des Wissens* als Team. Diese findet ihr, wenn ihr euch zu dem Problem oder Verbesserungsthema befragt. Zum Beispiel so:

- Warum ist das ein Problem?
- Warum bedarf es einer Verbesserung?
- Warum funktionieren bestimmte Dinge nicht?
- Was genau ist das zugrunde liegende Problem?
- Was trägt alles dazu bei?
- Was sind die Konsequenzen?
- Wer und was ist alles betroffen?
- Wie häufig und wann genau tritt das Problem auf?

Immer wenn ihr eine Frage heute noch nicht eindeutig beantworten könnt, habt ihr eine *Schwelle des Wissens* identifiziert. Bravo!

Damit habt ihr den ersten Schritt erfolgreich getan. Ihr habt eure Lernchancen gefunden und an diesen setzt ihr dann an!

Gestaltung des RIPU-Workshops im Team

Wie geht es dir beim Gedanken an diese Reflexion im Team? Befürchtest du, dass sich deine Mitarbeitenden sehr unterschiedlich stark einbringen? Spricht der eine vielleicht oft sehr lange und andere verhalten sich eher still? Seid ihr vielleicht ein eher großes Team, in dem eine Diskussion in der großen Runde oft ermüdend wird? In diesem Fall empfehle ich dir zwei einfache Moderationsmethoden, um dreierlei zu erreichen: alle einbinden, die Redezeit gleichmäßig aufteilen und in kurzer Zeit viele kurze Austausche in wechselnden Zweier- oder Dreierteams. Die Methoden heißen *1-2-4-All* und *Mad Tea Café* und gehören zu den *Liberating Structures*. Mit beiden Methoden gelingt es, alle im Raum einzubinden. *1-2-4-All* hilft vor allem dabei, dass jeder Teilnehmer – unabhängig von Extraversion und Eloquenz – Ideen einbringen und besprechen kann. Die Methode *Mad Tea Café* unterstützt das schnelle Assoziieren in der Gruppe und bringt Energie in den Raum. Du findest die Beschreibungen und das Workshop-Design im Downloadbereich (Code 3.3) oder allgemeiner und ohne Zuschnitt auf RIPU auf der Website www.liberatingstructures.de. Über die geschickte Auswahl von Moderationsmethoden hinaus, profitiert solch ein Workshop oft von einem Moderator außerhalb des Teams. Vielleicht kannst du einen Kollegen gewinnen, der geeignete Moderationsmethoden beherrscht und euch unterstützt.

Schritt 2: Ziel setzen

Im 2. Schritt beantwortet ihr die Frage:

Was ist im Zusammenhang mit dem Problem oder Verbesserungsthema unser Ziel?

Auch in diesem Schritt empfiehlt es sich bei einem großen Team ab acht oder mehr Personen, in Kleingruppen von vier bis sechs Personen Zielvorschläge zu erarbeiten, dann abzustimmen und mit eurem Favoriten weiterzuarbeiten.

Schritt 3: Planen

Überlegt euch nun, welches Experiment ihr als Nächstes durchführen wollt. Bei großen Teams und unterschiedlichen Ideen könnt ihr auch Subteams bilden und mehrere Experimente planen. Plant eure Experimente mit Bedacht wie der Forscher im Labor: weder zu komplex noch zu umfangreich! Dadurch macht ihr es euch wesentlich einfacher, den Effekt eures Experiments zu erkennen und daraus zu lernen.

Im ersten RIPU-Workshop geht es vor allem darum, die RIPU-Methode kennenzulernen und zu verstehen. Deshalb empfehle ich euch ein Experiment, das ihr direkt im Workshop durchführen könnt. Falls ihr ein solches Experiment nicht finden könnt, unterbrecht ihr den Workshop nach der Planung und vereinbart, bis wann das Experiment oder im Falle mehrerer Subteams die Experimente durchgeführt werden und wann ihr euch zur Reflexion wieder trefft!

4. Schritt: Das Experiment umsetzen

Wenn ihr eure Experimente umsetzt, haltet euch so weit wie möglich an eure Planung. Stellt ihr allerdings während des Experiments fest, dass dies unmöglich ist, dürft ihr improvisieren. Seid aufmerksam und macht euch Notizen, die ihr für die Reflexion nutzen könnt!

Für dich als Führungskraft und je nach Experiment stellt sich nun die Frage: Bist du beim Experimentieren dabei oder experimentiert dein Team ohne dich? Fürs gemeinsame Experimentieren spricht, dass du RIPU im Team als Teilnehmer miterlebst und dadurch ein besseres Verständnis der Methode, des Experiments und des Teams bekommst. Dagegen spricht, dass deine Mitarbeitenden eventuell nicht eigenständig und unbefangen agieren. Versuche dieses Spannungsfeld einzuschätzen und hole gerne auch eine Einschätzung eines Kollegen ein. Oft ist Führungskräften nicht bewusst, wie sehr sich das Verhalten ihrer Mitarbeitenden ändert, sobald sie im Raum sind.

5. Schritt: Reflektieren

Auch falls das Experiment außerhalb des Workshops stattfindet: Die Reflexion findet auf jeden Fall wieder zusammen statt! Achte in diesem Schritt darauf,

- einer zu strengen Selbstbewertung des Teams entgegenzuwirken,
- in Erinnerung zu rufen, dass ein erfolgreiches Experiment zuallererst eines ist, aus dem viel gelernt wird.

Stellt euch folgende Reflexionsfragen, die euch beim Lernen unterstützen:

- Was ist im Experiment passiert?
- Inwiefern weicht das ab von eurer Planung und euren Erwartungen?
- Wie kam es zu diesen Unterschieden?
- Welches Denken lag eurem Handeln oder dem Handeln anderer zugrunde?
- Welche Annahmen lagen wiederum diesem Handeln zugrunde?
- Inwiefern seid ihr eurem Ziel näher gekommen?
- Was habt ihr aus dem Experiment gelernt?
- Denkt bei dieser Frage an verschiedene Aspekte. Zum Beispiel: Was habt ihr gelernt über den Prozess, über euch selbst, über beteiligte Menschen (Abteilungen, Lieferanten, …), über Materialien, über Programme, über die Unternehmenskultur?

Plant auch gleich euren nächsten Schritt:

- Was ist auf Basis des Gelernten nun euer nächstes Experiment?

 *Vorsicht Stolperfalle! Falsche Erwartungen.*

Die falsche Erwartung, ein Ziel ganz schnell zu erreichen, ist eine klassische Stolperfalle. Erinnere dein Team daran, dass Erfolg zuallererst Lernerfolg bedeutet. Wenn es dem
Team gelingt, einige RIPU-Zyklen am Ball zu bleiben, werdet ihr eurem Ziel schnell
näherkommen!

Indem du RIPU im Team einführst und anwendest, stärkst du im Team die Lernhaltung
und die Fähigkeit zu lernen. Nimm auch immer wieder Bezug auf das *State-of-Mind*-
Modell aus Kap. 1. Anbieten würde sich beispielsweise eine Retrospektive mit dem Team
zum Thema *State of Mind*. Dabei könnt ihr besonders auf die Erfahrungen mit RIPU eingehen. Frage etwa so:

- Was ist euch in Bezug auf euren *State of Mind* aufgefallen, als ihr die RIPU-Methode
  kennengelernt und ausprobiert habt?
- Wie steht beides in Zusammenhang?

Im nächsten Abschnitt erfährst du, wie du RIPU auch im 1:1 Mitarbeitergespräch einsetzen kannst, um Lernhaltung und Lernfähigkeit noch weiterzuentwickeln und dabei individuell auf jeden einzelnen Mitarbeitenden einzugehen.

Iteratives Feedback
Eine Technik des agilen Arbeitens ist das iterative Feedback. Dabei wird eine Idee
oder ein Entwurf frühzeitig mit Kollegen und der Zielgruppe geteilt und um Feedback gebeten. Wichtig für ein effektives iteratives Feedback ist es, vorab klarzu-
machen, gegen welchen Referenzpunkt das Feedback erbeten wird. Der Referenzpunkt ist das Ziel, das du erreichen möchtest, oder das Problem, das du lösen möchtest. Erkläre dieses, bevor du die folgenden Feedbackfragen stellst:

- Was gefällt euch und weshalb?
- Wie könnte der Entwurf noch besser werden?

Im Anschluss an das Feedback wird die Idee oder der Entwurf überarbeitet und
für den nächsten Arbeitsstand nochmals Feedback eingeholt.

Diese Methode hilft, eine Idee oder einen Entwurf sehr schnell weiterzuentwickeln. Damit vermeidest du, viel Zeit für eine möglichst perfekte Ausarbeitung
„im stillen Kämmerlein" zu investieren, um im ungünstigen Fall festzustellen, dass
die Arbeit an den Bedürfnissen der Zielgruppe vorbeigeht oder gute Ideen nicht berücksichtigt wurden. Das schnelle Einholen von Feedback macht es sowohl dem
Feedbacknehmer leichter, das Feedback unvoreingenommen zu erwägen, als auch
den Feedbackgebern, ihre Anmerkungen zu geben. Wenn stattdessen schon sehr viel
Arbeit und Herzblut in einer Arbeit stecken, fällt es uns oft schwerer, etwas zu ändern, und wir sind zurückhaltender, was eigene Ideen anbelangt. Iteratives Feedback

fördert die Zusammenarbeit im Sinne der Co-Creation, was häufig zu besseren Ergebnissen und immer zu höherer Akzeptanz führt.

Die Antworten auf die beiden Feedbackfragen geben Hinweise darauf,

(1) was aus Perspektive der Feedbackgeber im Gegensatz zum Referenzpunkt
     (deinem Ziel) erreicht wurde,
(2) was noch nicht erreicht wurde und
(3) wie es erreicht werden könnte.

In manchen Situationen empfiehlt es sich außerdem, zunächst zum Ziel, das du
erreichen möchtest, beziehungsweise zum Problem, das du lösen möchtest, Feedback einzuholen. Vielleicht profitierst du davon, mehrere Perspektiven zu hören,
bevor du dich auf ein Ziel oder eine Problembeschreibung festlegst. Die Methode
des iterativen Feedbacks ist neben RIPU eine weitere Möglichkeit, die Grundidee
des Lernzyklus im Businessalltag anzuwenden.

3.2.3   Der Lernzyklus im Eins-zu-eins-Mitarbeitergespräch

Als fester Bestandteil deiner Eins-zu-eins-Mitarbeitergespräche kann RIPU vermutlich
die stärkste positive Wirkung entfalten. Gleichzeitig fällt es vielen Führungskräften am
schwersten, RIPU in diesem Rahmen effektiv anzuwenden.

Vielleicht seufzt du jetzt innerlich beim Gedanken an Mitarbeitergespräche? Damit wä-
rest du nicht allein. Viele Führungskräfte und auch Mitarbeitende schätzen diese Gespräche keineswegs. Manche schrecken vor der Zeitinvestition zurück: „30 min alle zwei
Wochen – wie soll ich das mit allen Mitarbeitenden schaffen?" Natürlich wird es mit
einem sehr großen Team zeitaufwendig. Doch *gute* Mitarbeitergespräche sind eine sehr
lohnende Investition, die sich in stärkeren Ergebnissen, höherer Transparenz und besserer
Kommunikation mehr als auszahlen werden. Doch was sind nun gute Eins-zu-eins-
Mitarbeitergespräche? Sie zeichnen sich durch viererlei aus:

Erstens braucht ein gutes Mitarbeitergespräch eine **grobe Agenda**, sodass beide Gesprächspartner sich im Klaren sind, was sie von diesem Termin erwarten und welche Themen sie einbringen können. Zweitens hört die Führungskraft vor allem zu, mit der Intention, den Mitarbeitenden zu verstehen; der **Redeanteil** des Mitarbeitenden ist deutlich
höher als der der Führungskraft. Drittens findet das Gespräch in einer **sicheren Atmosphäre** statt, also beispielsweise im Büro statt zwischen Tür und Angel. Und viertens sind
gute Mitarbeitergespräche im Voraus geplant und finden **regelmäßig und verlässlich**
statt. Ein guter Zeitrahmen und Turnus sind 30–45 min wöchentlich oder zweiwöchentlich.

Gute Mitarbeitergespräche nutzen dir als Führungskraft sowohl dabei, mit deinen Mitarbeitenden Leistungsziele zu erreichen als auch deine Mitarbeitenden zu entwickeln. Für beides ist die Beziehung zwischen Führungskraft und Mitarbeitenden grundlegend. Deshalb ist es zu allererst wichtig, starke Arbeitsbeziehungen mit deinen Mitarbeitenden zu gestalten. Alle diese drei Punkte kannst du durch richtig gute Mitarbeitergespräche erreichen.

Richtig gute Mitarbeitergespräche mit RIPU
Idealer Ablauf

1. ~ 10 min Mitarbeiterzeit – worüber auch immer sie sprechen möchten
2. ~ 15 min Leistung und kontinuierliche Verbesserungen mit dem RIPU-Zyklus
3. ~ 15 min Entwicklung des Mitarbeitenden
4. ~ 5 min nächste Schritte

RIPU-Fragen im Mitarbeitergespräch

1. Reflexion (je nach Erfahrungen des Mitarbeitenden mit dem Thema)
   * Was weißt du bereits über das Thema?
   * Was läuft noch nicht rund? Was ärgert dich vielleicht oder macht dir Bauchschmerzen?
   * Wie gehst du gewöhnlich vor?
   * Was hast du gegebenenfalls bereits ausprobiert?
   * Was waren/sind die Resultate?
2. Intention oder Ziel setzen
   * Welche Intention möchtest du dir setzen?
   * Was möchtest du erreichen?
   * Welches Ziel möchtest du dir setzen?
3. Planen eines Experiments
   * Wie planst du vorzugehen?
   * Welche Resultate erwartest du?
   Tipp: Die Antworten auf diese beiden Fragen sollte der Mitarbeitende am besten notieren

Die Umsetzung des Experiments erfolgt außerhalb des Mitarbeitergesprächs. Im nächsten Gespräch geht es mit der Reflexion weiter: Was war dein Experiment? Was hast du daraus gelernt? Und der RIPU-Zyklus beginnt von Neuem.

Mitarbeitergespräche sind für viele Führungskräfte eine Herausforderung. Deshalb weise ich dich gleich auf drei typische Stolperfallen hin und gebe dir Tipps, wie du diese umgehen kannst.

▶    *Vorsicht Stolperfalle!* Mikromanagement.

„Ist das nicht Mikromanagement, wenn ich mit RIPU meine Mitarbeitenden bei jedem Schritt – Reflexion, Intention setzen und Planen der Umsetzung – an die Hand nehme?", fragte mich kürzlich eine Führungskraft. Selbstverständlich wäre es das, wenn man RIPU zu jeder Aufgabe anwenden würde, und das empfehle ich ganz und gar nicht: Es wäre zeitlich nicht machbar und sicher demotivierend für die Mitarbeitenden, wenn ihnen anscheinend keine eigenständige Arbeit zugetraut würde. Nutze RIPU stattdessen für besonders herausfordernde Aufgaben, die entweder sehr umfassend sind, außerhalb der Komfortzone des Mitarbeitenden liegen oder besonders schwierig zu bewältigen sind.

Darüber hinaus empfehle ich dir zu vertrauen, dass deine Mitarbeitenden diese Methode erlernen und dann selbst für sich anwenden, wenn es hilfreich ist. Wenn du regelmäßig an *einem* Thema mit deinen Mitarbeitenden mit RIPU arbeitest, unterstützt du sie, diese Methode zu verinnerlichen und für sich zu nutzen. – Bravo!

▶    *Vorsicht Stolperfalle!* Keine Zeit?

Viele Führungskräfte, gerade von großen Teams, sind zeitlich sehr ausgelastet. Verständlich, dass dann oft versucht wird, Zeit zu sparen. Und deshalb ist auch die Frage legitim: „Müssen es wirklich mindestens 30 min pro Mitarbeiter alle 14 Tage sein?" Meine Antwort ist ein klares: Ja! Weiterentwicklung und Unterstützung deiner Mitarbeitenden sind deine wichtigsten Aufgaben als Führungskraft und haben damit höchste Priorität. Diese Zeit ist eine der besten Investitionen, die du in dein Team und eure langfristige Leistung machen kannst. Sich diese Zeit zu nehmen bietet eine wertvolle Plattform für Dialog und Feedback und ist darüber hinaus eine wichtige Form der Wertschätzung. Falls du noch nicht überzeugt sein solltest, nimm dir 5 min Zeit und notiere dir, was du dir von deiner Führungskraft wünschst, um möglichst erfolgreich zu sein. Wie viel Zeit zum Gespräch fühlt sich aus dieser Perspektive sinnvoll an?

Zum Austesten kannst du außerdem ganz klein beginnen: Investiere zunächst nur etwas Zeit in Mitarbeitergespräche. Wenn du bisher keine regelmäßigen Mitarbeitergespräche führst, starte beispielsweise mit nur einmal 30 min oder zweimal 20 min pro Monat und Mitarbeitenden. Beobachte, wie sich die Zeit zum Gespräch auf Arbeitsbeziehung und Leistung auswirkt. Sicher wirst du feststellen, dass dieser Zeit-Invest sich überaus lohnt. Es würde mich nicht verwundern, wenn du schlussendlich sogar bei mehr Gesprächszeit als die 30 min alle 14 Tage landest!

Im Laufe meiner Beratertätigkeit habe ich immer wieder eine Variante des folgenden Satzes gehört: „Ich weiß auch nicht, mein Chef hat unser Eins-zu-eins-Gespräch abgesagt." Frustration und Enttäuschung ist in den Stimmen zu hören.

Karen Martin, langjährige Führungskraft und Geschäftsführerin einer Managementberatung, die ich für dieses Buch befragte, sagte im Zusammenhang mit abgesagten Mitarbeitergesprächen: „Jedes Mal, wenn eine Führungskraft ein Mitarbeitergespräch absagt oder verschiebt, macht sie deutlich, dass etwas anderes wichtiger ist. Doch ist es das tatsäch-

lich? Oder fällt die Führungskraft einer ‚organisatorischen ADS (Aufmerksamkeitsdefizit-
störung)‘ zum Opfer? Die Botschaft, die ein abgesagtes Mitarbeitergespräch vermittelt, ist
klar und deutlich: Etwas anderes ist wichtiger als du" (Martin 2024). Doch die Unterstützung
und Weiterentwicklung des eigenen Teams sind zweifellos **die** wichtigsten Aufgaben einer
Führungskraft. Und die Einhaltung dieser Verpflichtungen ist ein wichtiger Baustein, um
durch Verlässlichkeit Vertrauen aufzubauen und die Mitarbeitenden zu motivieren.

▶ *Vorsicht Stolperfalle!* State of Mind.

Die RIPU-Fragen im Mitarbeitergespräch bergen durchaus auch etwas Sprengstoff: Je
nach deinem bisherigen Führungsstil, den Erfahrungen deiner Mitarbeitenden mit anderen
Führungskräften und der Haltung der Mitarbeitenden kann es zu Irritation und Ablehnung
kommen: Eine Stolperfalle tut sich auf. Beginne deshalb behutsam, Fragen zu stellen. Erkläre, dass du nicht abfragen, sondern im Lernprozess unterstützen willst und weshalb dir
das wichtig ist.

Erinnere dich auch hier wieder an das *State-of-Mind*-Modell aus Kap. 1 und vermeide,
eine Abwehrreaktion auszulösen. Beobachte auch deine eigene Haltung und achte darauf,
was dich gegebenenfalls in die Abwehr triggert oder beispielsweise arrogant erscheinen
lässt. Hier gilt es, mit Intention und Selbstreflexion eine Negativspirale zu vermeiden!

Nun hast du den Lernzyklus kennengelernt – die erste von drei Methoden, um die prak-
tische Lernkompetenz zu entwickeln. Im nächsten Kapitel stelle ich dir die Methode der
Lern- und Coaching-Kata vor. Die Kata-Methode baut auf dem Lernzyklus auf und hat
diesen zum Kernelement. Doch Kata ist noch einiges mehr: Erstens bietet dir die Kata-
Methode mehr Struktur und Anleitung, um in der Praxis des Businessalltags zu lernen.
Zweitens kannst du mit dieser Technik deine Coaching-Fähigkeiten verbessern, um deine
Mitarbeitenden und Kollegen im Lernen zu begleiten.

Das Wichtigste in Kürze
- Der Lernzyklus ist die grundlegende Methode des Lernens.
- Effektives Lernen beginnt mit der Reflexion.
- Effektive Reflexion ist strukturiert und mehrstufig.
- Intention und Ziel deines nächsten Schritts weisen dir die Richtung und ver-
  hindern, dass du in die falsche läufst.
- Ein klarer Plan hilft dir, mit Struktur ins Handeln zu kommen.
- Was wird der nächste Schritt bringen? Notiere deine Vorhersage immer im Voraus.
- Nachdem du deinen geplanten Schritt getan hast, gleichst du deine Vorhersage
  mit der Realität ab: Der Unterschied ist Lernen im Sinne von Erkenntnis; das Ma-
  chen ist Lernen im Sinne von Training.
- Nun weißt du mehr und kannst deinen nächsten Lernschritt planen.
- Einen Schritt nach dem anderen erreichst du mit RIPU ambitionierte Ziele selbst
  in unbekanntem und komplexem Terrain.

3.3   Was jetzt zu tun ist

Genau **jetzt** ist die Zeit, dein erstes RIPU-Experiment zu starten, falls du das noch nicht getan hast! Hier ist deine Checkliste:

- Wähle dir ein Übungsthema.
- Suche dir einen Sparringspartner.
- Lege dir deine RIPU-Vorlage und RIPU-Handout bereit.
- Bleibe am Ball und plane an jedem Arbeitstag 10 min zur Reflexion und Planung deines nächsten Schrittes!
- Nach drei Wochen praktischer Erfahrung starte mit RIPU in deinem Team!

Einladung zur Reflexion

1. Was hast du in Kap. 3 und in deiner Praxis gelernt?
2. Inwiefern ist es dir gelungen, Lernkultur und Lernkompetenz zu stärken?
3. Was ist dein nächster Schritt?

3.4   Bonusmaterial

Code	Titel	Beschreibung
3.1	RIPU in der Praxis	Template, das du zur täglichen Reflexion im Lernzyklus nutzen kannst
3.2	RIPU-Handout	Der RIPU-Lernzyklus und seine Schritte auf einer Seite erklärt
3.3	RIPU-Workshop	Workshop-Design für einen RIPU-Team-Workshop

Literatur

Anderson, Katie. 2024. im Interview mit Sabrina Malter zur Kraft der Reflexion und dem SAPD Lernzyklus, 01.05.2024.

Deming, William E. 2000. *Out of the crisis*. Cambridge: The MIT Press.

———. 2000a. *The new economics for industry, government, education – 2nd edition*. Cambridge: The MIT Press.

Martin, Karen. 2024. im Gespräch mit Sabrina Malter zum Thema Mitarbeitergespräche, 04.05.2024.

Zum Weiterlesen

Anderson, Katie. 2020. *Learning to Lead, Leading to Learn: Lessons from Toyota Leader Isao Yoshino on a Lifetime of Continuous Learning*. California: Integrand Press.

Denken wie ein Forscher – die Lern- und Coaching-Kata

4

*„Das Anwenden der Kata-Routinen zwingt uns, LANGSAM
vorzugehen, und hilft uns dadurch, SCHNELL zu lernen."*

–*Gemma Jones*

Zusammenfassung

Praktische Lernkompetenz bedeutet, in und an der Wirklichkeit zu lernen und zu wachsen. Entwickeln können wir praktische Lernkompetenz, indem wir Denk- und Handlungsmuster des Lernens einüben, denen eine Lernhaltung sowie wissenschaftliches, evidenzbasiertes Denken zugrunde liegen. Eine wirkungsstarke Methode, um praktische Lernkompetenz zu stärken und Unternehmen in Richtung lernende Organisation zu entwickeln, ist die Kata-Methode (basierend auf Mike Rothers *Toyota Kata*): Mithilfe eines griffigen Modells und unterstützt durch einen Coach verinnerlichen wir mit der Kata-Methode die Denk- und Handlungsmuster des Lernens, während wir im Businessalltag Probleme lösen, Hindernisse überwinden und am Erreichen unserer Ziele arbeiten.

„Das ist doch der PDSA-Zyklus,[1] den ich aus der Prozessverbesserung in der Produktion kenne. Den nutzen mein Team und ich schon seit Jahren", sagte Sophie, Teilnehmerin in meinem Kick-off-Workshop zum Kata-Coaching, mit einem skeptischen Gesichtsausdruck. „Werde ich hier etwas Neues lernen?", war darin zu lesen. Noch dazu etwas, das Sophie helfen würde, in ihrem Team Lernhaltung, Lernkultur und Lernfähigkeiten zu stärken, wie ich es ihr versprochen hatte? Und war ihr Sitznachbar Thorben aus der Personal-

[1] Plan-Do-Study-Adjust-Zyklus (auch Plan-Do-Check-Adjust-Zyklus oder Deming-Kreis) basierend auf W. E. Deming.

abteilung überhaupt im richtigen Workshop – oder ging es hier nur um Produktions-
prozesse? Als Sophie und Thorben sich im selben Augenblick zurücklehnten und die Arme
verschränkten, tauschten sie einen vielsagenden Blick aus …

In diesem Kapitel geht es um Denk- und Handlungsmuster des Lernens. Je besser wir
uns diese Muster zu eigen machen, desto erfolgreicher können wir in der Praxis lernen und
vorankommen, das heißt: Ziele verfolgen, Probleme lösen, uns an Veränderungen anpassen und Wandel gestalten. Und die wohl effektivste Methode, diese Muster zu verstehen
und vor allem zu beherrschen, ist *Toyota Kata*. Das Wort Kata kommt aus dem Japanischen und bedeutet eine Routine oder ein Verhaltensmuster, das wir üben, um eine neue
Fähigkeit zu verinnerlichen und zu perfektionieren. Vielleicht kennst du den Begriff bereits aus dem Kampfsport: Hier steht Kata für kurze Bewegungsabläufe, die immer wieder
geübt werden, bis der Sportler sie als Gewohnheit beherrscht und sie situativ kombinieren
und anwenden kann, ohne lange nachzudenken. Wenn ich hier jedoch von *Toyota Kata*
spreche, meine ich eine Kata des Lernens. Dies ist ein Modell des Lernens und zugleich
eine Methode, dieses Modell durch das Trainieren von Übungsroutinen in die Realität
umzusetzen. Dazu gehören sowohl Routinen für den Lernenden selbst als auch Routinen
für jemanden in der Coach-Rolle, der den Lernenden begleitet und unterstützt. Kata wurde
von dem amerikanischen Wissenschaftler Mike Rother im Kontext seiner Studien bei Toyota entwickelt – entsprechend nannte er sie *Toyota Kata*.

Das Besondere an Kata ist, dass hier die Denk- und Handlungsmuster des Lernens in
den Fokus rücken. Konkret bedeutet das zum Beispiel: Wenn wir die Kata-Arbeitsweise
verinnerlicht haben, suchen wir eine Antwort auf eine Frage oder Vermutung in einem
Experiment. Wir haben ein gemeinsames Verständnis, wie wir eine Vermutung schnell testen können, und richten gemeinsam unseren Blick darauf, was wir aus der Wirklichkeit
lernen. Was nehmen wir jeweils an? Was hingegen passiert tatsächlich? Was lernen wir gemeinsam daraus? Die Kata-Arbeitsweise hilft uns, keine voreiligen Schlüsse zu ziehen.
Das Problem bleibt das Sachproblem und wächst sich nicht zum Wettstreit aus, welche
Person sich mit ihrer Ansicht durchsetzen kann. Stattdessen denken und handeln wir eher
wie Forscher und führen ein Gespräch darüber, wie wir unser nächstes Experiment planen.
Und dann lernen wir gemeinsam aus dem Ergebnis.

Eine weitere Besonderheit von Kata: ihr praxistauglicher Ansatz. Sowohl Führungskräfte auf allen Ebenen als auch Kollegen „peer-to-peer" können sie nutzen und damit die
Fähigkeit zu lernen in der Organisation ausbauen. Mit Kata kannst du deine Mitarbeitenden
und Kollegen befähigen, erfolgreich in unbekanntem Terrain zu navigieren. In einem Umfeld, das von Wandel und unbekannten Herausforderungen geprägt ist, bietet diese Arbeitsweise einen entscheidenden Vorteil.

Mike Rother studierte zwar Managementroutinen in einem bestimmten Unternehmen,
bei Toyota. Doch, was er lernte, hat Gültigkeit weit über dieses Unternehmen hinaus. Die
menschlichen Denk- und Handlungsmuster, die Rother entdeckte, sind in jedem Team und
jeder Organisation relevant, unabhängig von der Branche. Wie im Workshop mit Sophie
und Thorben merke ich oft, dass Menschen zunächst glauben, Kata wäre eine Methode nur
für das Produktionsumfeld, zum Problem-Solving oder zur kontinuierlichen Prozessver-

besserung. Dem ist aber nicht so. Kata betrifft die Denk- und Handlungsmuster des Lernens ganz generell. Darüber hinaus hat Kata sogar das Potenzial, persönliches Wachstum und Kulturentwicklung zu initiieren. Und viele Menschen begegnen *Toyota Kata* zwar zuerst am Arbeitsplatz, nutzen die Methode dann aber auch im Privatleben.

Am Ende des Kick-off-Workshops hatten Sophie und Thorben übrigens verstanden, dass zu Kata wesentlich mehr gehört als der PDSA-Zyklus. Sie hatten außerdem verstanden, wie sie mit Kata die Lernfähigkeit und Lernhaltung im Team einüben und perfektionieren können. „Klingt vernünftig", sagte Sophie in der Abschlussrunde.

Auch wenn ich die beiden mit meiner Begeisterung für Kata noch nicht vollends anstecken konnte – ihr Interesse und ihre Neugier waren geweckt: Sie wollten Kata gemeinsam im Peer-to-Peer-Coaching ausprobieren und verabredeten sich über einen Zeitraum von sechs Wochen regelmäßig, um mit der Lern-Kata zu arbeiten und sich dabei abwechselnd in der Coach-Rolle zu unterstützen. Sei gespannt, was die beiden herausfanden!

4.1 Was ist Kata?

4.1.1 Der Ursprung von Kata

Im Frühjahr 2003 ließ eine Frage den Ingenieur und Forscher Mike Rother nicht mehr los: Was steckte hinter dem Erfolg und der Anpassungsfähigkeit des Automobilherstellers Toyota und wie gelang es diesem Unternehmen so gut, eine Kultur des Lernens zu schaffen? Dabei waren ihm die sichtbaren Werkzeuge und Prinzipien des Toyota-Produktionssystems sehr wohl bekannt. Denn Rother, Forscher rund um die Themen Industrial Management, Leadership und Organizational Behavior an der Universität Michigan, hatte bereits einige Jahre Toyota und die Werkzeuge und Managementprinzipien des Toyota-Produktionssystems studiert und bereits renommierte Bücher dazu veröffentlicht. Die sichtbaren Werkzeuge und Prinzipien des Toyota-Produktionssystems waren außerdem seit der Publikation von *The machine that changed the world* (Womack et al. 1990) unter dem Begriff *Lean* bekannt geworden. Seitdem hatten viele Unternehmen versucht, ein Lean-Production-System nach dem Vorbild von Toyota zu schaffen. Doch der Erfolg war oftmals ernüchternd. Rother selbst hatte mehrfach beobachtet, dass Unternehmen darin beraten und unterstützt werden, ein Lean-Production-System und eine Kultur der kontinuierlichen Verbesserung zu gestalten, und dann nach einigen Monaten die Werkzeuge und Methoden nicht genutzt wurden. Mitarbeitende und Führungskräfte hatten lieber umfangreiche Workarounds ersonnen, als die Lean-Werkzeuge zu nutzen, die doch zu ihrer Unterstützung eingeführt worden waren. Kanban-Boxen, eine Hilfe für flüssiges Arbeiten, hatte seit dem Aufstellen anscheinend niemand mehr angefasst. Das konnte doch nicht wahr sein! Rother fand diese Diskrepanz faszinierend und sein Forscherehrgeiz war geweckt. Er beschloss gemeinsam mit einem Team herauszufinden, was – anscheinend unsichtbar – dem Erfolg von Toyota wirklich zugrunde lag. Die sichtbaren Werkzeuge und Artefakte alleine waren ganz offensichtlich nicht ausreichend (Abb. 4.1).

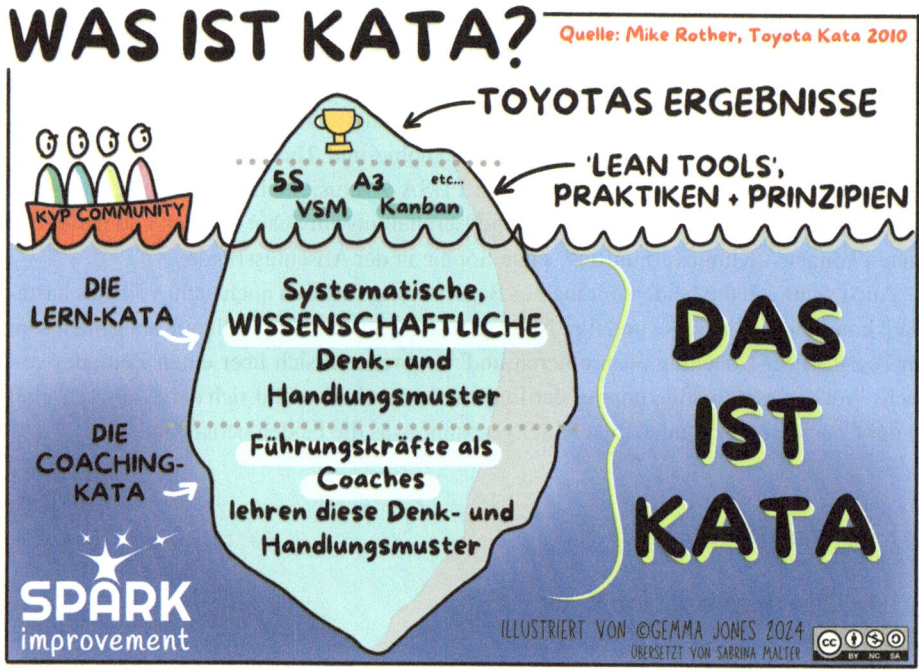

Abb. 4.1 Was ist Kata? (Quelle: Gemma Jones 2024, basierend auf der Arbeit von Mike Rother, in deutscher Fassung: Rother 2013, mit freundlicher Genehmigung von Gemma Jones)

Rothers zwei Forschungsfragen lauteten (Rother 2013):

1) Was sind die unsichtbaren Managementroutinen und -denkweisen, die Toyotas Erfolg im Hinblick auf kontinuierliche Verbesserung und Anpassung zugrunde liegen?
2) Wie können andere Unternehmen ähnliche Routinen und Denkweisen in ihrer Organisation entwickeln?

Rother und sein Team beobachteten und studierten das Unternehmen Toyota über einen Zeitraum von fünf Jahren an vielen Standorten weltweit und experimentierten mit ihren Erkenntnissen. Daraufhin stellten sie einige Dinge fest. Erstens: Bei Toyota praktizierten die Menschen und Teams auf allen Ebenen des Unternehmens ein systematisches und wissenschaftliches Denk- und Handlungsmuster. Teams machten kleine Schritte und experimentierten ihren Weg in Richtung „Zielzustände", statt vorschnellen Schlussfolgerungen aufzusitzen. Dieses weniger sichtbare Denk- und Handlungsmuster liegt als eine Art tragendes Fundament Toyotas bekannten Werkzeugen und Artefakten zugrunde. Zweitens: Bei Toyota gibt es stets eine übergeordnete Herausforderung als Richtungsgeber für diese wissenschaftliche Vorgehensweise. Drittens: Die Führungskräfte bei Toyota agierten als Coaches und lehrten ihre Mitarbeitenden diese Arbeitsweise. Sie gaben nicht einfach die Antwort, sondern coachten ihre Mitarbeitenden mithilfe offener Fragen. So ermutigten und lehrten sie, wie ein Forscher zu denken und zu handeln. Bei Toyota wird also täglich ein Muster des Lernens und wissenschaftlichen Denkens im Laufe des normalen Arbeitstages trainiert. Aus dem, was Rother von Toyota lernte, entwickelte er Folgendes:

1) erstens ein **Modell,** dass das Denk- und Handlungsmuster des Lernens bei Toyota – „Denken und Handeln wie ein Forscher" – in vier Schritten darstellt und

2) **Übungsroutinen** (die *Starter-Kata*) für den Lernenden und den Coach, um auch in anderen[2] Organisationen ein Denken und Handeln nach dem Modell einzuüben und die Organisation in Richtung lernende Organisation zu wandeln.

4.1.2   Denken wie ein Forscher

Das Denk- und Handlungsmuster des Lernens ist das eines Forschers: Es führt über anfängliche Annahmen hinaus, um bisher unentdeckte Realitäten zu begreifen und dieses neue Wissen zu nutzen, um den Weg nach vorne zu finden. Die Lern-Kata ist ein Modell für dieses Denk- und Handlungsmuster. Es überträgt Grundzüge des wissenschaftlichen Vorgehens eines Forschers in einer praktischen, alltäglichen Form in den Businessalltag: auf das Ziele-Verfolgen und Probleme-Lösen. Dieses Muster ist für jeden und jedes Team nützlich.

Die Haltung eines solchen *alltäglichen* Forschers macht aus:[3]

(1) Wir erkennen an, dass unser Verständnis immer unvollständig ist und auch falsch sein kann.

(2) Wir nehmen an, dass Antworten und neues Wissen durch Experimentieren gefunden werden.

(3) Wir wertschätzen die Lerngelegenheit, die sich aus unserem Handeln ergibt: Was erwarten wir vorab? Was passiert tatsächlich? – Die Diskrepanz aus beidem ist eine Quelle des Lernens und ein Schlüsselelement von Kata.

Diese Art, zu denken und zu handeln, kann Teams und Organisationen ausgesprochen effektiv machen. Denn immer, wenn der Pfad nach vorn durch Komplexität, Dynamik und Unvorhersehbarkeit geprägt ist, hilft ein ausgefeilter Plan wenig weiter. Oft ist es besser, einen Schritt nach dem anderen zu tun. Dabei gewinnen wir nach jedem Schritt Erkenntnisse, lernen und wissen mehr als zuvor. Wir können somit den nächsten Schritt fundierter planen. Dadurch gleicht Kata eher einer Navigation mit Kompass statt mit Karte: Wir haben die Richtung im Blick anstatt einer vorgeplanten Route. Vor allem dann, wenn wir keine

---

[2] Bei Toyota selbst werden das *Toyota-Kata*-Modell und die Methode nicht benötigt. Die Führungskräfte und Mitarbeitenden lernen sie als Teil der Kultur und Arbeitsweise kennen und gehen entsprechend vor, ohne explizit von einer Methode zu sprechen.

[3] Rother, Mike, https://www.katatogrow.com/copy-of-home (abgerufen am 29.07.2024).

Karte haben oder die Karte nicht funktioniert, ist eine wissenschaftliche Denkweise wohl die beste Methode, ans Ziel zu kommen. Denn hiermit lernen wir, über die Grenzen unseres Wissens hinauszugehen.

Die Denkweise des Forschers ermutigt uns also, unsere Annahmen anzuzweifeln und Fragen zu stellen. Mit Neugier und Logik setzen wir der menschlichen Tendenz, vorschnell Schlüsse zu ziehen, etwas entgegen. Diese Tendenz lässt sich übrigens anhand eines einfachen Beispiels zeigen: Unten siehst du einen unvollständigen Text. Selbst wenn ich die Hälfte der Schrift verdecke, kannst du – wie die meisten Menschen – den Text wahrscheinlich noch problemlos lesen (Abb. 4.2).

Wie funktioniert das? Das menschliche Gehirn handelt sehr schnell, Gott sei Dank. Aber manchmal können wir Sinn konstruieren aus Dingen, die objektiv gar keinen Sinn ergeben. Und wir bemerken es nicht einmal, denn unser Gehirn korrigiert automatisch – und ergänzt in diesem Fall das Bild für uns (Abb. 4.3).

Aber: Unser Gehirn kann sich täuschen, wie du an Abb. 4.4 siehst (auch wenn ich das Beispiel natürlich konstruiert habe). Wir betrachten Dinge ganz natürlich aus bestimmten, erlernten Perspektiven und sind fest von unserer Betrachtungsweise überzeugt. Dabei blenden wir aus, was ebenso wahr sein mag.

Auch im Businessalltag begegnest du diesem Effekt:

- Die Chefin auf dem Flur schaut grimmig drein und läuft an dir vorbei, als seist du Luft? – Was hast du falsch gemacht?
- Die Anlage in der Produktion macht wieder diese Klopfgeräusche? – Kein Problem: Das kam schon mehrmals vor und verschwand wieder von allein.
- Die Mitarbeiterin macht nur Dienst nach Vorschrift? – Sie hat das falsche Mindset und eine zu zart besaitete Führungskraft, die nicht durchgreift.

Wenn wir diese Beispiele lesen, wissen wir natürlich, dass andere Ursachen zugrunde liegen könnten. Doch im Alltag reagieren und entscheiden wir oft, ohne uns die Mühe zu machen, unsere Annahmen zu überprüfen.

Dabei will unser Gehirn uns eigentlich nur helfen. Es versucht, die außerordentlich vielen Informationen zu verarbeiten, die stetig auf uns einströmen, und entstehende Lücken

Kannst du das lesen?

Abb. 4.2 Halb verdeckt und doch lesbar? (Quelle: © Sabrina Malter 2024. All Rights Reserved)

Bist Du sicher?

Abb. 4.3 Noch einmal: Halb verdeckt und doch lesbar? (Quelle: © Sabrina Malter 2024. All Rights Reserved)

Rjst du sjehcr?

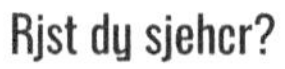

Abb. 4.4 Abb. 4.3 aufgedeckt. (Quelle: © Sabrina Malter 2024. All Rights Reserved)

schnell zu füllen. Das ist eine Leistung, die unser evolutionäres Überleben gesichert hat. Aber dieser Mechanismus kann eben auch hinderlich sein. Er kann uns dazu bringen, vorschnell Schlussfolgerungen zu ziehen. Das kann so weit gehen, dass unsere Vorurteile und Annahmen das rationale Denken überwältigen. Und es kann uns dazu verleiten, falsche Entscheidungen zu treffen.

Aber was steckt genau dahinter – wie funktioniert dieser Mechanismus? Die Ursache sind die zwei verschiedenen Arten des Denkens: zum einen das schnelle, in Teilen unbewusste Denken, zum anderen das langsame, in allem bewusste Denken (Kahneman 2016). Beide Modi sind wichtig und sinnvoll. Ohne das schnelle Denken wären wir beispielsweise im Alltag überfordert und würden oft zu langsam reagieren: Wenn wir im Straßenverkehr eine Situation immer erst genau analysieren wollten, bevor wir reagierten, würden die Unfallzahlen nach oben schnellen. Das langsame Denken hingegen hilft uns, wenn wir ein neues Thema analytisch angehen und uns Schritt für Schritt erarbeiten.

Gerade im Businessalltag tappen wir allerdings oft in die Falle, in Situationen schnell zu denken, wenn eigentlich langsames, bewusstes Denken angebracht wäre. In diesen Momenten springen wir eher intuitiv zu einer Lösungsidee und in die Umsetzung, statt in angebrachter Tiefe ein Problem zu durchdringen. Oft ist uns auch gar nicht bewusst, wo die Schwelle unseres Wissens liegt: Was wissen wir tatsächlich, basierend auf Fakten? Was nehmen wir nur an? Unser Gehirn füllt für uns die unbekannten Flecken – still, schnell und unbemerkt.

Es gibt aber einen Weg, das zu überwinden: Wir können lernen und einüben, anders – bewusster – zu denken. Man könnte auch sagen, in einer wissenschaftlicheren Weise zu denken. Und genau das ist möglich mit Kata. Hier geht es darum, Denk- und Handlungsmuster eines Forschers einzuüben, wie Neugier und Logik, statt von unseren Annahmen und Vorurteilen beherrscht zu werden.

4.1.3   Trainieren wie ein Sportler

Erinnerst du dich, dass ich dir eingangs geschildert habe, wie Sophie und Thorben im Kick-off-Workshop zum Kata-Coaching zunächst skeptisch die Arme verschränkten? Da brauchte es dringend etwas Auflockerung und einen Augenöffner – und beides gelang mir mit der folgenden Übung, zu der ich mich von Mike Rother inspirieren lassen habe. Du kannst sie gleich selbst ausprobieren.

Zunächst aber: *Wir brauchen nicht nur ein Modell der Denk- und Handlungsmuster des Lernens. Wir brauchen auch eine Technik, wie wir als Mensch, Team und Organisation dieses bewusste Denken und Lernen einüben können, sodass es unser Modus Operandi wird.* Denn die Denk- und Handlungsmuster des Lernens entsprechen nicht unseren gewohnten Mustern und eingefahrenen und leicht zugänglichen neuronalen Bahnen. Deshalb ist es auch so anstrengend, im Businessalltag wie ein Forscher zu denken. Wie bei jedem neuen Verhalten, das eine gewohnte Routine ersetzen soll, fühlt es sich zunächst seltsam, ungelenk, unkomfortabel, schwierig und vielleicht sogar falsch an. Gewohnte

Muster anzuwenden, ist wie auf der Autobahn zu fahren. Dagegen ähnelt das Erlernen neuer Muster, einen Pfad durch den Dschungel zu schlagen.

Möchtest du es auch probieren?

Übung: Eine gewohnte Routine durch eine andere ersetzen (inspiriert von Mike Rother)

1. Falte deine Hände.
2. Versuche nun, die Hände andersrum zu falten.
3. Wie fühlt sich das an?

Die Antworten der Workshop-Teilnehmer sind die gleichen, wie du sie zu jeder Art der Veränderung hören wirst: „seltsam", „langsam", „unnatürlich", „steif", „unkomfortabel", „schwierig", „es fühlt sich falsch an", „ich musste darüber nachdenken".

Woran liegt das?

Unsere Gewohnheiten schaffen gut ausgebaute neuronale Bahnen im Gehirn. Diese sind schnell und einfach, wodurch wir sie unbewusst und automatisch nutzen. Jedes Mal, wenn wir etwas tun oder denken, wird es deshalb wahrscheinlicher, beim nächsten Mal wieder genauso zu handeln oder zu denken. Gleichzeitig wird es mit jedem Mal unkomfortabler, anders zu handeln oder zu denken. Unsere Denk- und Handlungsmuster bilden sich also durch Rückkopplung. Wir haben über Jahrzehnte eingeübt, unsere Hände immer auf dieselbe Art und Weise zu falten. Um neue neuronale Bahnen zu bilden und auszubauen – und unsere Hände andersherum zu falten –, müssen wir unser gewünschtes Verhaltensmuster bewusst einüben.

Noch ein interessanter Punkt: Das unwohle Gefühl, das natürlicherweise bei Veränderung eintritt, ist ein gutes Zeichen, denn es bedeutet, dass du dabei bist, etwas Neues zu lernen. Mit anderen Worten, etwas Neues lernen ist kaum möglich ohne das anfangs unwohle Gefühl.

Neue Verhaltensmuster lassen sich mit Übungsroutinen einüben. Übungsroutinen sind konkrete, festgelegte Abfolgen an Schritten, denen wir zu Beginn folgen, bis uns die neuen Muster selbstverständlich und zur zweiten Natur werden. Denn erst wenn wir das neue Verhaltensmuster der Übungsroutine verinnerlicht haben, können wir es schnell und unbewusst abrufen. Vielleicht hast du den Wert von Übungsroutinen schon beim Erlernen eines neuen Instruments kennengelernt: Hier werden zu Beginn immer wieder kurze, recht einfache Melodien und Tonfolgen gespielt. Auch im Sport, ob Tanzen, Kampfsport oder Fußball, übt man zu Beginn und auch später als Profi immer wieder feste kleine Abfolgen ein – Grundschritte, Kata, Drills –, um diese zu verinnerlichen und zu einer Art Gewohnheit zu machen. Danach und darauf aufbauend kann jeder seinen etwas eigenen Stil entwickeln und situationsbedingt handeln. Das Ziel von *Toyota Kata* ist, die wissenschaftlichen Muster so gut zu verinnerlichen, dass man sie reflexartig anwendet und dadurch Denkkraft frei bleibt, damit man sich auf das Besondere einer Situation konzentrieren kann.

Wir brauchen also diese Routinen in der Praxis, um die neuen Verhaltensmuster zu etablieren. So reicht es etwa auch nicht, wenn jemand, der Tango tanzen lernen will, sich nur einen Vortrag über Melodie, Rhythmus und Schrittfolgen ansieht. Wer nach einem solchen Vortrag überzeugt wäre, Tango tanzen gelernt zu haben, den würden wir belächeln. Wir wissen, dass man einen solchen Tanz nur durch Einüben in der Praxis lernen kann. Ähnlich ist es beim Musizieren, im Sport und bei vielen anderen Fähigkeiten: Während wir in einem Vortrag oder Klassenraumtraining etwas *über* ein Thema lernen können, werden wir dort niemals neue Fähigkeiten oder neue Denk- und Handlungsmuster entwickeln.

Seltsamerweise nehmen wir im Businessalltag oft an, es ginge anders, es ginge schneller, es ginge effizienter.

 *Vorsicht Stolperfalle!* Davon gehört ist nicht gleich verstanden, ist nicht gleich können.

Im Arbeitsleben gehen wir oft davon aus, etwas gelernt zu haben, wenn wir von einem Konzept gehört und es vielleicht kognitiv verstanden haben. Wir sitzen in einem Vortrag oder Training und hören von einem Konzept wie dem Lernzyklus oder den Denk- und Verhaltensmustern des Lernens und nehmen an, wir hätten es begriffen. Doch das ist ein Trugschluss: In einem Vortragssaal hat noch niemand neue Denk- und Verhaltensmuster entwickelt. Das gelingt nur durch Erfahrung in der Praxis.

Glücklicherweise bietet uns der Businessalltag alles, was wir zum Üben, Erlernen und Verinnerlichen einer wissenschaftlichen Denkweise brauchen: echte Probleme, echte Ziele und Kollegen, mit denen wir uns gegenseitig beim Lernen unterstützen können. Denn ganz allein lässt es sich kaum vermeiden, in alte Muster zurückzufallen.

Lust, das auszuprobieren?

Überlege dir schon einmal, mit welchen zwei Kollegen du Peer-to-Peer Kata-Coaching lernen willst. Weiter unten erfährst du, wie ihr vorgehen könnt. Alternativ kannst du dir einen erfahrenen Kata-Coach suchen, der dich unterstützt, die Methode effektiv und zügig zu lernen.

Nun weißt du, warum die Denk- und Handlungsmuster des Lernens so nützlich sind: Mit ihnen vermeiden wir, vorschnelle Entscheidungen aufgrund ungeprüfter Annahmen zu treffen. Daneben haben wir uns die Kraft der Übungsroutinen angeschaut. Mit ihnen entwickeln wir neue, nützlichere Verhaltensmuster. *Toyota Kata* bringt diese beiden Elemente zusammen. Im nächsten Abschnitt erfährst du, wie du das einüben kannst.

4.2   Die Lern-Kata

Mike Rother benannte sein vierschrittiges Modell *Improvement-Kata*, denn das Ziel, auf das man mit der Methode hinarbeitet, ist eine Verbesserung. Oft wird Kata deshalb als nur eine Verbesserungs- oder Problemlösungsmethode missverstanden. Doch Kata ist viel mehr: eine

Abb. 4.5 Die fünf Schritte der Lern-Kata von Gemma Jones 2024. (Quelle: basierend auf der Arbeit von Mike Rother (in deutscher Fassung: Rother 2019), mit freundlicher Genehmigung von Gemma Jones)

Praxisroutine, durch die wir die Denk- und Handlungsmuster des Lernens verinnerlichen und Lernkompetenz in unbekanntem Terrain aufbauen. Wir „denken wie ein Forscher", stärken unsere Lernfreude und entwickeln ein *Growth Mindset*. Auf Organisationsebene kommen wir durch Kata dem Ideal einer lernenden Organisation ein gutes Stück näher. Um diese Superkraft zu betonen, nutze ich den Begriff „Lern-Kata" und erweitere das Modell auf fünf Schritte. Ich nehme Rothers periodische Etappenreflexion mit als Schritt hinein (Abb. 4.5).

4.2.1   Die Schritte der Lern-Kata

In diesem Abschnitt stelle ich dir zunächst die Schritte der Lern-Kata im Überblick vor. Wohlgemerkt, allein durch das Verstehen dieses Modells kannst du es nicht in die Praxis überführen. Dazu brauchst du Routinen für die Praxis. Diese zeige ich dir im Anschluss an das Modell und führe dich im Detail durch die Phasen und Schritte. Diese Anleitung zur konkreten Umsetzung in die Praxis sind die Übungsroutinen oder *Starter-Kata*.

Um ein anspruchsvolles Ziel zu erreichen, muss du

1) die grobe Richtung verstehen: *Wo steht dein Gipfelkreuz?*
2) wissen, wo du dich heute befindest: *Was ist dein aktueller Standort?*
3) ein nächstes, kurzfristiges Ziel setzen, auf das du deine aktuellen Bemühungen für die nächsten ein bis zwei Wochen konzentrieren kannst: *Wo ist dein Etappenziel?*

Sobald dir Richtung, aktueller Standort und nächstes Etappenziel klar sind, hast du die Planungsphase (Punkt 1–3) beendet. Nun kannst du

4) experimentieren, um *einen Schritt nach dem anderen* hinzuzulernen, sodass du dein nächstes Etappenziel erreichst.

Dabei hältst du Ausschau nach Hindernissen auf diesem Wegabschnitt und suchst Möglichkeiten, diese zu überwinden. Einige Hindernisse mögen schwieriger erscheinen, als sie tatsächlich sind. Bei anderen ist es genau umgekehrt. Doch immer gehst du strukturiert vor, um sie zu überwinden. Tue einen Schritt, lerne, plane deinen nächsten Schritt aufgrund des Gelernten – und wiederhole das Ganze in vielen kleinen Lernzyklen. *Was lernst du? Was bedeutet das für deinen nächsten Schritt?* Was du auf dem Weg zu deinem Etappenziel lernst, dient als Grundlage, um dein nächstes Etappenziel zu setzen. Du navigierst mit einem Kompass statt einer Karte und mit jedem Schritt erkennst du mehr Terrain und bist deshalb in einer besseren Position, um deinen nächsten Schritt zu planen.

Sobald du dein Etappenziel oder deinen Etappentermin erreicht hast, halte inne und reflektiere: Mach Pause, um schneller zu sein, schau zurück auf den letzten Etappenabschnitt und vertiefe dein Lernen! Rother nennt dies eine *Summary Reflection*. Dann geht es weiter zum nächsten Etappenziel.

Um den Einstieg in die regelmäßige Übung zu erleichtern, gibt es für jeden der Schritte strukturierte Übungsroutinen, die. Über diese erhältst du im Folgenden einen Überblick. In der Kürze dieses Kapitels ist nur ein erstes, grundlegendes Verständnis dieser Übungsroutinen möglich. Wenn du tiefer in den *Toyota-Kata*-Weg zu einer wissenschaftlichen Denkweise einsteigen möchtest, empfehle ich dir die Bücher zum Weiterlesen und insbesondere die Begleitung durch einen Kata-Coach, der dir hilft, die *Starter-Kata* auf dein konkretes Thema anzuwenden.

Mache dir gerne schon jetzt eine Kopie des *Storyboards* auf der nächsten Seite oder drucke die Datei *Storyboard* im Downloadbereich aus. Diese Vorlage kannst du für einen ersten Testdurchlauf für deine Notizen nutzen. Später kannst du das Storyboard dann digital (z. B. in Mural oder Miro) nutzen oder als Posterdruck im DIN-A1-Format.

Drucke dir ebenfalls schon einmal das *Experimentier-Protokoll* aus dem Downloadbereich aus oder kopiere es dir (Abb. 4.8).

Abb. 4.6 Die fünf Schritte der Lern-Kata nach Gemma Jones 2024. (Quelle: basierend auf der Arbeit von Mike Rother, mit freundlicher Genehmigung von Gemma Jones)

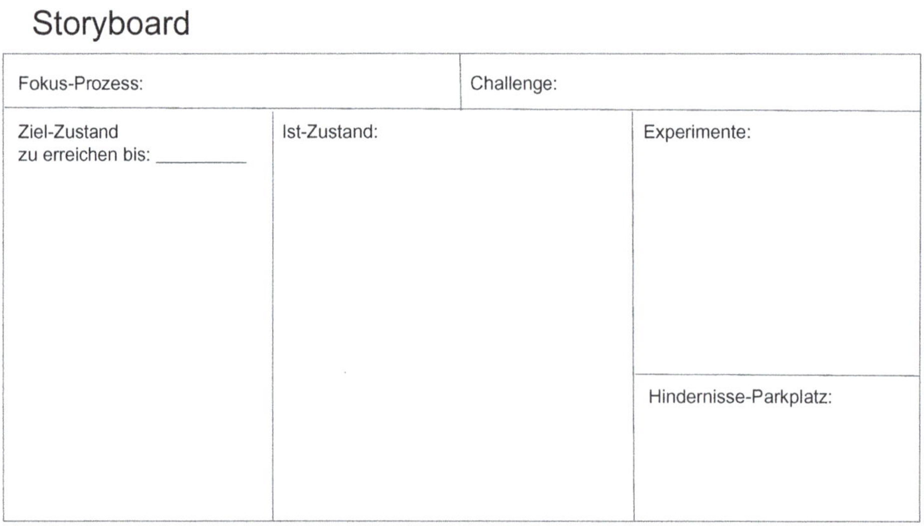

Storyboard

Fokus-Prozess:	Challenge:

Ziel-Zustand zu erreichen bis: _____	Ist-Zustand:	Experimente:
		Hindernisse-Parkplatz:

Abb. 4.7 Das Storyboard von Mike Rother. (Quelle: Rother 2019)

Nach diesem kurzen Überblick über die Schritte der Lern-Kata stelle ich dir nun jeden Schritt etwas detaillierter vor. Auch wenn es zu jedem Schritt noch mehr zu sagen gibt, kannst du auf dieser Basis doch beginnen, die Schritte einzuüben (Abb. 4.6 und 4.7).

1. Schritt: Verstehe die Richtung (dein Gipfelkreuz)

Im ersten Schritt beschreibst du, was du erreichen willst. Hier geht es also darum, die Richtung zu verstehen. Verfasse dazu ein *Challenge Statement*: eine bildhafte Beschreibung des Erfolgs, den du erreichen willst, und des Prozesses oder der Handlungsmuster, die dann vorherrschen sollen. Dein Challenge Statement beschreibt etwas, was du heute *noch nicht* erreichen kannst, aber so, als ob du schon da wärst. Oftmals beginnt ein Challenge Statement mit den Worten: „*Wäre es nicht großartig, wenn …*" Es sollte ein *Wann*, ein *Wie* – im Sinne von: Wie werde ich wissen, dass ich mein Ziel erreicht habe? – und ein *Warum* enthalten. Nutze das Schema wie in den folgenden Beispielen.

Challenge Statement von Max, Führungskraft in der Produktion eines Automobilzulieferers „Wäre es nicht großartig, wenn in acht Wochen (wann) die Rüstzeit unserer Produktionslinie bei 4 min liegt (wie), sodass unsere Abteilung die geplanten kleineren Chargengrößen ohne zeitlichen Mehraufwand bewältigen kann (warum)?"

Challenge Statement von Luise, Projektleiterin „In sechs Wochen (wann) habe ich der Geschäftsleitung unsere Projektidee vorgestellt und sie von der Idee (wie) überzeugt, sodass unsere Abteilung einen größeren Beitrag zum Unternehmenserfolg leisten kann und entsprechend unserem Können wahrgenommen wird (warum)."

▶ Wichtig: Beschreibe das Challenge Statement, als ob du es bereits erreicht hättest. Nutze keine Formulierungen, wie beispielsweise reduzieren oder steigern, sondern sei konkret.

2. Schritt: Erfasse den Ist-Zustand (deinen Standort und Startpunkt)

Um ein Bild von deinem Ursprungsstandort zu bekommen, machst du am Start der Etappe eine Analyse. Auf dem Weg zum Etappenziel wird der Ist-Zustand dann stets aktualisiert. Sofern du ein technisches Thema bearbeiten willst, nutze diese Fragen zur Prozessanalyse in fünf Schritten:

1) Wer sind die Kunden des Prozesses? Was wollen und brauchen sie jeweils? Denke dabei auch an deine eigene Abteilung und dich selbst.
2) Wie funktioniert der Prozess? Was macht ihn aus?
3) Was kann das System leisten? Wo liegen dessen Grenzen?
4) Was sind die Prozesskennzahlen? Welche Daten liegen über den Zeitverlauf vor?
5) Was sind die Ergebniskennzahlen? Welche Daten liegen über den Zeitverlauf vor?

Das sind die klassischen Fragen der *Starter-Kata* zum Erfassen deines Startpunkts.

Ist dein Ziel weniger technisch, gilt es, diese Fragen auf dein Thema anzupassen. Ein erfahrener Coach kann dir dabei helfen. Im Beispiel von Luise und der erfolgreichen Präsentation der Projektidee könnten die Fragen wie folgt lauten:

1) Wer sind die Kunden der Projektpräsentation (inklusive Luise selbst, ihres Projektteams und ihrer Abteilung)? Was wollen und brauchen sie jeweils?
2) Wie definierst du „erfolgreich"? Wie ist das Vorgehen, um eine erfolgreiche Präsentation zu erstellen und zu halten?

3) Inwiefern kannst du mit deinem Vorgehen beeinflussen, ob die Präsentation erfolgreich wird? Wo sind die Grenzen dessen, was dein Vorgehen beeinflussen kann?
4) Wie kannst du die Qualität deines Vorgehens messen? Welche Erfahrungen hast du aus anderen Präsentationen?
5) Wie kannst du das Ergebnis deines Vorgehens, den Erfolg der Präsentation, messen? Vielleicht helfen dir auch hierbei Erfahrungen aus anderen Präsentationen.

Die Beschäftigung mit diesen Fragen erleichtert es dir, deinen Startpunkt besser zu verstehen.

3. Schritt: Setze dein nächstes Etappenziel (den Zielzustand)

Setze dir ein Etappenziel, das du innerhalb einer bis zweier Wochen zu erreichen planst. Den Weg dorthin kennst du noch nicht, doch du wirst ihn durch Experimentieren in Richtung deines Etappenziels finden. Dem Lernenden schiebt sich der Weg unter die Füße!

Achte darauf, nicht einfach ein Ergebnisziel zu definieren, das du erreichen willst, sondern einen **Zielzustand,**[4] der dein gewünschtes Ergebnis liefert. Was damit gemeint ist, zeige ich dir an folgendem Beispiel: Max ist Vorarbeiter in der Produktion eines Automobilzulieferers. Seit Kurzem verlangen immer mehr Kunden nach unterschiedlichen Ausgestaltungen der Bauteile, die an Max' Produktionslinie gefertigt werden. Dadurch werden kleinere, kundenspezifische Chargen notwendig, was für Max und sein Team häufigere Wechsel im Set-up der Produktion bedeutet. Jeder dieser Wechsel braucht allerdings Zeit, um die Anlagen neu einzustellen und zu bestücken. Durch die häufigeren Wechsel schlägt diese sogenannte Rüstzeit nun stärker zu Buche: die Zeit, in der nichts produziert wird und die Linie stillsteht. Max' Ziel ist eine Rüstzeit von maximal 4 min. Mit dem aktuellen Zustand hat Max sich durch gezielte Beobachtungen und Gespräche mit Kollegen vertraut gemacht. Er hat herausgefunden, dass es drei verschiedene Typen des Rüstens an den Anlagen gibt: Typ 1 betrifft Anlage 2 und dauert 8–10 min, Typ 2 betrifft die Anlagen 2 und 4 und dauert 25–30 min und Typ 3 betrifft die Anlagen 2 und 5 und dauert 12–17 min. Max hat außerdem gelernt, dass bei allen drei Typen ein erheblicher Teil der Zeit für das Suchen von Teilen gebraucht wird. Max setzt sich deshalb als nächsten Zielzustand (Etappenziel): Alle Teile für den Changeover sind griffbereit, bevor die Linie gestoppt wird. Wenn es ihm und seinem Team gelingt, diesen Zielzustand zu erreichen, werden sie ihrer Herausforderung (Gipfelkreuz) – also den 4 min Rüstzeit – ein gutes Stück nähergekommen sein.

Jetzt wieder zu dir: Was ist dein Ziel? Und wie sieht der Zustand aus, den es braucht, um dieses Ziel beziehungsweise Ergebnis zu erreichen? Welcher Prozess ist nötig oder welches Handlungsmuster willst du etablieren, um deinem Ziel näher zu kommen?

---

[4] Fragst du dich, warum ich nicht einfach von einem Ziel spreche, sondern so sperrig von einem „Zielzustand" und davor bereits vom „Ist-Zustand"? Das ist kein Zufall und keine Marotte – Aufklärung folgt!

4. Schritt: Experimentiere in Richtung deines Zielzustands

In Schritt 4 machst du dich ans Experimentieren. Frage dich:

- Welche **Hindernisse**, denkst du, halten dich davon ab, deinen Zielzustand zu erreichen?
  Notiere die möglichen Hindernisse auf dem Storyboard im Feld Hindernisse-Parkplatz!
  Bearbeiten wirst du aber immer nur ein Hindernis zu einem Zeitpunkt.
  Max hat folgende Hindernisse gelistet:
  1) das Suchen von Teilen für die Umrüstung im Changeover verschlingt bis zu 6 min,
  2) an Anlage 5 dauert die Neueinstellung besonders lange – vielleicht ein Defekt,
  3) beim Umrüsten werden teilweise Anleitungen genutzt, die schwer verständlich geschrieben sind. Unerfahrene Kollegen müssen diese erst doppelt und dreifach lesen, ehe klar ist, was zu tun ist.
- Welches **eine Hindernis** gehst du jetzt an?
  Notiere dieses mit dem aktuellen Datum in deinem Experimentier-Protokoll!
  Max entscheidet sich, die Zeit zum Suchen von Teilen anzugehen.
- Was ist dein **nächster Schritt** (nächstes Experiment)?
  Notiere es auf deinem Storyboard!
  Max notiert als nächsten Schritt: „Wir listen pro Anlage alle Teile zum Umrüsten auf."
- Was **erwartest** du aus diesem Schritt? Notiere eine Voraussage, genau wie ein Wissenschaftler es auch vor einem Experiment macht. So kannst du nach dem Schritt vergleichen, was du vorausgesagt hast und was tatsächlich passiert ist. Daraus entsteht Lernen, das ist das Triebwerk der Lern-Kata!
  Notiere auf deinem Storyboard!
  Max notiert: „Laura, Tanja und Simon aus meinem Team übertrage ich diese Aufgabe je für eine der Anlagen 2, 4 und 5. Da könnte es einiges Gemurre geben, was diese Auflistung bringen soll. Deshalb werde ich Sinn und Zweck gut erklären. Ich gehe davon aus, dass dann alle gut mitziehen. Ich rechne bis morgen früh zum Schichtwechsel mit den vollständigen Listen."
- Wie schnell können wir wohl sehen, was du aus diesem Schritt **gelernt** hast?
  Notiere auf deinem Storyboard!
  Max notiert: „Morgen früh zum Schichtwechsel."
  Nach jedem Schritt wird dann in zwei Stufen reflektiert: (a) Was tatsächlich passiert ist, wird mit der Voraussage verglichen und dadurch wird (b) ein Lerneffekt erzeugt.
  Das, was man durch einen Schritt gelernt hat, beeinflusst gegebenenfalls, was der nächste Schritt sein wird oder wie man ihn angeht. Man adaptiert und justiert basierend auf den Erkenntnissen aus den vorigen Experimenten. Mike Rother spricht hier von „Realitäten, die sich nach und nach offenbaren". Diese täglichen, schrittweisen Reflexionen – im Grunde ein sich oft wiederholender PDSA-Zyklus auf Schrittebene – bilden den Kern einer wissenschaftlichen Denkweise (Abb. 4.8).

EXPERIMENTIER-PROTOKOLL *(jede Zeile = ein Experiment)*					
Hindernis:			Prozess:		
			Lernender:		Coach:
Datum & Schritt	Was erwartest du? + Messgröße	*Führe einen Coaching-Zyklus durch*	*Führe das Experiment durch*	Was ist passiert?	Was haben wir gelernt?

Abb. 4.8 Das Experimentier-Protokoll von Mike Rother. (Quelle: Rother 2019)

5. Schritt: Halte inne und reflektiere

Sobald dein Etappenziel (nächster Zielzustand) oder das geplante Datum deines Etappenziels erreicht ist, halte inne und reflektiere: *Was hast du bisher auf deiner Lernreise gelernt? Was bedeutet das für dein weiteres Vorgehen?* Durch diese periodische Reflexion vertiefst du das Lernen über deine Vorgehensweise.

4.3 Mitarbeitende stärken, Fähigkeiten entwickeln

In der Kata-Methode gibt es verschiedene Rollen: die des Lernenden, die des Coaches und die des zweiten Coaches. Der Lernende verfolgt und trainiert die Lern-Kata, die ich oben beschrieben habe. Der Coach begleitet und unterstützt den Lernenden in seinem Üben. Coaching bedeutet, jemand anderen dabei zu unterstützen, neue Fähigkeiten zu trainieren und sich weiterzuentwickeln. Beim Kata-Coaching liegt der Fokus auf dem Entwickeln einer Lernhaltung und den Denk- und Handlungsmustern des Forschers. Ebenso wie das Lernen und das Denken eines Forschers ist auch Coaching eine Fähigkeit, die durch Training erlangt und ausgebaut werden kann. Deshalb folgt auch der Kata-Coach einer Übungsroutine: der Coaching-Kata. Diese werde ich dir in diesem Abschnitt vorstellen. Und auch der Coach profitiert von einer Außenperspektive auf sein Coaching und Feedback, inwiefern er der Coaching-Kata folgt und wie gut er den Lernenden im Korridor des

Lernens hält und in der Lernhaltung unterstützt. Dieses Außenperspektive bringt der zweits Coach ein. Die Rolle des zweiten Coaches ist besonders wichtig, solange ein Coach Anfänger im Kata-Coaching ist, denn der zweite Coach unterstützt den Coach, die Coaching-Kata richtig zu üben und somit seine Coaching-Fähigkeiten auszubauen. Sophie, Thorben und die weiteren Teilnehmer des Kata-Kick-off-Workshops, von dem ich zu Kapitelbeginn berichtet habe, waren Anfänger in allen Kata-Rollen. Sie schlossen sich in Zweier- oder Dreiergruppen zusammen und wechselten in den Rollen Lernender, Coach und in den Dreiergruppen zweiter Coach ab. Die Zweiergruppen wurden durch zweite Coaches unterstützt, die bereits in der vorigen Kohorte am Training teilgenommen hatten.

Coaching-Training mit Dreierteams (alle sind Kata-Anfänger)

Termin/Rolle	Lernender	Coach	Zweiter Coach
Termin 1	Person 1	Person 2	Person 3
Termin 2	Person 3	Person 1	Person 2
Termin 3	Person 2	Person 3	Person 1

Coaching-Training mit Zweierteams plus erfahrenem zweiten Coach

Termin/Rolle	Lernender	Coach	Zweiter Coach
Termin 1	Person 1	Person 2	Person 3
Termin 2	Person 2	Person 1	Person 3
Termin 3	Person 1	Person 2	Person 3

Ein zweiter Coach ist das Ideal. In der Praxis ist es oft nicht möglich, mit einem zweiten Coach zu arbeiten. Lass dich davon nicht entmutigen und starte, wenn es nicht anders möglich ist, ohne diese Rolle. Halte aber immer Ausschau nach einer Möglichkeit, doch zumindest hin und wieder mit einem zweiten Coach zu arbeiten, denn das beschleunigt deine Weiterentwicklung im Coaching ungemein.

4.3.1 Die Rolle des Coaches

Der Kata-Coach hat idealerweise selbst bereits umfangreiche Erfahrung in der Rolle des Lernenden gesammelt. Dadurch kennt er die Lern-Kata und typische Schwierigkeiten und Herausforderungen eines Lernenden gut. Die Kunst als Coach besteht darin, auf zwei verschiedenen Ebenen gleichzeitig zu agieren: einerseits auf Ebene von Lernatmosphäre und Lernhaltung, wie wir es bereits in Kap. 1 im Allgemeinen besprochen haben, andererseits auf Ebene des strukturierten, evidenzbasierten Denkens und Handelns („denken wie ein Forscher").

Als Einsteiger in der Coach-Rolle kann es durchaus vorkommen, dass eine der beiden Ebenen zu kurz kommt. Es kann dir sowohl passieren, dass du zu wenig auf die Fragestruktur achtest und vom Modell abweichst. Dadurch machst du dem Lernenden und dir das Erlernen der neuen Denk- und Handlungsmuster schwer. Genauso kann es passieren, dass du zu sehr auf die „perfekte" Struktur fokussiert bist, sodass du die Lernatmosphäre und Lernhaltung aus dem Blick verlierst. Die Rolle des zweiten Coaches ist es, genau darauf zu achten, demjenigen in der Coach-Rolle entsprechendes Feedback zu geben und bei Bedarf auch direkt zum guten Coaching-Gespräch beizutragen. Trotz zweiten Coaches: Sei dir in der Coach-Rolle dieses Stolpersticks bewusst, reflektiere dein Verhalten und besprich es mit deinem Partner oder deinen Partnern in der Coaching-Lerngruppe: „Oh, Letztens war ich ganz auf die Struktur fokussiert und hab auf gar nichts anderes mehr geachtet. Auf die Atmosphäre habe ich gar nicht mehr geachtet." Dein beziehungsweise deine Lernpartner wechseln sich ja mit dir in der Coach-Rolle ab, kennen die Herausforderung und sind selbst dabei, gutes Coaching zu lernen. Sie werden somit Verständnis haben. Dieser Stolperstrick ist der wesentliche Grund, aus dem ich Führungskräften empfehle, Kata-Coaching zunächst gründlich auf Peer-Level einzuüben. Denn Patzer in der Coach-Rolle, die der Lernatmosphäre und der Lernhaltung schaden, würden das Arbeitsverhältnis zum Mitarbeitenden unnötig belasten. Ein Lernender auf Peer-Level kann damit besser umgehen und beide können daraus lernen.

In Abb. 4.5 ist die herausfordernde doppelte Aufgabe des Coaches – für die gute Lernatmosphäre und Lernhaltung zu sorgen sowie für das strukturierte Denken und Handeln – gut illustriert. Der Coach hält seine Karte mit den Kata-Coaching-Fragen und eine Taschenlampe in der Hand, mit der er dem Lernenden einen blinden Fleck beleuchtet. Außerdem trägt der Coach in der Darstellung ein breites Lächeln. Dieses symbolisiert die aufrichtig freundliche Haltung gegenüber dem Lernenden, mit der er den Lernenden unterstützt. Es sei an dieser Stelle an das *State-of-Mind-Modell* (Kap. 1) erinnert: Diese aufrichtig freundliche Haltung des Coaches ist wesentlich, um dem Lernenden Sicherheit zu geben und Zuversicht auf dem Weg in Richtung seines Ziels. Damit fördert der Coach im Lernenden ein *Growth Mindset* und eine Haltung des Lernens.

Das Feedback des Coaches soll sich nicht nur darauf beziehen, den Lernenden auf dem Pfad des wissenschaftlichen Denkens und Experimentierens zu halten. Vielmehr soll es ihn auch zu einer Haltung des Lernens und eines *Growth Mindset* anstoßen.

Lust, das auszuprobieren?

Suche dir zwei Lernpartner, mit denen du Peer-to-Peer-Kata-Coaching trainieren willst. Plant regelmäßige, kurze Termine, mindestens 20 min täglich, und trainiert, was ihr hier im Kapitel zu Kata erfahrt. Wie ein Tänzer, Musiker oder Profisportler trainiert ihr eure Übungsroutine am besten täglich!

Vielleicht scheinen euch 20 min täglich viel, doch rechnet das nicht als extra Trainingszeit: Ihr trainiert Kata und arbeitet gleichzeitig am Erreichen eines Ziels oder Lösen eines Problems.

▶    *Vorsicht Stolperfalle!* Führungskultur.

In einer lernenden Organisation fungieren Führungskräfte als Coaches ihrer Mitarbeitenden. Dabei setzen sie das Ziel und unterstützen ihre Mitarbeitenden auf dem Weg, dieses Ziel zu erreichen. So hat es Mike Rother bei Toyota erlebt: So kann es funktionieren. Eine Stolperfalle liegt jedoch in der Führungskultur und den Annahmen der Führungskräfte und Mitarbeitenden über die Führungsrolle.

Sehen beide die primäre Aufgabe der Führungskraft eher in der Weiterentwicklung der Mitarbeitenden oder im Bewerten und Steuern? Im ersten Fall steht nichts im Weg, dass die Führungskraft die Coach-Rolle übernimmt. Im zweiten Fall, selbst wenn nur der Mitarbeitende, nicht die Führungskraft, im Gespräch immer eine Bewertungssituation mitdenkt, wird Coaching durch die Führungskraft schwierig. Wie wir schon beim Thema Lernhaltung in Kap. 1 besprochen haben, steht das Gefühl des Bewertetwerdens der Lernhaltung im Weg. Coaching-Gespräche können dann durchaus eine Abwehrhaltung triggern und kontraproduktiv sein. Das habe ich schon mehrmals erlebt. Ohne das Vertrauen des Mitarbeitenden, dass die Führungskraft in einer Haltung der aufrichtigen Freundlichkeit coacht und dazu in der Lage ist, Bewertung und Coaching-Prozess zu trennen, funktioniert es nicht. In diesem Fall ist es besser, im ersten Schritt des Kulturwandels in Richtung Lernkultur anders vorzugehen und Kollegen, gerne auch aus entfernten Abteilungen, auf Peer-Level zu Coaching-Tandems zu matchen. Dadurch können abseits von Bewertungsangst und Abwehr effektive Coaching-Beziehungen entstehen und eine Kultur des Vertrauens, der gegenseitigen Unterstützung und des Lernens in der Organisation entstehen. Die Kultur im Unternehmen und damit die Haltung der Menschen im Unternehmen werden sich so nach und nach wandeln. Nach einiger Zeit kann damit Coaching durch die Führungskräfte doch gelingen.

Und nochmals:

 *Vorsicht Stolperfalle!* Die Lern-Kata ohne Coach einüben.

Als ich Kata kennenlernte und erste Erfahrungen sowohl als Lernende als auch als Coach gesammelt hatte, wuchs meine Begeisterung für die Methode schnell an. Einmal wollte ich mit Kata auf ein Ziel hinarbeiten, konnte aber gerade keinen Coach in meinem Netzwerk finden. Also beschloss ich, allein und ohne Coach mit der Lern-Kata loszulegen. Doch trotz meines Enthusiasmus für Kata war dieser Versuch nicht sonderlich erfolgreich.

Warum ist es so schwer, die Lern-Kata für sich allein einzuüben?
Es entspricht der menschlichen Natur und es ist verlockend einfach, unseren gewohnten Mustern zu folgen, statt mühevoll ein neues anzunehmen. Ein Kata-Coach unterstützt uns durch seine Außenperspektive und weist uns hin auf das, was wir als Lernende mit Fokus auf unser Ziel nicht gut sehen können: unser Denken, unsere Haltung, unser Vorgehen. Außerdem helfen die regelmäßigen Coaching-Termine dabei, stetig am Ball zu bleiben, da es unangenehm wäre, ohne triftigen Grund keinen nächsten Schritt getan zu haben. Und: Wenn wir straucheln oder frustriert sein sollten, richtet der Coach uns wieder auf und ermutigt uns, feiert uns und feuert uns an.

Ein Kata-Coach hilft uns auf dreierlei Weise beim Einüben der Lern-Kata:

1) regelmäßige Übung – „ein bisschen jeden Tag": Dabei helfen uns die regelmäßigen Coaching-Termine.

2) strukturierte Routinen, insbesondere für Anfänger, um die Grundlagen einzuüben: Hierbei hilft uns der Coach durch Bestärkung sowie freundlich korrigierendes Feedback.

3) wachsende Selbstwirksamkeit – „Ich werde besser darin!": Das fördert der Coach, indem er uns unsere Erfolge vor Augen hält und uns feiert.

4.3.2   Die Coaching-Kata

Coaching ist eine Fähigkeit, die wie das wissenschaftliche Denken, Experimentieren, Reflektieren und Lernen (Lern-Kata) eingeübt werden kann. Die Coaching-Kata ist eine Routine, um die Fähigkeit des Kata-Coachens zu erlernen und zu trainieren. Sie besteht aus zwei Fragesätzen: einem ersten während der Planungsphase und einem zweiten während der Experimentierphase. Diese Fragen nutzt der Coach, um dem Lernenden zu helfen, im Korridor der Lern-Kata zu bleiben. Sie sind seine Routine für das Coaching.

Die Planungsphase umfasst die ersten Coaching-Termine. Sie hat dreierlei zum Ziel:

(1) die Richtung verstehen: das Gipfelkreuz des Lernenden
   Was versucht er, zu erreichen?
(2) den Ist-Zustand greifen: den Standort des Lernenden
   Von wo aus startet er seine Bergtour?
(3) den nächsten Zielzustand setzen: das nächste Etappenziel
   Wie sieht das nächste Etappenziel aus?

Der Lernende bearbeitet während der Planungsphase die Lern-Kata-Schritte 1 bis 3, die ich in Abschn. 4.2 beschrieben habe. Als Coach ist es deine Aufgabe, ihn dabei zu unterstützen. Bedenke, dass der Lernende vermutlich sehr mit dem Sachthema beschäftigt ist, das er bearbeiten will. Deshalb ist es nur natürlich, dass er nicht auf die Methodenebene und die Schritte der Lern-Kata fokussiert ist. Es ist deine Aufgabe als Coach, ihn durch diese Schritte zu leiten und immer wieder dahin zurückzuführen. Schau dir den Schritt für das aktuelle Coaching-Gespräch also vor und bei Bedarf während des Coaching-Gesprächs an.

Stelle dich darauf ein, dass ihr zumindest die erste Coaching-Woche für die Planungsphase benötigt. In jedem Coaching-Gespräch besprecht ihr nur einen der drei oben genannten Punkte. Doch die Fragen, die du als Coach stellst, sind immer dieselben.

Die Coaching-Fragen während der Planungsphase

Halte während des Coachings folgende Ausdrucke bereit:

- die Coaching-Kata-Fragen für die Planungsphase (Abb. 4.9),
- einen Überblick über die Schritte der Coaching-Kata (Abb. 4.5 oder 4.6),
- zum ersten Termin für den Lernenden: je einen Ausdruck des Storyboards (Abb. 4.7) und des Experimentier-Protokolls (Abb. 4.8).

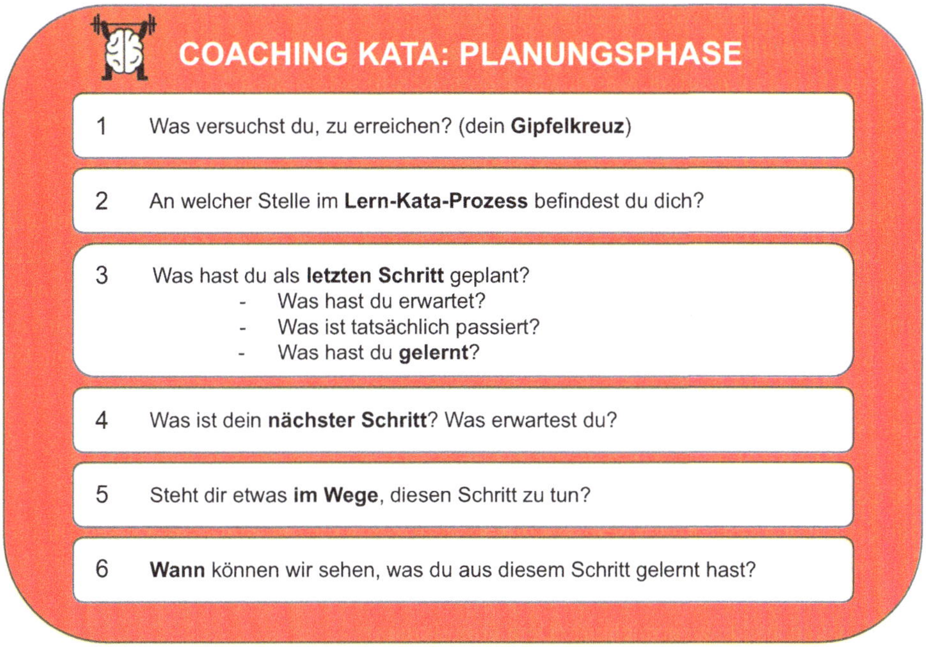

COACHING KATA: PLANUNGSPHASE

1 Was versuchst du, zu erreichen? (dein **Gipfelkreuz**)

2 An welcher Stelle im **Lern-Kata-Prozess** befindest du dich?

3 Was hast du als **letzten Schritt** geplant?
-   Was hast du erwartet?
-   Was ist tatsächlich passiert?
-   Was hast du **gelernt**?

4 Was ist dein **nächster Schritt**? Was erwartest du?

5 Steht dir etwas **im Wege**, diesen Schritt zu tun?

6 **Wann** können wir sehen, was du aus diesem Schritt gelernt hast?

Abb. 4.9 Die Coaching-Kata-Fragen in der Planungsphase nach Gemma Jones (Jones 2024) und Mike Rother (Rother 2019; du findest diese zum Ausdrucken im Downloadbereich)

Alle Grafiken und Vorlagen findest du im Downloadbereich.

Bitte den Lernenden auf dem Storyboard zu notieren, was er erreichen möchte: die Herausforderung (das Gipfelkreuz).

1. Was versuchst du, zu erreichen? (Dein Gipfelkreuz) *Auf dem Storyboard notieren.*
2. An welcher Stelle im Lern-Kata-Prozess befindest du dich?
   Für den Einstieg hilft es euch vielleicht, einen Ausdruck von Abb. 4.6. *zur Hand zu haben.*
3. Ab dem zweiten Coaching-Termin frischen wir unser Gedächtnis auf:
   • Was hast du als letzten Schritt geplant?
   • Was hast du erwartet?
   • Was ist tatsächlich passiert?
   • Was hast du gelernt?
   Dazu braucht es die Notizen auf dem Experimentier-Protokoll, die während des Gesprächs ergänzt werden können.
4. Was ist dein nächster Schritt? Was erwartest du?
   Auf dem Experimentierprotokoll notieren.

5. Steht dir etwas im Weg, diesen Schritt zu tun?
   Gegebenenfalls gemeinsam eine Lösung finden.
6. Wann können wir sehen, was du aus diesem Schritt gelernt hast?
   Auf dem Experimentier-Protokoll notieren. Davon hängt der Termin eures nächsten Coaching-Gesprächs ab.

Die Planungsphase endet, sobald der Lernende seinen aktuellen Standort bestimmt und das erste Etappenziel festgelegt hat (beides auf dem Storyboard notieren). Der letzte Schritt, den ihr vereinbart, ist bereits das erste Experiment: Der Lernende versucht gemäß seinem Zielzustand zu arbeiten. Dabei wird er auf Hindernisse stoßen. Diese herauszufinden, ist das Ziel des ersten Experiments. Im nächsten Termin geht es mit den Fragen der Experimentierphase weiter. Coach und Lernender sollten sich jetzt das Vorgehen in Lern-Kata-Schritt 4 (aus Abschn. 4.2.1) ins Gedächtnis rufen.

Die Coaching-Fragen während der Experimentierphase
Halte während dieser Phase des Coachings den Ausdruck Coaching-Kata-Fragen für die Experimentierphase phase (Abb. 4.10) bereit.

1. Was versuchst du zu erreichen? (Dein Gipfelkreuz)
   Siehe Storyboard.
2. Was ist dein nächstes Etappenziel? (Zielzustand)
   Siehe Storyboard.

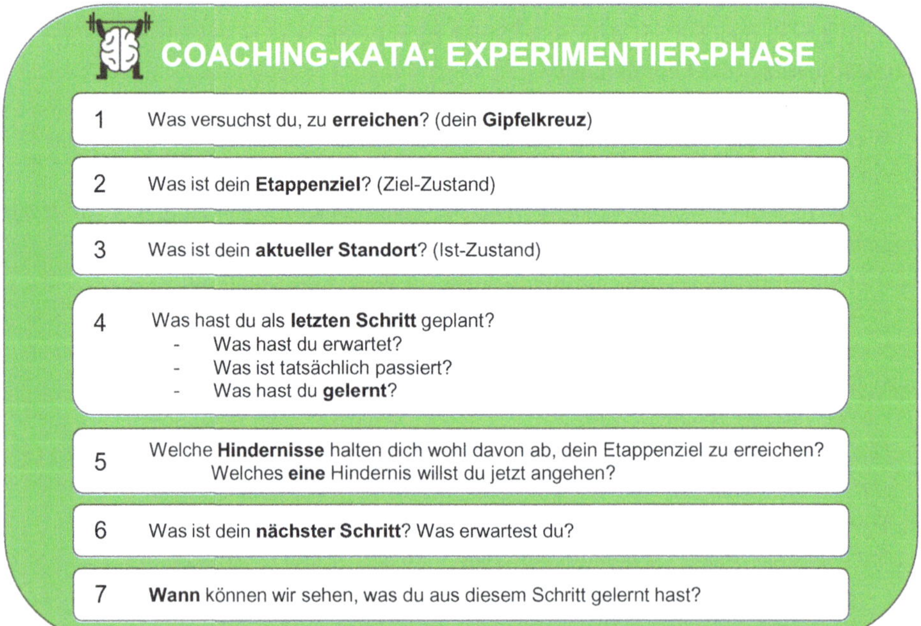

Abb. 4.10 Die Coaching-Kata-Fragen in der Experimentierphase nach Gemma Jones (Jones 2024) und Mike Rother (Rother 2019; du findest diese zum Ausdrucken im Downloadbereich)

3. Was ist dein aktueller Standort? (Ist-Zustand)
   Siehe Storyboard.
   Diese drei ersten Fragen werden knapp beantwortet und dürfen vom Storyboard ab-
   gelesen werden. Es geht darum, durch diese kurze Routine zu Beginn den Rahmen für
   das Coaching-Gespräch zu setzen. Wie alle neuen Routinen fühlt es sich seltsam an.
   Die meisten Menschen sehen den Nutzen nicht und lassen diesen Einstieg aus. Seid
   schlauer und praktiziert diesen Einstieg! Es darf ganz schnell gehen. Nachdem ihr je-
   weils euer Gipfelkreuz erreicht habt, entscheidet ihr, ob ihr dabei bleibt. Bis dahin ist
   euch der Nutzen sicher bewusst geworden.
4. Dann frischen wir unser Gedächtnis auf:
   - Was hast du als letzten Schritt geplant?
   - Was hast du erwartet?
   - Was ist tatsächlich passiert?
   - Was hast du gelernt?
5. Welche Hindernisse, denkst du, halten dich davon ab, dein Etappenziel (deinen Zielzustand) zu erreichen? Welches *eine* Hindernis willst du jetzt angehen?
6. Was ist dein nächster Schritt? Was erwartest du?
7. Wann können wir sehen, was du aus diesem Schritt gelernt hast?

Die erste Experimentierphase endet mit dem Erreichen des ersten Etappenziels beziehungsweise mit dem dafür geplanten Datum. Eine Verlängerung des Zieldatums empfehle
ich euch nur, falls die Arbeit am Etappenziel aufgrund von Krankheit nicht möglich war
oder ihr beide annehmt, dass das Etappenziel in maximal zwei Tagen erreicht wird. In
allen anderen Fällen schließt sich jetzt eure erste Reflexion an.

Reflexionsfragen am Ende der Experimentierphase
Am Etappenziel oder -termin solltet ihr beide, Lernender und Coach, in die Reflexion
gehen. Was habt ihr bisher jeweils auf eurer Lernreise gelernt? Was bedeutet das für euer
weiteres Vorgehen? Der Lernende blickt darauf, was er aus der Übung der Lern-Kata und
dem Coaching über eine wissenschaftliche Denk- und Vorgehensweise gelernt hat. Als
Coach reflektierst du, inwiefern es dir gelingt, auf beiden Ebenen – jener der Lernatmosphäre und Lernhaltung und jener des strukturierten Vorgehens – zu agieren. Was hast
du auf deiner Lernreise als Coach bisher gelernt?

Nun schließen sich die Definition des nächsten Etappenziels und die nächste Experimentierphase an. So geht es weiter, bis die Herausforderung (das Gipfelkreuz) oder deren
Zieldatum erreicht ist. Die Reflexion am Ende (der 5. Schritt der Lern-Kata) umfasst also
die gesamte Lernreise bis zum Etappenziel.

▶   *Vorsicht Stolperfalle!* Nur die Fragen.

Die Coaching-Kata-Fragen sind eine Starter-Kata. Sie geben den Takt vor, um die Denkmuster des Lernens beim Lernenden und beim Coach zu trainieren. Deshalb sollten die Fragen auch tatsächlich im Wortlaut gestellt werden. Wenn wir diese Kata der Coaching-Fragen trainieren, verinnerlichen wir die Fragen und stellen sie uns und anderen ganz selbstverständlich – auch außerhalb einer klassischen Coaching-Situation.

Aber Vorsicht: Die Fragen allein sind nicht ausreichend für ein effektives Coaching! Zum einen wird ab und an eine Nachfrage, zum Beispiel: „Was außerdem?", nötig sein, um den Lernenden zum Nachdenken und Aussprechen seiner Gedanken zu ermutigen. Aber auch eine Verständnisfrage oder Frage nach Konkretisierung können unterstützen, etwa: „Was bedeutet das konkret?" Denn der Coach soll dem Lernenden helfen, klarer zu sehen.

Zum anderen hat der Coach die Aufgabe, den Lernenden zu ermutigen und eine gute Lernatmosphäre zu schaffen. Das gelingt, wenn der Coach vor der ersten Coaching-Frage mit dem Lernenden von Mensch zu Mensch in Verbindung tritt, etwa mit: „Wie geht es dir heute?" Zusätzlich kann der Coach während und zum Abschluss des Coaching-Gesprächs den Lernenden ermutigen und gemeinsam kleine und große Erfolge feiern.

Zuletzt ist die Rolle des Coaches, den Lernenden auf blinde Flecke hinzuweisen und sanft anzustoßen, falls er den Korridor der Denk- und Handlungsmuster des Lernens verlässt. Springt der Lernende zu vorschnellen Schlüssen? Nimmt er seine ungeprüften Annahmen für bare Münze? Beharrt er darauf, recht zu haben? (Wir erinnern uns an den *State of Mind*, Kap. 1) Nimmt er an, etwas ohnehin nicht zu können, wie wir es aus dem statischen Selbstbild kennen?

In der symbolhaften Darstellung in Abb. 4.5 hat der Coach den Lernenden aufmerksam im Blick und lächelt ihn an. Das soll zeigen: Der Coach hat die Aufgabe, den Lernenden mit einem aufrichtig freundlichen Interesse zu begleiten. Diese Aufgabe ist nicht zu unterschätzen. Sie ist vielleicht die wichtigste. Das aufrichtig freundliche Interesse und die Zuversicht, dass der Lernende wachsen und Großes vollbringen kann, machen die Kraft der Coaching-Beziehung aus. So wird der Lernende in seiner Lernhaltung gestärkt.

Sophie und Thorben traten nicht in diese Stolperfalle. Im Anschluss an den Kick-off-Workshop zum Kata-Coaching hatten sie ein Kata-Coaching-Tandem gebildet. Sie planten für sechs Wochen täglich entweder einen gemeinsamen Lunch oder einen kurzen Termin. Zu diesen Zeiten übten sie Lern- und die Coaching-Kata in wechselnder Rollenverteilung ein. Einige Male mussten ihre Termine auch ausfallen, doch drei- bis viermal pro Woche gelang es ihnen, sich zu treffen. Sie übten beide und sie übten beide Rollen: die des Lernenden mit der Lern-Kata und die des Coaches mit der Coaching-Kata. Durch diese Praxis sagte Sophie mir später, verstand sie wirklich, was sie im Kick-off-Workshop gehört hatte: welche Kraft die Kombination aus Lern-Kata und Coaching-Kata entfalten kann.

Als wir uns nach einigen Wochen zum Reflexionstermin mit allen Workshop-Teilnehmern wieder trafen, waren sie sich einig: Zum einen ging diese Kraft darauf zurück, dass sie in der Lernendenrolle ein herausforderndes Ziel formuliert hatten, das ihnen wichtig war. Hier war außerdem hilfreich, dass sie das Ziel mithilfe der Nachfragen des Coaches klar und tief durchdacht hatten. Zum anderen half ihnen die Standortbestimmung im Rückblick, auch wenn viele deren Nutzen zunächst nicht erkannt hatten. Wichtig war auch das Fokussieren auf einen nächsten Meilenstein und auf immer nur ein Hindernis zu einem Zeitpunkt, das es zu überwinden galt. Durch die häufigen Gespräche stieg die Motivation, dranzubleiben, den nächsten Schritt zu planen und diesen auch wirklich zu tun. Sophie war außerdem bewusst geworden, wie sehr Thorben und sie sich gegenseitig beim Erlernen der Kata und Erreichen ihrer Ziele unterstützen konnten – indem sie sich gegenseitig ermutigten und miteinander das Dranbleiben und die kleinen Etappenziele feierten.

Sicher kannst du dir vorstellen, dass ich mich gerade bei Sophie und Thorben, die zu Beginn so skeptisch waren, sehr freute, dass es nun bei ihnen „Klick gemacht" hatte. So geht es fast allen Teilnehmern, die am sechswöchigen Peer-to-Peer-Coaching dranbleiben: Sie sind begeistert und wollen Kata nicht mehr missen. Sophie wunderte sich nun selbst, dass sie zu Beginn so skeptisch gewesen war: „Ich kann allerdings gar nicht sagen, was genau jetzt den Unterschied gemacht hat", sagte sie. „Es erinnert mich daran, als ich letztes Jahr zum ersten Mal Tango tanzen lernte: Bevor man es selbst macht, versteht man nur kognitiv, worum es geht. Aber die wirkliche Erfahrung ist dann eine viel tiefere und vielleicht auch eine ganz andere als gedacht."

Nun sind wir am Ende dieser kurzen Einführung zu Kata angelangt. Man könnte leicht ein ganzes Buch dazu schreiben – und das haben sehr gute Autoren bereits getan. Zunächst Mike Rother mit seinem Standardwerk, dem *KATA Praxishandbuch* (2019). In diesem Buch erklärt Rother ausführlich die einzelnen Schritte und gibt praxistaugliche Tipps. Dann Sylvain Landry, der eine sehr eingängige Einführung liefert. Außerdem Tilo Schwarz und Jeffrey Liker, die einen Businessroman geschrieben haben, der die Kraft von Kata in der Praxis zum Leben erweckt. Bleibe aber nicht beim Lesen, sondern experimentiere mit Kata in der Praxis!

Im dritten Teil des Buches wirst du am Praxisbeispiel der Firma Fronius erfahren, wie du Kata im ganzen Unternehmen oder Bereich einführen kannst und was es dabei zu beachten gilt.

Das Wichtigste in Kürze
- Die Kompetenz, in und an der Wirklichkeit zu lernen und zu wachsen, entwickeln wir durch das Einüben der Denk- und Handlungsmuster des Lernens.
- Denk- und Handlungsmuster des Lernens basieren auf einer Haltung des Lernens und wissenschaftlichem, evidenzbasiertem Denken (dem Denken eines Forschers).
- Kata (oder nach Mike Rother: *Toyota Kata*) ist zweierlei:
  1) ein **Modell** der Denk- und Handlungsmuster des Lernens – „denken und handeln wie ein Forscher" und
  2) **Übungsroutinen** – die *Starter-Kata* –, um dieses Modell einzuüben und die Organisation in Richtung lernende Organisation zu wandeln.

- Das Modell der Lern-Kata hat fünf Schritte:
  (1) verstehe die Richtung/Herausforderung: *dein Gipfelkreuz,*
  (2) erfasse den aktuellen Zustand: *dein jetziger Standort,*
  (3) setze den nächsten Zielzustand: *dein Etappenziel,*
  (4) experimentiere: *Mache einen Schritt nach dem anderen!*
  (5) Halte inne und reflektiere: *Mach Pause, um schneller zu sein, schau zurück und lerne!*
- Beim Einüben der Übungsroutinen der Lern-Kata unterstützt ein Kata-Coach, der ebenfalls einer festen Übungsroutine folgt. Der Coach unterstützt den Lernenden dabei:
  (1) eine Lernhaltung zu entwickeln,
  (2) strukturiert und evidenzbasiert zu denken („denken wie ein Forscher") und zu handeln,
  (3) zu reflektieren und daraus zu lernen.

4.4   Was jetzt zu tun ist

Genau **jetzt** ist die Zeit, mehr über die Lern- und Coaching-Kata herauszufinden!

- Willst du noch weiterlesen: Schau die Buchempfehlungen an!
- Willst du einen Kata-Kick-off-Workshop für dein Team veranstalten oder an einem teilnehmen: Finde einen passenden Coach und Trainer und starte durch!
- Möchtest du direkt in der Praxis mit Kata experimentieren: Suche dir einen Tandempartner und probiere Kata aus!
- Möchtest du erst einmal kleine Schritte gehen und mit den Kata-Fragen im Businessalltag experimentieren: Stelle Lernfragen in Team- und Projektbesprechungen oder in Eins-zu-eins-Gesprächen:
  – Welches Problem versuchen wir zu lösen?
  – Was planst du, zu tun?
  – Was ist dein nächster Schritt?
  – Was erwartest du?
  – Was ist passiert?
  – Was haben wir gelernt? (Was noch?)
- Möchtest du Kata an gegebenenfalls bestehende Elemente der kontinuierlichen Verbesserung anknüpfen?
  Dazu eignen sich Verbesserungs-Workshops oder sogenannte Kaizen Events:
  Startet im Workshop mit Storyboard, Coaching-Kata-Fragen und Experimentier-Protokoll und nutzt diese nach dem Workshop weiter bis zum Abschluss der Verbesserungen. Arbeitet entweder im Team oder in den Rollen von Lernendem und Coach.

Einladung zur Reflexion

1. Stelle dir eine ideale Kultur des Lernens im Team und Unternehmen vor:
   Was beobachtest du ganz konkret? Wie denken die Menschen? Wie handeln die Menschen? Wie gehen sie miteinander um?
2. Wie ist die Kultur in deinem Team oder Unternehmen im Gegensatz dazu heute?
3. Was könnte dein erstes Etappenziel sein?
4. Welche Hindernisse liegen auf deinem Weg?
5. Welches *eine* Hindernis möchtest du als Erstes angehen?

4.5 Bonusmaterial

Code	Titel	Beschreibung
4.1	Storyboard	Template, auf dem der Lernende den Coaching-Zyklus dokumentiert
4.2	Experimentier-Protokoll	Template, auf dem der Lernende seine Experimente und Learnings dokumentiert
4.3	Die Coaching-Kata-Fragen in der Planungsphase	Druckvorlage der Coaching-Fragen als Karte (Vorderseite)
4.4	Die Coaching-Kata-Fragen in der Experimentierphase	Druckvorlage der Coaching-Fragen (Rückseite)
4.5	Die 5 Schritte der Lern-Kata	Illustration: eignet sich als Gedankenstütze während der Coaching-Gespräche

Literatur

Jones, Gemma. 2024. SPARK Coaching Kata Card. https://www.sparkimprovement.co.uk/downloads. Zugegriffen am 22.05.2024.

Kahneman, Daniel. 2016. *Schnelles Denken, langsames Denken*. München: Penguin.

Rother, Mike. 2013. *Die Kata des Weltmarktführers: Toyotas Erfolgsmethoden*. Frankfurt a. M.: Campus.

———. 2019. *Das KATA Praxishandbuch*. Herrieden: Deutscher Management Verlag.

Womack, James P., et al. 1990. *The machine that changed the world*. New York: Free Press.

Zum Weiterlesen

Landry, Sylvain. 2022. *Bringing scientific thinking to life: An introduction to Toyota Kata for next-generation business leaders (and those who would like to be)*. Montréal: Les Éditions JFD.

Schwarz, Tilo, und Jeffrey Liker. 2023. *Giving wings to her team: A novel about learning to coach the Toyota Kata way*. Milton Park, UK: Routledge.

Mike Rothers Websites mit vielen frei verfügbaren Ressourcen[5] zu Kata

Rother, Mike. 2024. *Toyota Kata Website zu seiner Forschung zu Organisationsverhalten an der Universität Michigan.* https://websites.umich.edu/~mrother/. Zugegriffen am 15.02.2024.

———. 2024. *Kata to Grow Website mit vielen frei zugänglichen Ressourcen für alle Kata-Interessierten, u. a. für Lehrer und Hochschullehrer.* https://www.katatogrow.com/. Zugegriffen am 15.02.2024.

---

[5] Mike Rothers Kata-Ressourcen und -Fragen sind die ursprüngliche Version, denn er hat *Toyota Kata* entwickelt. Rother selbst sagt, die Entwicklung von *Toyota Kata* ist noch nicht abgeschlossen. Es kann und soll weiterentwickelt werden. Die in diesem Buch empfohlenen Kata-Fragen beruhen vor allem auf Gemma Jones' Arbeit. Die Veränderungen zu den ursprünglichen Fragen resultieren aus dem Bestreben, Kata auch außerhalb des technischen Kontextes besser verständlich und einsetzbar zu machen.

So gelingt Veränderung

5

> *„Verändertes Verhalten ist das Ergebnis eines erfolgreichen Lernprozesses."*
>
> *–Meike Leue*

Zusammenfassung

Veränderungsinitiativen haben die besten Aussichten auf dauerhaften Erfolg, wenn wir eine wesentliche Zutat nicht vergessen: das Lernen. Dabei ist dreierlei beachten: Erstens sollten wir die individuelle Ebene der Veränderung in den Blick nehmen – auch bei organisatorischen Veränderungen. Zweitens erreichen wir dauerhaft verändertes Verhalten nur durch einen Lernprozess, denn neue Verhaltensmuster müssen eingeübt werden, um alte zu „überschreiben". Und drittens muss der Lernprozess zielführend gestaltet sein. Das gelingt mit dem Design-Learn-Change-Ansatz, der hierfür eine hilfreiche Struktur bietet. Der Ansatz basiert auf der Lernmethode des RIPU-Lernzyklus, die in Kap. 3 vorgestellt wurde, sowie drei Methoden und Modellen der angewandten Psychologie, die speziell auf Veränderung abzielen.

Veränderungen, Transformationen und Kulturwandelinitiativen sind in der Praxis oft nur mäßig erfolgreich. Managementansätze mit dem Ziel, Veränderung erfolgreich zu gestalten, sind seit vielen Jahrzehnten in der Diskussion und haben sich weiterentwickelt vom klassischen Change-Management-Ansatz nach Kotter bis zu den neueren Konzepten des Change Leadership, People-centred Change und Modellen, die Veränderung auf individueller Ebene in den Fokus rücken und erst darauf aufbauend Veränderung in

Organisationen.[1] Diese Konzepte sind nützlich, um Veränderungen zu begleiten, und doch bleibt Wandel eine Herausforderung: Seit den 1970er-Jahren wird im Diskurs zu Veränderungen in Organisationen durchgängig von einer Misserfolgsquote um die 60–70 % bei Veränderungsinitiativen berichtet (Ashkenas 2013). Nach meinem persönlichen Eindruck ist der Erfolg von Veränderungsinitiativen tatsächlich häufig durchwachsen: Wesentliche Ziele wurden durchaus erreicht und doch fühlt es sich für die Menschen auf allen Ebenen der Organisation nicht nach einer Erfolgsgeschichte an. Veränderung bleibt schwierig und anstrengend, auch wenn gute Konzepte zur Change-Begleitung angewendet werden.

In diesem Kapitel möchte ich die Konzepte des Change-Managements nicht besprechen, auch wenn diese wesentlich zum Erfolg von Veränderungsinitiativen in Organisationen beitragen können. Dazu sei auf die entsprechenden Leseempfehlungen am Kapitelende verwiesen. Stattdessen möchte ich eine Ergänzung vorschlagen, denn ich bin überzeugt, es fehlt ein wichtiger Baustein für erfolgreiche Veränderung: die Perspektive auf Veränderung als Lernprozess und die Stärkung von Veränderungsfähigkeit im Sinne einer Kompetenz des praktischen Lernens. Denn eine angestrebte Veränderung gelingt nur durch neue Verhaltensmuster und diese lassen sich auch dann nicht einfach „implementieren", wenn die Mitarbeitenden Sinn und Zweck der Veränderung verstehen und unterstützen. Neue Verhaltensmuster sind stattdessen das Ergebnis eines erfolgreichen Lernprozesses. Wie schwierig eine Verhaltensänderung sein kann, wissen wir oft nicht nur aus dem Businessalltag, sondern auch aus persönlicher Erfahrung: Wer hat nicht schon damit gerungen, ein Verhaltensmuster abzulegen (beispielsweise abends im Bett noch E-Mails bearbeiten) oder eines aufzubauen (beispielsweise regelmäßig Sport treiben)? Verändertes Verhalten ist das Ergebnis eines erfolgreichen Lernprozesses. Doch diesen Lernprozess zu gestalten und dadurch dauerhaften Erfolg wahrscheinlich zu machen – das vergessen wir allzu oft.

Wie Veränderung leichter und dauerhaft gelingen kann, zeige ich dir in diesem Kapitel und stelle dir einen praxistauglichen Ansatz vor: den Design-Learn-Change-Ansatz. Dieser baut auf dem Lernzyklus (Kap. 3) auf und lässt sich auch mit Kata (Kap. 4) kombinieren. Er reiht sich ein in die neueren Change-Management-Modelle, die der Erkenntnis Rechnung tragen, dass organisatorische Veränderung nur auf Grundlage von individueller Veränderung gelingen kann. Als Beraterin setze ich diesen Ansatz gerne ein, um Unternehmen im kulturellen Wandel voranzubringen und um Menschen zu unterstützen, ihre Handlungsmuster in die von ihnen gewünschte Richtung zu ändern. Und auch du bist damit bestens aufgestellt, eigene Verhaltensmuster zu verändern und dein Team und Unternehmen in Veränderungsprozessen zu unterstützen.

Neben dem Design-Learn-Change-Ansatz erwarten dich auch in diesem Kapitel Beispiele, Übungen, Templates und Reflexionsfragen, die dich unterstützen, ins Tun zu kommen. Lass uns beginnen!

---

[1] Etwa das Prosci-ADKAR®-Modell von Jeffrey Hiatt (2006).

5.1   Was ist Veränderung?

Der Begriff Veränderung kann mindestens auf zweierlei Weise verstanden werden. Einerseits kann Veränderung für den Prozess stehen: für das, was geschehen muss, um von einem Zustand zu einem anderen zu gelangen. Wir sagen dann vielleicht: „Wir sind gerade mitten in einem Change." Andererseits kann mit Veränderung das Ergebnis gemeint sein, das durch den Veränderungsprozess erreicht werden soll: der neue Zustand, den wir erreichen wollen. Die Veränderung ist dann beispielsweise, dass wir tägliche Stand-up-Meetings in allen Teams durchführen, in einer neuen Organisationsstruktur oder in neuen Prozessen arbeiten.

Bei diesen Beispielen für typische Veränderungen in Organisationen bedeutet Veränderung immer auch eine Änderung von Verhalten. Nur wenn wir neue Verhaltensmuster dauerhaft etablieren und alte ersetzen, erreichen wir unser Veränderungsziel. Doch die Stand-up-Meetings, die neue Organisationsstruktur oder die neuen Prozesse müssen auch gelebt werden. Damit das gelingt, muss die Veränderung zunächst nachvollziehbar sein. Auch dann noch bleibt eine Veränderung von Verhalten schwierig: Sie lässt sich nur bedingt anordnen und „implementieren". Das zugrunde liegende Denken, die Haltung und die Annahmen erst recht nicht. Wenn ein Unternehmen den vermeintlich einfachen Weg beschreitet und das neue Verhalten anordnet, wird vermutlich der Schein einer Umsetzung erreicht. Doch der Nutzen der Veränderung wird eher dürftig ausfallen und überall, wo es unbemerkt bleibt, entstehen Workarounds.

Selbst wenn nur wir selbst es in der Hand haben und wir selbst eine Veränderung wollen, ist es nicht damit getan, die Veränderung zu beschließen: Als Nils beschloss, von nun an keine Süßigkeiten mehr zu essen, gelang es ihm nur durch ein hohes Maß an Selbstdisziplin und es hielt nicht lange an – er nascht bis heute für sein Leben gern. Und Jeanette sitzt abends meist auf dem Sofa statt wie beschlossen regelmäßig Sport zu treiben. Genauso sehe ich es in Organisationen: Nur weil das Leitungsteam beschlossen hat, agil zu arbeiten und beispielsweise morgendliche Stand-up-Meetings einzuführen, heißt es noch lange nicht, dass diese auch quer durch die Organisation und im Geiste des agilen Arbeitens gelebt werden.

▶   Verändertes Verhalten lässt sich nicht beschließen und mit einem Federstrich umsetzen. Verändertes Verhalten ist das Ergebnis eines Lernprozesses.

5.2   Was nützt die Fähigkeit zur Veränderung?

Die Fähigkeit zur Veränderung hat einen dreifachen Nutzen:

1) Mit einer ausgeprägten Veränderungsfähigkeit gelingt es besser, unser Leben nach unseren Wünschen zu gestalten. Veränderungsfähigkeit hilft uns, unserem *idealen Selbst* näherzukommen: der Vision von uns selbst, die mit unseren Werten überein-

stimmt. Wir können auf dem Weg in Richtung unseres *idealen Selbst* Verhaltensmuster aufbauen. Oder wir können uns von Verhaltensmustern befreien, die uns bremsen und einengen, indem wir diese durch neue ersetzen.

2) Veränderungsfähigkeit hilft dabei, konstruktiv und resilient mit Krisen und Veränderungen von außen umzugehen. Wir können uns besser auf veränderte Rahmenbedingungen einstellen und schneller neue Verhaltensmuster finden, die uns unter den neuen Rahmenbedingungen dienlich sind. Je ausgeprägter unsere Veränderungsfähigkeit, desto weniger Energie und Kraft benötigen wir zur Anpassung an neue Situationen und umso mehr Energie und Kraft bleibt uns für alles andere.

3) Für ein Team und ein Unternehmen bedeutet eine ausgeprägte Veränderungsfähigkeit der Mitarbeitenden eine starke Grundlage für den konstruktiven Umgang mit veränderten Rahmenbedingungen von außen und ein konstruktives Gestalten von eigenen Veränderungsimpulsen.

Wie du deine Veränderungsfähigkeit und die deines Teams konkret stärken kannst, erfährst du nun.

5.3 Wie gelingt Veränderung?

In meiner Arbeit als Beraterin und Business-Coachin habe ich bereits viele Menschen und Organisationen in Veränderungsprozessen unterstützt. Dabei habe ich gelernt, dass Veränderung am besten und schnellsten gelingt, wenn wir zu Beginn langsam vorgehen und bei den Grundlagen ansetzen. Vom ersten Kapitel an zieht sich deshalb durch dieses Buch die Botschaft, dass es zuerst eine solide Basis aus Lernhaltung und Lernkultur braucht, sodass praktisches Lernen[2] und Veränderung gelingen. Deshalb beginnen wir auch in diesem Kapitel mit einem Blick auf Lernhaltung und Lernkultur.

5.3.1 Lernhaltung und Lernkultur sind die Grundlage

Mit Lernhaltung und Lernkultur haben wir uns in den Kap. 1 und 2 intensiv auseinandergesetzt. Sie bilden die Grundlage für Lernen und Veränderung. Insbesondere auf Lernhaltung komme ich im Laufe dieses Kapitels immer wieder zurück. Als Erinnerung und Referenz siehst du deshalb in Abb. 5.1 nochmals die Darstellung des *State-of-Mind*-Modells, das ich in Kap. 1 vorgestellt habe. Gehe bei Bedarf für eine grundlegende Erläuterung gerne nochmals dorthin zurück.

---

[2] Praktische Lernkompetenz ist die Fähigkeit, an den Problemen und Herausforderungen des (Business-)Alltags zu lernen und zu wachsen, im Gegensatz etwa zur Fähigkeit, zügig Inhalte aus einem Skript für eine Klausur abzuspeichern.

Abb. 5.1   Das State-of-Mind-Modell. (Quelle: © Sabrina Malter 2024. All Rights Reserved)

Eine offene, lernfreudige Haltung macht Veränderung leichter. Und es steht in unserer Macht, eine Lernhaltung zu kultivieren. Erinnere dich, was wir in Kap. 1 dazu erfahren haben: Wir können uns entscheiden, ein dynamisches Selbstbild anzunehmen: eine Haltung, die besagt, dass wir nahezu alles lernen und nahezu alle Fähigkeiten entwickeln können. Sobald wir verstanden haben, dass ein dynamisches Selbstbild (*Growth Mindset*) uns die Türen öffnet, vieles zu erreichen, was wir uns vielleicht bislang nicht zugetraut hatten, können wir diese Haltung bewusst einüben.

Zwar haben wir keinen Kippschalter für eine andere Haltung, doch wie wir mit uns selbst sprechen, wie wir mit anderen sprechen, wie wir handeln und welche Erfahrungen wir machen – das alles prägt unsere Haltung. Durch Praxis mit dem Lernzyklus, mit Kata oder mit dem Design-Learn-Change-Ansatz gelingt dir das umso leichter. Außerdem weise ich dich nochmals auf die Workshop-Designs zu *Growth Mindset* und *State of Mind* hin, die du als Bonusmaterial zu Kap. 1 findest.

Bei Veränderungen im Team oder Unternehmen gilt es außerdem, die Team- oder Unternehmenskultur in den Blick zu nehmen und je nach Bedarf die verschiedenen Aspekte einer Lernkultur zu fördern, die wir in Kap. 2 betrachtet haben. Je nachdem, an welchem Aspekt von Lernkultur du arbeiten möchtest, findest du Anregungen in Kap. 2 und ein Workshop-Design als Bonusmaterial.

5.3.2   Die Schritte im Change-Management

1. Sinn und Zweck der Veränderung kennen und verstehen

Im ersten Schritt einer Veränderung ist es wichtig, dass die Menschen, die die Veränderung mitgehen sollen, verstehen, worum es sich genau handelt und vor allem, warum die Veränderung erforderlich ist: Was genau ist die Veränderung? Was ist der konkrete Nutzen, also die Vorteile der Veränderung? Welches Risiko besteht, wenn die Veränderung unterbleibt? Hierbei ist es wichtig, dass der Nutzen der Veränderung betont und ein positives Zielbild entworfen wird, das es zu erreichen gilt. Dieses Zielbild sollte stimmig sein mit den Werten, für die die Organisation steht: Wer wollen wir als Organisation sein?

In der Praxis hält sich dagegen oft die Annahme, dass im ersten Schritt einer Veränderung Dringlichkeit erzeugt werden müsse, auf dass die Menschen in Bewegung kommen. Diese Dringlichkeit wird dann gerne nach dem Konzept der *Burning Platform* erzeugt, nach dem Motto: „Wir müssen uns verändern, sonst droht großes Unheil!" Doch eine Überbetonung von Risiken kann leicht zur Stolperfalle werden.

▶    *Vorsicht Stolperfalle!* Burning Platform: Angst erschwert Lernen.

Die Metapher der *Burning Platform* steht für ein Bedrohungsszenario, das verdeutlichen soll, dass Veränderung dringend und unabdingbar notwendig ist. Diese Bedrohung soll als Anschub dienen, die Veränderung in Gang zu setzen. Wenn jedoch im Rahmen der Veränderung Problemlösen, Lernen und Zusammenarbeit gefragt sind – also immer, wenn Kulturwandel mitschwingt –, ist das Konzept der *Burning Platform* ungeeignet. Denn Bedrohungsszenarien machen Angst und Angst hemmt das Denken, das Lernen und die Kooperationsfähigkeit – das hat die neurowissenschaftliche Forschung wiederholt gezeigt.

Falls dir schon einmal vor einer wichtigen Präsentation dein Herz bis zum Hals schlug und deine Hände schwitzten, geschah das aufgrund der Aktivierung deiner Amygdala. Angst hindert das Lernen, indem sie Ressourcen bindet, die dann dem Erinnerungsvermögen und der Verarbeitung von neuen Informationen fehlen. Das erschwert sowohl analytisches Denken als auch kreative Einsichten (Rock 2009). Erinnere dich an Kap. 1 und die Dynamiken im *State of Mind*, die ein Bedrohungsgefühl auslösen können. Statt künstlich als Teil des Change-Managements ein Bedrohungsszenario aufzubauen, empfiehlt es sich im Gegenteil, Ängste zu reduzieren, Zuversicht zu fördern und durch bedeutungsvolle Werte und Ziele einen *State of Mind* des Lernens und der Offenheit für Neues zu fördern.

2. Den Wunsch zur Veränderung wecken

Ist der Nutzen für die Organisation geklärt, geht es im zweiten Schritt darum, dass alle Beteiligten für sich die Frage: „Was habe ich davon?", beantworten können. Wenn Menschen einen Nutzen für sich selbst erkennen, entstehen ein intrinsischer Wunsch und eine Motivation zur Veränderung. Ein intrinsischer Wunsch zur Veränderung bedeutet jedoch nicht, dass man automatisch für die Veränderung aktiv wird. Es entsteht oft vielmehr eine Ambivalenz: Einerseits möchte ich die Veränderung, doch andererseits hänge ich an den gewohnten Abläufen oder sehe schlicht keine Möglichkeit, die Veränderung umzusetzen. Der Design-Learn-Change-Ansatz unterstützt hier sowohl durch ein gutes Design der Veränderung in der Praxis als auch durch die Stärkung von Motivation und Zuversicht. Wie genau das gelingt, erfährst du in den folgenden Abschnitten.

3. Wissen und Kompetenzen aufbauen

Sobald der Wunsch nach Veränderung geweckt ist, geht es im nächsten Schritt darum, zu verstehen, wie die Veränderung für jeden Einzelnen konkret aussehen soll: Welche Aufgaben sollen erfüllt werden? Dementsprechend gilt es nun, Wissen und Kompetenzen aufzubauen, die für die Veränderung benötigt werden. Das kann durch Trainings zu neuen Prozessen und Werkzeugen gelingen.

4. Die Fähigkeit zur Veränderung in der Praxis entwickeln

Im vierten Schritt geht es um die praktische Umsetzung und die Fähigkeit, an der Veränderung teilzunehmen. Hierfür braucht es zielgerichtete Aktivitäten zur Umsetzung der Veränderung. Die neuen Verhaltensmuster müssen in der Praxis angewandt werden. An dieser Stelle setzt wieder der Design-Learn-Change-Ansatz an: Die neuen Verhaltensmuster können meist nicht von allen in der Organisation auf Knopfdruck angewandt werden. Durch ein gutes Design gelingt das schneller und effektiver.

5. Dauerhafte Veränderung erreichen

Veränderungen sollen langfristig aufrechterhalten und in der Unternehmenskultur verankert werden. Auch hier setzt wieder der Design-Learn-Change-Ansatz an: Die neuen Verhaltensmuster werden eingeübt, bis sie zu stärkeren, neuen Routinen werden und alte Verhaltensmuster „überschreiben". Durch ein gutes Design der Veränderung sowie durch Ermutigung, gegenseitige Unterstützung und Anerkennung auf diesem Weg gelingt dauerhafte Veränderung leichter.

5.3.3   Der Design-Learn-Change-Ansatz

Um Veränderungen in Organisationen erfolgreich aufzusetzen, braucht es eine solide Basis aus Lernhaltung und Lernkultur. Ist diese Basis geschaffen, hat sich in meiner Arbeit mit Organisationen Folgendes bewährt: Ich kombiniere die Lernmethode *Lernzyklus* (Kap. 3) oder *Kata* (Kap. 4) mit drei Methoden und Modellen der angewandten Psychologie: der *Behavior-Design-Methode* nach Brian J. Fogg (2021), dem *Motivational Intervie-wing* nach William R. Miller und Stephen Rollnick (2023) und der *Intentional Change Theory* nach Richard E. Boyatzis (2019). Diesen kombinierten Ansatz zur Unterstützung von Veränderungen nenne ich Design-Learn-Change-Ansatz (DLC). Du lernst den DLC-Ansatz in diesem Kapitel kennen (Abb. 5.2) und ich übe ihn mit dir ein. Davor stelle ich dir in aller Kürze die drei genannten Methoden und Modelle der angewandten Psychologie vor, von denen ich mir Techniken und Einsichten entleihe. Wenn du zu einer der Methoden mehr erfahren möchtest, findest du wie immer weiterführende Lese-empfehlungen am Kapitelende.

Die Methoden im DLC-Ansatz
Die Behavior-Design-Methode nach Brian J. Fogg
Brian J. Fogg ist ein US-amerikanischer Sozialwissenschaftler und Autor. Er ist außer-ordentlicher Professor an der Stanford University und Direktor des Stanford „Behavior Design Lab", früher bekannt als Persuasive Technology Lab. Fogg entwickelte die *Behavior-Design*-Methode (Fogg 2021). Diese Methode zielt darauf ab, Verhaltensweisen bewusst und eigenständig anzueignen beziehungsweise unliebsame Verhaltensweisen zu überwinden. Sie setzt dabei an, neue Verhaltensmuster in mehreren Dimensionen „einfach und klein" zu gestalten, einen geeigneten Platz im Tagesablauf zu finden und die neue Routine fest zu verankern.

Ein Beispiel für eine solche einfache und kleine Routine wäre zwei Minuten lockere Stretchingübungen jeden Morgen direkt nach dem Zähneputzen. Durch das „einfache und kleine" Design soll die Hürde, das neue Verhalten in die Tat umzusetzen, so niedrig wer-den, dass wir dieses Verhalten erfolgreich als Routine etablieren können. Im nächsten Schritt können wir die „einfache und kleine" neue Routine wachsen lassen, bis wir unser Ziel erreichen, beispielsweise ein tägliches 20-minütiges, intensives Yoga-Training. Aus dieser Methode habe ich einige Techniken entliehen.

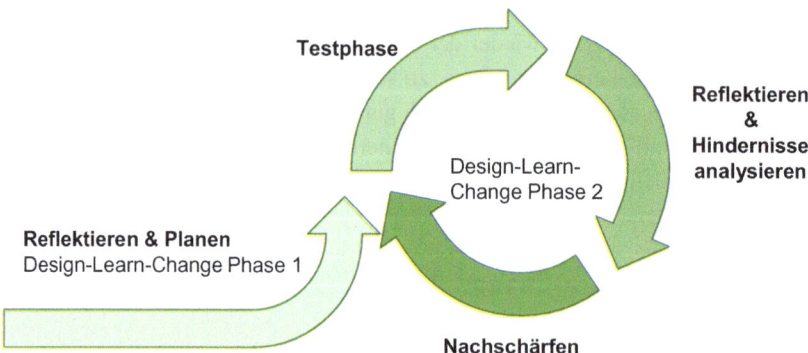

Abb. 5.2 Der Design-Learn-Change-Ansatz. (Quelle: © Sabrina Malter 2024. All Rights Reserved)

Motivational Interviewing nach William R. Miller und Stephen Rollnick

William R. Miller ist ein US-amerikanischer Psychologe, emeritierter Professor der University of New Mexico in Albuquerque. Stephen Rollnick ist ein britischer Psychologe, der als Professor an der Cardiff University lehrt. Gemeinsam entwickelten die beiden Psychologen die Methode des *Motivational Interviewing* (Miller und Rollnick 2023). *Motivational Interviewing* setzt bei der für Veränderungssituationen typischen Ambiguität an. Mit Ambiguität meine ich den Zustand, in dem man einerseits die Veränderung möchte, diese andererseits jedoch schwer fällt. Vielleicht haben wir Vorbehalte oder Angst vor der Reaktion unseres Umfelds. *Motivational Interviewing* stärkt Motivation und Zuversicht und verschiebt damit die Ambiguität in die Richtung der gewünschten Veränderung. Die Methode kann beeindruckende Erfolge vorweisen, wenn es um wahrhaft herausfordernde Verhaltensänderungen geht, wie etwa dem Durchbrechen eines Suchtverhaltens. Aus dem *Motivational Interviewing* habe ich das Konzept des *Change Talk* entliehen: *Change Talk* bedeutet, über Dinge zu sprechen, die uns zur Veränderung motivieren und Zuversicht geben. Das wirkt verstärkend: Motivation und Zuversicht wachsen.

Die Intentional Change Theory nach Richard E. Boyatzis

Richard E. Boyatzis ist Professor und Abteilungsleiter für Organizational Behaviour an der Weatherhead School of Management an der Case Western Reserve University, Ohio. Er ist ein ausgewiesener Experte in den Bereichen *emotionale Intelligenz* und Verhaltensänderung. Von Boyatzis und seiner *Intentional Change Theory* hast du bereits in Kap. 1 gelesen: Die *Intentional Change Theory* (Boyatzis et al. 2019) ist einer der wesentlichen theoretischen Hintergründe des *State-of-Mind*-Modells. Zur Erinnerung: Das *State-of-Mind*-Modell stellt dar, wie sich unser Umfeld und unsere Emotionen auf unsere Haltung in einer bestimmten Situation auswirken: Ist unsere Haltung von Offenheit für Neues und Lernfreude geprägt oder eher von Verschlossenheit und Abwehr?

Aus der *Intentional Change Theory* habe ich für den Design-Learn-Change-Ansatz insbesondere zwei Konzepte entliehen: das des *idealen Selbst* und das der sogenannten *Positive Emotional Attractors*. Das *ideale Selbst* steht für eine persönliche Vision von uns selbst. Um es zu greifen, stellen wir uns die Fragen: Wer möchte ich sein? Was möchte ich bewirken? Es geht nicht darum, was andere gegebenenfalls von uns erwarten, sondern darum, was wir selbst – für uns – anstreben. Wenn wir uns klar sind, was unser ideales Selbst ist, und unsere Ziele damit verknüpfen, können wir eine große Kraft für die Veränderung freisetzen. Im Team oder Unternehmen entsprechen dem *idealen Selbst* die Leitwerte, Vision und Purpose. Wofür stehen wir als Team und Unternehmen? Was wollen wir bewirken?

Das zweite Konzept, das ich aus der *Intentional Change Theory* nutze, ist das der *Positive Emotional Attractors*. Diese können wir nutzen, um Veränderung leichter und erfolgreicher zu gestalten. Zu den *Positive Emotional Attractors* gehören:

(1) positive Emotionen wie Entdeckerfreude, Begeisterung und Hoffnung,
(2) Aktivierung des Parasympathikus: Der Parasympathikus ist ein Teil des vegetativen
    Nervensystems und dient im Gegensatz zu seinem Gegenspieler, dem Sympathikus,
    der Erholung und dem Aufbau von Energiereserven im Körper. Aktiviert wird er bei-
    spielsweise durch tiefes Atmen, Meditation und Bewegung in der Natur.
(3) Das *empathische Netzwerk*: Das *empathische Netzwerk* ist eines der beiden dominan-
    ten Netzwerke im Gehirn und steht dem *analytischen Netzwerk* gegenüber. Das *empa-
    thische Netzwer*k bezeichnet das neuronale Netzwerk des Fühlens, des empathischen,
    kreativen, spielerischen Denkens (Boyatzis et al. 2019, S. 82–83).

Diesen drei kurz vorgestellten Methoden und Modellen der angewandten Psychologie ist
eines gemeinsam: Sie erleichtern das Erlernen neuer Verhaltensmuster, die man selbst etablieren will. Sie helfen auch, die Motivation und Zuversicht in sich zu finden, um ein neues
Verhaltensmuster zu entwickeln. Sie sind dagegen ungeeignet, jemanden zu einem Verhalten
zu bewegen, das er oder sie aus tiefer Überzeugung nicht möchte – und das ist gut so.

Integration in den Lernzyklus

In meiner Beratungs- und Coaching-Praxis integriere ich Aspekte der drei Modelle und
Methoden meist in den Lernzyklus, den du in Kap. 3 kennengelernt hast. Gesamthaft spreche ich dann vom Design-Learn-Change-Ansatz (DLC). Alternativ lassen sich die drei
Methoden und Modelle der angewandten Psychologie in Kombination mit der Kata-Methode nutzen. Im Falle von kleinen, konkreten Verhaltensänderungen können sie auch solo
erfolgreich eingesetzt werden. Letzteres empfehle ich dir als leichten und praktikablen
ersten Schritt, um eigene praktische Erfahrungen zu sammeln: Picke dir gerne einzelne
Techniken aus dem DLC-Ansatz heraus und nutze sie punktuell, bevor du tiefer einsteigst
und den kompletten Ansatz anwendest.

Die Schritte des DLC-Ansatzes

Der Design-Learn-Change-Ansatz basiert auf dem Lernzyklus und Techniken aus der angewandten Psychologie. Einige der Schritte und Fragen werden dir deshalb vom Lernzyklus bekannt vorkommen, andere sind für dich vermutlich neu.

In Phase 1 beginnst du mit einer ersten Reflexion, setzt dein Ziel und planst, wie du eine
Routine etablieren kannst, die dich deinem Ziel näher bringt:

Schritt 1 (Phase 1): Zuerst steht wieder die Reflexion: Du gehst in dich und reflektierst,
    was dir wichtig ist (deine Werte) und wer du sein willst (dein *ideales Selbst*) bezie-
    hungsweise wer ihr als Team oder Organisation sein wollt. Darauf aufbauend formu-
    lierst du deine Intention und setzt dir dein Ziel.
Schritt 2 (Phase 1): Im 2. Schritt folgt ein Brainstorming von möglichen Verhaltensweisen
    und Routinen, die dich deinem Ziel näher bringen können.
Schritt 3 (Phase 1): Als Nächstes wählst du die Verhaltensweise oder Routine aus, die am
    Erfolg versprechendsten scheint. Erfolg versprechend sind Verhaltensweisen mit star-

ker Wirkung, die dir gleichzeitig leichtfallen, die Spaß machen und einfach sind. Fogg nennt das eine *goldene Verhaltensweise*.

Schritt 4 (Phase 1): Im 4. Schritt prüfst du, ob du deine ausgewählte Verhaltensweise so designen kannst, dass sie dir noch leichter fällt.

Schritt 5 (Phase 1): Im 5. Schritt erstellst du ein „Rezept", um dein ausgewähltes Verhalten zu etablieren. Wann wirst du das machen? Wie sieht das Verhalten konkret aus? Wie wirst du dir selbst gratulieren?

Dazu nutzt du das XYZ-Muster:

Wenn _____X_____,

dann mache ich _____Y_____,

und feiere, indem ich _____Z_____ mache.

Schritt 6 (Phase 1): Im 6. Schritt stärkst du mit *Change Talk* deine Motivation und Zuversicht, um deine Veränderung optimal zum Erfolg aufzusetzen:

- Gib deiner Motivation, dein goldenes Verhalten einzuüben, eine Zahl zwischen null (nicht vorhanden) und zehn (sehr hoch).
- Begründe, weshalb deine Zahl größer als null (oder größer als drei, größer als fünf, …) ist.
- Gib deiner Zuversicht, dass du dein Ziel erreichen wirst, eine Zahl zwischen null (nicht vorhanden) und zehn (sehr hoch).
- Begründe, weshalb deine Zahl größer als null (oder größer als drei, größer als fünf, …) ist.

Nun folgt Phase 2. In dieser setzt du das „Rezept" in die Praxis um, reflektierst deine Erfahrungen, analysierst Hindernisse und schärfst darauf aufbauend das Design deiner Routine nach.

Schritt 7 (Phase 2): Im 7. Schritt geht es in die Testphase: Du probierst das Verhalten aus und notierst dir deine Erfahrungen. Was gelingt dir leicht? Was fällt dir schwer?

Schritt 8 (Phase 2): Nach der Testphase reflektierst du und analysierst etwaige Hindernisse:

- Was hat dich von der neuen Verhaltensweise abgehalten?
- Weshalb?
- Was fiel dir andererseits besonders leicht?
- Weshalb?

Schritt 9 (Phase 2): Jetzt geht es ans Nachschärfen: Entwickle das Design deiner Verhaltensweise weiter, übe sie in der Praxis ein und überwinde die Hindernisse und feiere, was bereits gut funktioniert.

Schritt 10 (Phase 2): Nochmals *Change Talk*: Wiederhole bei Bedarf Schritt 6.

Phase 2 ist iterativ: Du wiederholst die Schritte 7 bis 10, bis du deine Routine erfolgreich angepasst und etabliert hast.

Im nächsten Abschnitt illustriere ich dir den DLC-Ansatz an zwei Beispielen Schritt für Schritt. Im Anschluss unterstütze ich dich dann dabei, DLC selbst anzuwenden.

5.3.4   Veränderung als individuelle Herausforderung

Lena leitet in der Personalabteilung ein Team von drei Businesspartnern, mit denen sie einen Unternehmensbereich in Personal- und Kulturfragen betreut. Es ist ihr wichtig, dass ihre Mitarbeitenden ihre Fähigkeiten weiterentwickeln, doch ihr ist auch bewusst, dass sie dabei nicht gut unterstützt: Lena gibt kaum Feedback. Das ärgert sie und wundert sie auch selbst, denn generell scheut sie schwierige Gespräche nicht und sie weiß, wie wichtig konstruktives Feedback für die Weiterentwicklung und Motivation ist. Lena beschließt deshalb, künftig regelmäßig Feedback zu geben. Sie startet einen RIPU-Zyklus,[3] reflektiert also im ersten Schritt: Wann habe ich bereits Feedback gegeben? Wie war diese Erfahrung? Was hält mich zurück, häufiger Feedback zu geben?

Lena wird bewusst, dass sie zwar die Grundschritte guten Feedbacks kennt, aber sich dennoch unsicher fühlt. Ihre Motivation, etwas zu verändern, ist hoch und so beschließt sie, an einem Training teilzunehmen, um in der Feedback-Methode Sicherheit zu gewinnen. Doch auch nach dem Training muss sich Lena sehr antreiben, Feedback zu geben: Sie macht es unregelmäßig und mühevoll – von einer Routine kann keine Rede sein.

„Das erinnert mich an Januar, als ich meinen Neujahrsvorsatz, regelmäßig Sport zu treiben, nur mit Mühe zwei Wochen durchgehalten habe …" Mittlerweile trainiert Lena täglich und ist stolz auf ihre neue Routine. Im Februar, als Lena ihre Sportambition schon frustriert aufgeben wollte, gab ihr ihr Kollege Serkan den Tipp, den DLC-Ansatz anzuwenden. Serkan arbeitet in der Abteilung für Organisationsentwicklung und Transformation des Unternehmens. Den DLC-Ansatz kannte er aus dem beruflichen Kontext, um Veränderung zu begleiten, und ermutigte Lena, diesen privat zu nutzen. „Und ich bringe den Ansatz jetzt zurück ins Business", schmunzelt Lena.

Lena lässt die Schritte Revue passieren, die sie zu ihrer heutigen 20-minütigen Trainingsroutine noch vor Beginn des Arbeitstages geführt haben.

Beispiel: Lenas Sportroutine

Lenas Erfahrung im Entwickeln ihrer Sportroutine gibt uns ein greifbares Beispiel. Wie ist sie vorgegangen?

Schritt 1: Im ersten Schritt hatte Lena ihr Ziel klar formuliert. Das kam ihr vom Lernzyklus und Kata bekannt vor: „Ich möchte regelmäßig, mindestens 5-mal pro Woche, Sport treiben, um körperlich fitter zu werden und etwas für meine Gesundheit zu tun, sodass ich mich wieder wohl in meinem Körper fühle!" Serkan fragte nochmals nach, warum ihr das wichtig war und inwiefern ihr Ziel auf eine persönliche Vision von Lena selbst in der Zukunft einzahlte. Darauf stellt Lena ihre Zielformulierung nach: „Ich möchte regelmäßig, mindestens 5-mal pro Woche, Sport treiben, um

---

[3] Der RIPU-Lernzyklus ist in Kap. 3 vorgestellt.

körperlich fitter zu werden und etwas für meine Gesundheit zu tun, sodass ich mich wieder wohl in meinem Körper fühle und mir meine Fitness möglichst lange erhalte!"

Schritt 2: Im zweiten Schritt hatte sie nach Serkans Anleitung überlegt: „Welche konkreten Verhaltensweisen bringen mich meinem Ziel näher?" Ihr Brainstorming sah so aus (Abb. 5.3):

Schritt 3: Dann ging es an die Auswahl des Verhaltens, das für Lena am besten geeignet war, ihr Ziel zu erreichen: ihr *goldenes Verhalten*.

Lena fragte sich: „Welche drei oder vier der Verhaltensweisen haben vermutlich eine besonders große Wirkung?", und: „Welche dieser drei oder vier Verhaltensweisen fällt mir vermutlich am leichtesten beziehungsweise auf welche habe ich am meisten Lust?" Sie sortierte ihre Verhaltensweisen wie folgt (Abb. 5.4):

Schritt 4: Im 4. Schritt wird die neue Routine möglichst einfach designt. Fogg betont diesen Schritt ganz besonders. Denn durch einfaches Design gelingt ein Verhalten viel eher auch bei einem Motivationstief. Er empfiehlt zwei Möglichkeiten: Entweder man designt seine neue Routine sehr klein: Für Lena hieße das beispielsweise nur fünf Minuten Pilates-Training. Alles weitere wäre Kür. Alternativ legt man sich lediglich fest, den ersten Schritt der neuen Routine zu machen: Das hieße für Lena etwa: Sie geht aus dem Badezimmer direkt auf ihre Sportmatte. Das komplette weitere Training wäre wiederum die Kür. Damit ist gemeint, dass Lena sich bereits für fünf Minuten Training beziehungsweise für die Startposition auf der Sportmatte selbst gratulieren darf und sollte. Lena entschied sich, mit fünf Minuten Training zu starten. Hintergrund dieses Vorgehens ist, dass uns häufig besonders das Anfangen

Abb. 5.3 Brainstorming des zielführenden Verhaltens nach Fogg (2021)

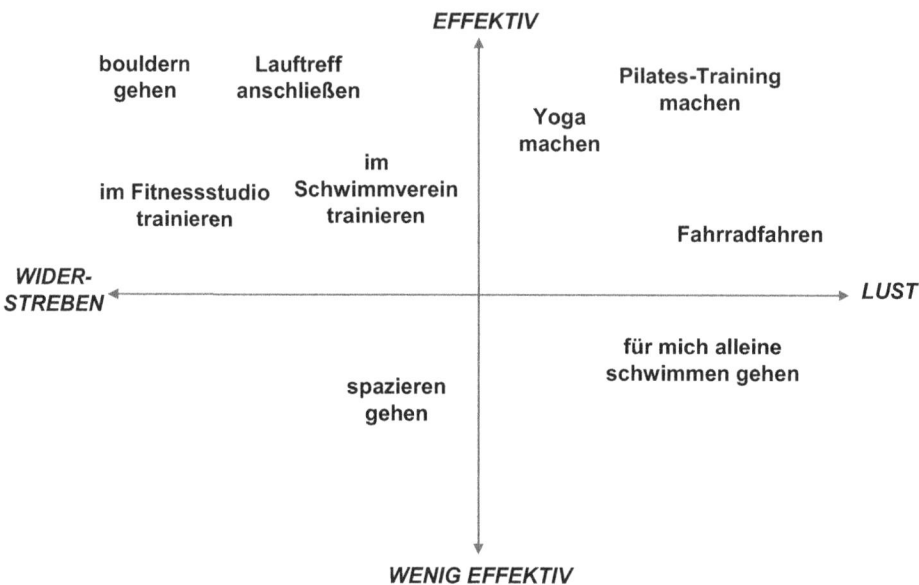

Abb. 5.4 Auswahl der *goldenen Verhaltensweise nach* Fogg (2021)

schwerfällt. Sobald wir einmal etwas ins Rollen gebracht haben, geht es leichter weiter: wie bei einem schweren Stein, den es zu bewegen gilt.

Schritt 5: Im 5. Schritt formulierte Lena ihre neue Routine nach dem XYZ-Muster:
Wenn ich morgens *aus dem Badezimmer ins Wohnzimmer komme* (X),
dann mache ich *fünf Minuten Pilates-Training* (Y)
und feiere, indem ich *mir innerlich gratuliere und zu meinem Lieblingslied tanze* (Z).

Schritt 6: Nun fragte Serkan Lena nach ihrer Motivation und Zuversicht auf einer Skala von null bis zehn. Lena gab sich eine sieben bei Motivation und eine drei bei Zuversicht, denn sie hatte schon einige Fehlschläge erlebt beim Versuch, eine Sportroutine zu etablieren. Serkan fragte nach: „Weshalb trotz alldem keine null? Was macht dich etwas zuversichtlich?", und nach Lenas Antwort außerdem: „Welche sind deine drei wichtigsten Gründe, um die Sportroutine zu etablieren?" Lena erklärte ihre Gründe und stärkte so im Laufe des Gesprächs ihr Commitment zum Wandel. Lena stimmte vor allem Folgendes zuversichtlich: Durch die Reflexion zu Beginn des DLC und der Frage nach ihrer persönlichen Vision für sich selbst war ihr bewusst geworden, dass sie ihre Gesundheit und Fitness unbedingt bis ins hohe Alter erhalten wollte, um mit ihren dann erwachsenen Kindern und vielleicht Enkelkindern gemeinsam aktiv zu sein. Außerdem hatte sie bisher vom DLC-Ansatz den Eindruck, dass er ihr eine wirksame Unterstützung sein würde. Indem sie diese

Punkte im Gespräch mit Serkan erklärte, wuchs ihre Zuversicht weiter: Lena über-
zeugte sich selbst mit ihren eigenen Argumenten.

Am Ende des Gesprächs lehnte sich Lena entspannt im Stuhl zurück und lächelte. Jetzt
legte sie los! ◄

▶    *Vorsicht Stolperfalle!* Aller Anfang ist schwer.

Selbst eine kleine Routine neu zu etablieren, kann schwer sein. Vielleicht vergisst man
sie einfach, weil sie ja noch keine Routine ist. Serkan empfahl Lena vor dem ersten Tag
ihrer Testphase Folgendes: „Gehe am Abend zuvor einige Male aus dem Badezimmer direkt auf deine Sportmatte und gratuliere dir dafür. Das fühlt sich vielleicht ein wenig al-
bern an, doch dadurch erhöhst du deutlich deine Chancen, am nächsten Morgen gleich
erfolgreich zu starten. Und das gibt dir wiederum Energie und Motivation, um am Ball zu
bleiben. Im Business üben wir deshalb mit DLC neue Routinen im Workshop in Rollen-
spielen ein." Wenn wir solche spielerischen Ansätze mit einer Prise Humor angehen, wirken sie als *Positive Emotional Attractors* und bringen uns in die Haltung des Lernens und
der Veränderung. Diesen Effekt kennst du bereits aus dem *State-of-Mind*-Modell
aus Kap. 1.

Eine weitere Möglichkeit, durch *Positive Emotional Attractors* in die Lernhaltung zu
gelangen, ist das Feiern von Erfolgen – von großen wie auch kleinen.

▶   **Tipp: Freude und Selbstwirksamkeit** Um Motivation und Freude am Etablieren einer
neuen Routine zu steigern, hilft es, auch die kleinen Schritte zu feiern. Gratuliere dir,

1) wenn du daran denkst, dass du deine Routine bald starten wirst,
2) während du die Routine machst und
3) zum Abschluss.

Vielleicht erscheint dir dieser Tipp übertrieben, doch er steigert Spaß, Motivation und
damit deine Erfolgschancen. Fogg hat diesen Effekt in seinen Forschungen an der Stanford University immer wieder gefunden und deshalb in eine seiner Behavior-Design-
Maximen gegossen: *Help people feel successful.*

Jetzt interessierte Lena noch eines: Wie lauteten Foggs weitere Maximen? Tatsächlich
hat Fogg zwei Maximen formuliert. Lena lächelte, als sie die zweite las: *Help people do
what they already want to do.* „Das ist ja total sympathisch", dachte sie, „und ich hatte
schon ein etwas ungutes Gefühl beim Begriff *Behavior-Design* – das hörte sich irgendwie
fremdbestimmt oder vielleicht sogar manipulativ an." Foggs Behavior-Design-Methode
ebenso wie der gesamte DLC-Ansatz sollen jedoch keineswegs manipulieren. Vielmehr
zielen sie darauf, den Wandel zu ermöglichen, den man selbst will beziehungsweise den

die Menschen, die man im Blick hat, wollen, der jedoch im stressigen (Business-)Alltag nur schwerlich gelingt.

Als sich Lena abends daran machte, ihre neue Routine nach Serkans Tipp einzuüben und sich am nächsten Morgen schon beim Aufstehen dafür gratulierte, dass sie gleich mit der Routine starten wollte, kam ihr das ziemlich übertrieben vor. Aber: Es machte auch Spaß!

So hatte Lena im Februar ihre Sportroutine gestartet und diese tatsächlich mit einiger Freude und Leichtigkeit etablieren können: Heute trainierte sie 20 min täglich und war zufrieden und stolz auf sich. Jetzt wollte sie die Methode im Businessalltag nutzen und mit deren Hilfe lernen, regelmäßig Feedback an ihre Mitarbeitenden zu geben.

DLC-Phase 1: Ziel, Design, Motivation
1. Schritt
„Ich möchte täglich einem meiner Mitarbeitenden Feedback geben, das ihm oder ihr hilft, Fähigkeiten weiterzuentwickeln oder sich eines blinden Flecks in der Wahrnehmung bewusst zu werden. Ich bin gespannt, wie die Feedbackgespräche auch meine eigene Perspektive erweitern. So komme ich meinem Ideal näher, eine Führungskraft zu sein, die ihre Mitarbeitenden in ihrer Weiterentwicklung gut unterstützt", formuliert Lena ihr Ziel.

2. Schritt
Im zweiten Schritt überlegt sie: „Welche konkreten Verhaltensweisen bringen mich meinem Ziel näher?" Ihr Brainstorming siehst du in Abb. 5.5.

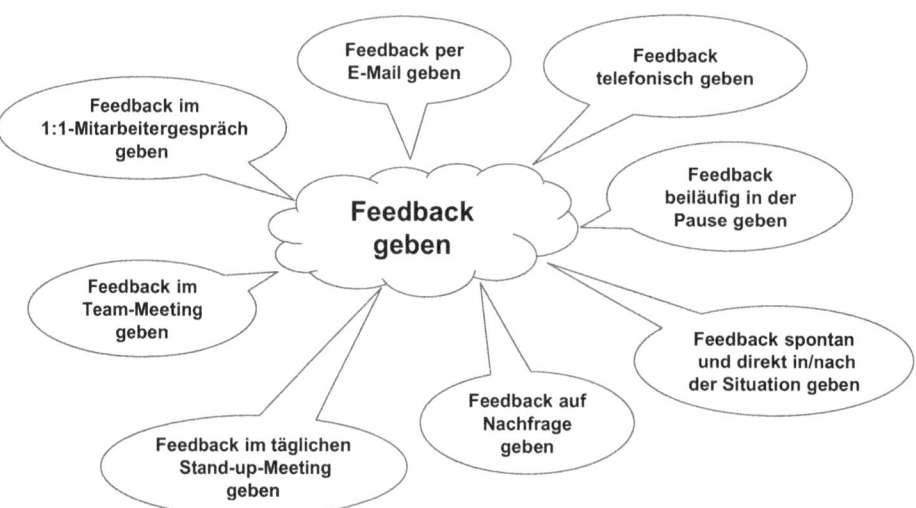

Abb. 5.5 Brainstorming zielführender Verhaltensmuster: Feedback geben. (Quelle: © Sabrina Malter 2024. All Rights Reserved)

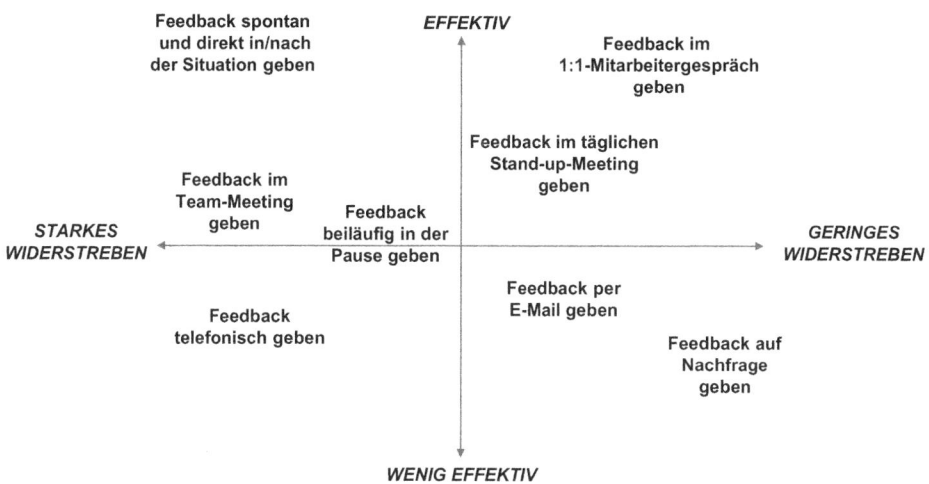

Abb. 5.6 Auswahl der *goldenen* Verhaltensweise: Feedback geben. (Quelle: © Sabrina Malter 2024 All Rights Reserved)

3. Schritt

Dann wählt Lena die Verhalten aus, die ihr am besten geeignet erscheinen, ihr Ziel zu erreichen. Sie fragt sich: „Welche drei oder vier der Verhalten haben vermutlich eine besonders große Wirkung?", und: „Welche dieser drei oder vier Verhaltensweisen fällt mir vermutlich am leichtesten beziehungsweise auf welche habe ich am meisten Lust?" Lena sortiert ihr Brainstorming der möglichen Verhalten wie in Abb. 5.6 dargestellt.

4. Schritt

Im 4. Schritt möchte Lena die neue Routine möglichst einfach designen. Sie weiß, dass dies ihre Erfolgschancen beträchtlich steigert, die neue Routine wirklich zu leben. Lena erinnert sich. Es gibt zwei Möglichkeiten. Entweder man designt seine neue Routine sehr klein, wie ihr 5-Minuten-Pilates-Training zu Beginn ihrer Sportroutine. Oder man legt sich lediglich fest, den ersten Schritt der neuen Routine zu tun. Beides fällt Lena schwer, auf das Feedback-Geben zu übertragen. Sie möchte weder nur ein sehr knappes Feedback geben noch ein nicht komplettes – beides wäre für die Mitarbeitenden irritierend. „Was könnte es also für mich bedeuten, das Verhalten im ersten Schritt einfach zu designen?" Serkan hat einen Vorschlag, mit dem Lena fürs Erste gut leben kann: „Gib doch zunächst ein positives Feedback nach dem einfachen Muster: Ich habe Folgendes beobachtet, das hat xy bewirkt, vielen Dank!"

5. Schritt

Im 5. Schritt formulierte Lena ihre neue Routine nach dem XYZ-Muster:
  Sobald *sich eine Gelegenheit für positives Feedback bei meinen Mitarbeitenden bietet,*
  gebe *ich ein positives Feedback nach Serkans einfachem Muster*
  und feiere, indem ich *mir innerlich gratuliere.*

DLC-Phase 2: Testen, Lernen, Nachschärfen

Leider verlief Lenas erste Woche Testlauf mit ihrer kleinen neuen Feedback-Routine gar nicht gut. Sie hatte tatsächlich nur dreimal Feedback gegeben, dabei war diese Variante doch so einfach! Woran lag das nur?

Liebe Leserin, lieber Leser, bevor du weiterliest: Was vermutest du?

▶ *Vorsicht Stolperfalle!* Unklarer Ankerpunkt.

Ein unklarer Ankerpunkt wie in Lenas Beispiel macht es unnötig schwer, eine neue Routine zu etablieren. „Sobald sich eine Gelegenheit bietet", ist leider sehr uneindeutig. Wann soll das sein? Der Ankerpunkt, der uns hilft, die Routine zu starten, sollte ganz im Gegenteil klar, eindeutig und gut erkennbar sein. Als Lena das bewusst wird, formuliert sie neu: „Wenn ich ein 1:1-Mitarbeitergespräch vorbereite, formuliere ich mindestens ein positives Feedback im Voraus und starte damit das Gespräch." Da Lena stets sehr strukturiert ihre Mitarbeitergespräche vorbereitet, gelingt es ihr mit diesem neuen Ankerpunkt ab jetzt verlässlich, die neue Routine zu leben.

Die Routine wachsen lassen

Nach der zweiten Woche stellt Lena fest, dass sie nun immer öfter spontan gegenüber ihren Mitarbeitenden, aber auch gegenüber anderen Kollegen und Freunden ein positives Feedback ausspricht. Eine Kollegin hat sich sogar bereits inspirieren lassen und das Verhalten übernommen. Jetzt fühlt sich Lena bereit, ihre Routine weiter wachsen zu lassen und will auch Feedback geben, wenn sie Verbesserungsbedarf sieht.

Motivationshoch nutzen

Lena nutzt ihr Motivationshoch und arbeitet nochmals ihre Unterlagen vom Feedback-Training durch. Bisher konnte sie sich dazu nicht motivieren, doch nun, da sie mit DLC die ersten Schritte hin zu ihrem Ziel getan hat, macht sie das mit der Zuversicht, wirklich etwas erreichen zu können. Im Anschluss passt sie ihr Rezept wie folgt an:

Wenn *ich ein 1:1-Mitarbeitergespräch vorbereite* (X),
formuliere ich mindestens ein positives und ein konstruktiv-negatives Feedback (Y)
und feiere, indem ich *mir innerlich gratuliere* (Z).

Am Ende der dritten Woche sieht sich Lena auf einem guten Weg. Es ist ihr in fast allen ihren Mitarbeitergesprächen gelungen, ein positives sowie ein konstruktiv-negatives Feedback auszusprechen. Die Gespräche verliefen alle gut und sie hatte den Eindruck, ihren Mitarbeitenden endlich eine gute Unterstützung durch das Aussprechen ihrer Wahrnehmung zu geben. Sie hatte ihre Mitarbeitenden auch gebeten, ihr umgekehrt Feedback zu geben, und war schon gespannt, ob und welches Feedback sie erhalten würde.

Lena ist mit der Struktur und den Werkzeugen des DLC-Ansatzes sehr zufrieden. Doch sind diese auch geeignet, Veränderung im Team oder in einer unternehmensweiten Transformation zu begleiten? Im nächsten Abschnitt erfährst du mehr.

5.3.5   Veränderung im Team und der Organisation

Einige Zeit nach Lenas Lernprozess zum Feedback-Geben wird im Unternehmen eine Kulturwandelinitiative im Rahmen einer *agilen Transformation* ausgerufen. Lenas Kollege Serkan aus der Organisationsentwicklung leitet den Workstream *Kulturwandel* und lädt Lena ein, mitzuarbeiten. Lena ist gerne dabei. Als sie hört, dass *Feedback-Kultur* auch hier ein Thema ist, ist sie Feuer und Flamme und berichtet von ihren Erfahrungen. Doch wie lässt sich der DLC-Ansatz auf eine umfangreiche Transformation und auf die gesamte Organisation übertragen?

Zunächst zum Umfang der Veränderung: Transformationen oder größere Veränderungsinitiativen umfassen nicht nur **ein** neues Verhaltensmuster. Dennoch gelingt Veränderung von Verhalten in kleinen Schritten am besten: So wie der Musikschüler immer wieder einige wenige Tonfolgen oder einfache Lieder bis zu einem guten Niveau übt, bevor er zum nächsten Stück weitergeht, so lernen wir auch neue Verhaltensmuster durch Konzentration auf einige wenige zu einem Zeitpunkt. In der Kata-Methode, die wir im letzten Kapitel kennengelernt haben, wird großen Wert auf diese gute Lernpraxis gelegt und es wird eine ganze Reihe von kurzen Übungsroutinen zum Erlernen der insgesamt komplexen Methode vorgeschlagen. Bei ihrer persönlichen Weiterentwicklung geht Lena ebenso vor: Sie möchte eine gute Führungskraft sein, die ihre Mitarbeitenden in deren Weiterentwicklung unterstützt. Selbstverständlich bedeutet das für Lena mehr als Feedback geben und doch konzentriert sie sich zu einem Zeitpunkt auf das Trainieren dieser **einen** Fähigkeit. Genauso ist es in umfangreichen Transformationsprozessen: Zu viele Anstöße zum Wandel auf einmal führen nur zur Überlastung der Mitarbeitenden und sind weder effektiv noch nachhaltig. Alle Bemühungen bleiben nur an der Oberfläche und versanden oft nach kurzer Zeit. Aus diesem Grund ist der beste Rat auch für umfassende Transformationen, sich zu einem Zeitpunkt auf eine oder wenige neue Verhaltensmuster zu konzentrieren. In diesen kleinen Schritten gelangen wir schneller ans Ziel und schaffen dauerhaften Wandel.

In Lenas Beispiel hat sich das Team entschieden, in der ersten Phase die Einführung von täglichen Stand-up-Meetings anzugehen. Das Thema Feedback-Kultur soll erst in drei Monaten starten. In Lenas eigener Abteilung wird bereits seit einiger Zeit mit täglichen Stand-up-Meetings gearbeitet. Das bringt Lena auf die Idee, in einem Pilotprojekt in ihrer Abteilung Erfahrungen zu sammeln, wie Feedback-Kultur am besten gefördert werden kann.

Im Gegensatz zu Lenas persönlichem Lernprozess gilt es beim Wandel in der Abteilung oder der ganzen Organisation jedoch eines zu beachten: Es geht hier um viele unterschiedliche Menschen, die im Gegensatz zu Lena sicher nicht alle bereits den Wunsch in sich tragen, mehr Feedback zu geben. Der Wandel muss also auf einer anderen Stufe ansetzen: Es muss ein Bewusstsein für das Thema und seinen Nutzen für die Organisation geschaffen werden und dann muss der Wunsch zum Wandel auf individueller Ebene geweckt werden (siehe Abschn. 5.3.2). Um Bewusstsein zu schaffen und den Wunsch zum Wandel zu wecken, will Lena im nächsten Termin der monatlichen Abteilungsrunde zur Feedback-Kultur informieren und inspirieren. Sie will mit den Kollegen ins Gespräch gehen und möglichst viele mit ihrem Enthusiasmus anstecken, indem sie ihre guten Erfahrungen mit Feedback teilt. Damit ist sie schon bei Schritt 2 im Change-Prozess und auf der individuellen Ebene: Die Frage: „Was ist der Nutzen für mich?", kann jeder nur persönlich beantworten und den intrinsischen Wunsch, mehr Feedback zu geben, kann jeder nur für sich selbst entwickeln. Neben ihrem eigenen Bei-spiel setzt Lena vor allem auf Gespräche, um diesen Wunsch zu entfachen.

Im Abteilungsmeeting trifft das Thema auf gemischtes Interesse. Doch zumindest ei-nige Kollegen melden sich direkt für ein Trainingsangebot an. Lena freut sich. Sie kann ein sehr gutes Trainingsprogramm empfehlen und ist sich sicher, dass die Teilnehmenden gute Erfahrungen machen werden und von ihnen berichten werden. Ergänzend zum Feedback-Training bietet Lena einen Workshop zum DLC-Ansatz an, sodass den Teil-nehmenden die eigene Verhaltensänderung leichter fällt.

▶ **Tipp** Konzentriere dich in der ersten Phase der Veränderung auf die Early Adopter, die bereits Lust auf die Veränderung haben. Nachdem sie eigene, gute Erfahrungen mit der Veränderung gesammelt haben, werden sie zu Change Agents – Mitstreitern im Veränderungsprozess.

Neben diesem ersten Impuls in die Organisation will Lena den DLC-Ansatz nutzen, um die Feedback-Kultur für alle in der Abteilung zu fördern, indem sie die neue Routine gut designt. Prinzipiell kann sie genauso vorgehen wie bei ihrer individuellen Veränderung. Zu beachten bleibt, dass nun Menschen mit ganz unterschiedlich ausgeprägten Fähig-keiten zum Thema und mit unterschiedlich ausgeprägter Motivation und Zutrauen in den Veränderungsprozess gehen.

▶ **Jetzt bist du an der Reihe, liebe Leserin, lieber Leser!** Erstelle für Lena ein Konzept, um eine Feedback-Kultur in ihrer Abteilung zu fördern! Nimm dir Stift und Schreib-block zur Hand oder nutze das Übungsheft „Feedbackkultur fördern mit DLC" aus dem Downloadbereich (Code 5.3).

DLC-Phase 1: Ziel, Design, Motivation

1. Schritt
- Wie könnte Lena ihr Ziel klar formulieren?
- Wofür will die Abteilung im Kontext von Lernen, Kultur und Feedback stehen? (Hier musst du eine Annahme treffen. Vielleicht möchtest du an deine Abteilung oder dein Team denken.)
- Formuliere darauf aufbauend die Intention oder das Ziel.

Notiere deinen Vorschlag.

Abb. 5.7 Brainstorming der zielführenden Verhaltensweisen: Feedback-Kultur. (Quelle: © Sabrina Malter 2024. All Rights Reserved)

2. Schritt
- Welche konkreten Verhaltensweisen bringen Lenas Abteilung einer Feedback-Kultur näher?

Brainstorme Verhaltensweisen der Menschen in der Abteilung, die sie einer Feedback-Kultur näherbringen. Übertrage das Schema aus Abb. 5.7 in deine Unterlagen oder nutze die Vorlage im Übungsheft.

3. Schritt
Jetzt geht es an die Auswahl der Verhaltensweise, die für Lenas Abteilung am besten geeignet erscheint. Frage dich:

- Welche der Verhaltensweisen haben vermutlich eine besonders große Wirkung?
- Welche dieser Verhaltensweisen fallen den Mitarbeitenden der Abteilung vermutlich leicht beziehungsweise auf welche haben sie vermutlich Lust?

Übertrage das Schema aus Abb. 5.8 in deine Unterlagen oder nutze die Vorlage im Übungsheft. Sortiere dann die Verhaltensweisen wie oben bei Lenas Beispiel in Schritt 3 beschrieben und wähle eine *goldene Verhaltensweise*: das Verhaltensmuster, das dir am effektivsten scheint und zu dem du oder die Menschen in deinem Umfeld (die Mitarbeitenden aus Lenas Abteilung kannst du ja nicht fragen) am meisten Lust hätten.

▶   **Tipp Andere ins DLC einbinden:** Sobald du DLC für die Praxis in deinem Unternehmen anwendest, wird Schritt 3 etwas umfangreicher. In der Übung arbeitest du nur mit deinen Annahmen, für die Praxis solltest du jedoch mit mindestens fünf wei-

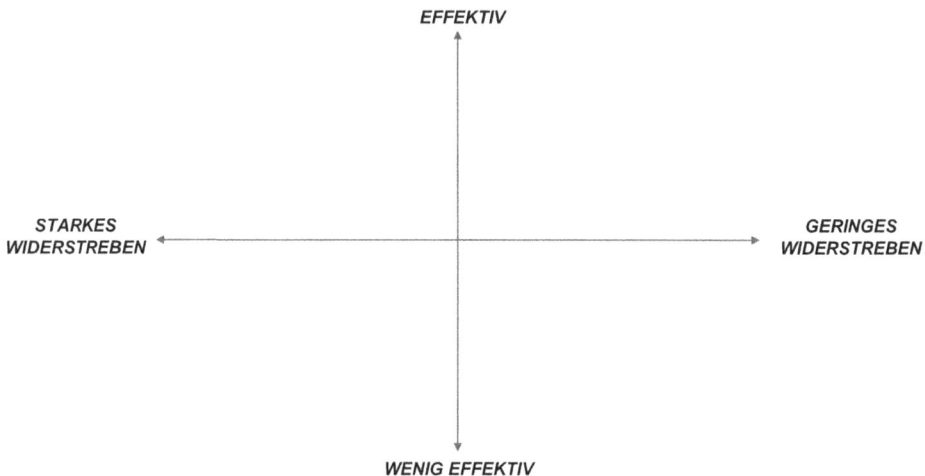

Abb. 5.8 Auswahl der *goldenen Verhaltensweise* nach Fogg (2021)

teren Personen deiner Zielgruppe für das neue Verhalten sprechen und gemeinsam überlegen, welche Verhaltensweisen wohl leichtfallen und welche widerstreben. Achte dabei darauf, dass es sich um unterschiedliche Menschen handelt. Auch deine Annahme zur Wirksamkeit der Verhaltensweisen solltest du mit anderen diskutieren. So gelangst du zu einer besseren Einschätzung. Gleichzeitig lebst du Lernkultur in der Praxis vor: Durch das frühe Einbinden anderer lernt man wesentlich schneller. Doch viele Menschen müssen sich überwinden, zu einem frühen Zeitpunkt mit den eigenen, noch unausgereiften Ideen an andere heranzutreten: Schließlich ist das erste Konzept noch nicht perfekt und man macht sich gegebenenfalls angreifbar. Durch dein Vorleben trägst du zum Wandel in Richtung Lernkultur bei. – Bravo!

4. Schritt
Im 4. Schritt designst du die neue Routine für den Anfang klein und einfach. Damit steigerst du die Chance, dass die Routine von vielen Menschen und häufig angewandt wird.

- Wie könnte eine kleine Routine aussehen, die die Mitarbeitenden für Feedback nutzen können?

Nimm das von dir in Schritt 3 ausgewählte Verhalten und designe dieses einfacher! Einfach kann dabei ganz Unterschiedliches bedeuten: etwa schneller zu erledigen, besser zu merken oder mit geringerer emotionaler Hürde verbunden. Notiere dein verbessertes *goldenes Verhalten*!

5. Schritt
Im 5. Schritt formulierst du die neue Routine nach dem XYZ-Muster:

Wenn … (X),
macht der Mitarbeitende … (Y)
und wird positiv bestärkt, indem … (Z).

Du hast es geschafft: Jetzt kann Lena die erste Testphase starten! Während dieser wird sie Hindernisse beobachten, die einige Mitarbeitende noch von der neuen Routine abhalten. Im nächsten Schritt wird sie die Hindernisse dann strukturiert analysieren. Darauf aufbauend kann Lena das Design ihrer Routine immer wieder nachschärfen, bis sie Schritt für Schritt zur dauerhaften Veränderung gelangt.

DLC-Phase 2: Testen, Lernen, Nachschärfen
Nehmen wir an, Lena hat, um die Feedback-Kultur in ihrer Abteilung zu stärken, das folgenden Verhalten für ihre Kolleginnen und Kollegen ausgewählt:
Am Dienstagmorgen, wenn ich die Arbeit beginne (oder zu einem alternativen selbst festgesetzten Zeitpunkt in der Woche; X),
    bereite ich ein Feedback für eine Kollegin oder einen Kollegen vor nach dem Schema:

- Welches Verhalten habe ich beobachtet?
- Welche Wirkung hatte das?
- Diesen Wunsch habe ich für die Zukunft: …
    (beziehungsweise: danke, beim positiven Feedback).

Dieses Feedback gebe ich im Laufe der Woche in einem persönlichen Gespräch (Y).
Ich gratuliere mir innerlich, dass ich Feedback gegeben habe (Z).
Doch nach einer Testphase muss sie feststellen, dass dieses Verhalten kaum von den Mitarbeitenden gelebt wird. Warum nur?
In diesem Fall gilt es zu analysieren, was der neuen Verhaltensweise entgegensteht. Lena kommt dazu mit den Führungskräften zusammen, die sie bereits beim Brainstorming und der Auswahl des neuen Verhaltens unterstützt hatten. Sie beschließen, im Laufe der Woche jeweils bei ihren Mitarbeitenden zu erfragen, was es ihnen leichter machen würde, Feedback zu geben.
Sie erfahren Folgendes: Einige gaben an, einfach keine Zeit im vollgepackten Businessalltag zu finden. Für andere war vor allem die Befürchtung, die Arbeitsbeziehung zu belasten, eine zu hohe Hürde. Eine dritte Gruppe hatte die Aufgabe schlicht immer wieder aus den Augen verloren. Und eine vierte Gruppe fühlte sich in der Feedback-Methode und Gesprächsführung zu unsicher. Die Führungskräfte nahmen sich nun zur Aufgabe, mit ihren Mitarbeitenden diese Hürden anzugehen. Folgende Ansätze probieren sie aus:

Hürde	Nächster Schritt
Keine Zeit	• Design einer verkürzten Feedback-Routine im ersten Schritt
Keine Zeit als Umschreibung für geringe Priorität	• Besprechen, welchen Nutzen Feedback-Geben bringen kann und inwiefern jeder selbst davon profitieren würde

Hürde	Nächster Schritt
Befürchtung, die Arbeitsbeziehung zu belasten	• Design einer „ungefährlichen" Feedback-Routine im ersten Schritt, beispielsweise positives Feedback
Vergessen	• Einen festen Ankerpunkt setzen, an dem Feedback gegeben wird, beispielsweise im morgendlichen Stand-up-Meeting
Methodische Unsicherheit	• Teilnahme am Feedback-Training oder Übung mit dem Vorgesetzten oder einem Kollegen

Als sich das Team um Lena nach einigen Mitarbeitergesprächen wieder trifft, ist die Stimmung im Keller. Machten sie mit ihrer Feedback-Initiative etwas Grundlegendes falsch?

In dieser zweiten Runde Mitarbeitergespräche wollten sie eigentlich an den von den Mitarbeitenden genannten Hürden arbeiten. In den Gesprächen wurde jedoch mehr und mehr Widerstand gegen die Initiative spürbar. Die Mitarbeitenden waren nicht überzeugt: Einerseits sahen die Menschen den Vorbereitungsaufwand, ein unkomfortables Gespräch und das Risiko, Arbeitsbeziehungen zu belasten. Demgegenüber erkannten sie nur einen mäßigen beziehungsweise unsicheren Nutzen für sich selbst als Feedback-Geber. Andererseits fühlten sie sich durch die Feedback-Initiative gedrängt und nicht selbstbestimmt im Feedback-Geben. Einige befürchteten auch, dass ihre Gesprächspartner ein Feedback-Gespräch nur als Teil dieser Initiative sehen und gleich abwinken würden. Im Team Feedback-Kultur können das einige ganz gut verstehen, denn es geht ihnen ähnlich.

▶   Die tiefer liegenden Hindernisse zur Verhaltensänderung werden oft erst in eingehenden Gesprächen und im Zeitverlauf erkennbar.

Das Team überlegt, wie sie am effektivsten weiter vorgehen. Sie suchen nach einer Möglichkeit, wie gute Feedback-Gespräche gefördert werden können und Feedback-Geben nicht als ein Aufdrängen erlebt wird. Nach einiger Diskussion beschließen sie zu ihren Mitarbeitenden mit einem anderen Auftrag zurückzukehren: Sie drehen die Gesprächsinitiation um. Die Mitarbeitenden bekommen den Auftrag, Feedback von drei Kollegen aus dem eigenen und aus zwei anderen Teams einzuholen.

Als das Team sich das nächste Mal trifft, sind sie ein gutes Stück weiter gekommen. Die meisten Mitarbeitenden hatten gerne Feedback-Gespräche erbeten und umgekehrt auch gerne als Feedback-Geber fungiert, nachdem sie von einem Kollegen darum gebeten worden waren. Durch diese andere Gesprächsinitiation fühlte sich Feedback-Geben nun mehr wie die freundliche Unterstützung an, die es ja sein sollte, und der Dank für den Aufwand und die Überwindung, Feedback zu geben, wurde mit ehrlicher Überzeugung ausgesprochen. Die Führungskräfte ermutigen weiterhin dazu, Feedback aktiv anzubieten, doch ohne Druck, und auch das Trainingsangebot bleibt bestehen.

In der Abteilung werden Feedback-Gespräche mehr und mehr zur Normalität. Lena nimmt die Erkenntnisse aus ihrer Abteilung mit in den Workstream *Kulturwandel* der Transformation. Aufbauend darauf wird in den weiteren Abteilungen gleich mit einem verbesserten Design gearbeitet.

Zusammengefasst: Kulturwandel in 5 Schritten

1. Frage dich: Welches **eine** neue Verhaltensmuster bringt euch der angestrebten Kultur näher?
2. Erarbeite mit einem Team, das verschiedene Perspektiven einbringt, ein Konzept nach dem DLC-Ansatz, wie du es für Lenas Thema Feedback-Kultur getan hast.
3. Teste das Konzept in einer oder mehreren Pilotabteilungen und schärfe nach.
4. Nutze das verbesserte Konzept im ganzen Unternehmen.
5. Ermutige Change Agents in den Abteilungen mit dem DLC-Ansatz zu arbeiten und die Veränderung bei Bedarf nachzuschärfen.

Es mag nach einem großen Aufwand klingen, sich im Rahmen einer Transformation nicht nur Gedanken um die erforderlichen Verhaltensmuster zu machen, sondern noch ein Detaillevel tiefer um die Übungsroutinen, um die neuen Verhaltensmuster zu verinnerlichen, und deren Design. Tatsächlich ist diese Vorgehensweise jedoch effektiv und effizient: Sie wirkt und das mit vergleichsweise geringem Aufwand.

Nun sind wir am Ende von Kap. 5 und damit auch am Ende des zweiten Teils dieses Buches angelangt. Du hast im ersten Teil vieles über Lernhaltung und Lernkultur erfahren und sicherlich auch schon einiges ausprobiert und angestoßen. Bleibe unbedingt am Ball – es lohnt sich! Im zweiten Teil hast du drei Methoden des Lernens in der Praxis kennengelernt: den Lernzyklus RIPU, die Lern- und Coaching-Kata und zuletzt den DLC-Ansatz für das Lernen, das Veränderung gelingen lässt. Auch für Kap. 5 gilt, dass ich dir im Rahmen dieses Buches nur einen Einstieg in Methoden und Ansätze bieten kann. Tiefer einsteigen kannst du mit den weiterführenden Literaturempfehlungen. Wirklich lernen wirst du die Methoden und Ansätze alle nur in der Praxis: Übung macht den Meister! Falls du bisher noch keinen Sparringspartner hast, mit dem du die Methoden ausprobieren willst, ist jetzt ein guter Zeitpunkt, jemanden anzusprechen!

Das Wichtigste in Kürze

- Sowohl persönliche als auch organisatorische Veränderungsvorhaben scheitern häufig. Ein Grund dafür ist, dass der Lernprozess, den es zum Erlernen neuer Verhaltensmuster braucht, nicht bewusst gestaltet wird.
- Veränderung gelingt leichter, wenn (1) wir in einer Haltung des Lernens und der Veränderung sind, (2) die Veränderung mit für uns bedeutsamen Werten und Zielen verbunden ist und (3) der Lernprozess zum neuen Verhaltensmuster gut designt und immer wieder nachgeschärft wird.
- Die Früchte neuer Routinen reifen mit Zeitverzug. Zu Beginn ist deshalb die bewusste Unterstützung durch einen Sparringspartner, einen Coach oder die Führungskraft ideal, um zu motivieren und zu ermutigen.
- Veränderung kann durch einen guten Lernprozess nach dem Design-Learn-Change-Ansatz (DLC) leichter und dauerhaft gelingen. Dieser besteht aus zwei Phasen:

Phase 1:

1. Reflektieren und Ziel formulieren
2. Brainstorming von Verhaltensweisen, die dem Ziel näherbringen
3. Auswahl der „besten" Verhaltensweise
4. Design der ausgewählten Verhaltensweise
5. XYZ-Verhaltensrezept formulieren
6. Motivation und Zuversicht stärken

Phase 2:

1. Testlauf
2. Reflektieren und Hindernisse analysieren
3. Nachschärfen
4. Motivation und Zuversicht stärken

DLC-Phase 2 ist iterativ: Es wird immer wieder getestet, reflektiert, analysiert und nachgeschärft – ein Lernzyklus der Veränderung.

5.4   Was jetzt zu tun ist

Genau **jetzt** ist die Zeit, eine neue Routine zu entwickeln, die dir Freude macht und dich zu deinem selbstgesteckten Ziel bringt. Durch die Praxis wirst du dein Verständnis des Design-Lern-Change-Ansatzes vertiefen, sodass du dann gut ausgestattet bist, den Ansatz auch im Businessalltag einzusetzen.

Hier ist deine Checkliste. – Los geht's!

- Wähle ein Ziel, das dir wichtig ist.
- Finde deine Erfolg versprechende Routine und schreibe dein „Rezept".
- Starte deine Testphase und schärfe deine Routine in der DLC-Phase 2 nach!

Einladung zur Reflexion

1. Was hast du aus Lenas Storys zur Sportroutine und zum Feedback-Geben gelernt?
2. Was hast du aus der Übung zur Feedback-Kultur gelernt?
3. Was hast du aus deinem eigenen DLC-Testlauf gelernt?
4. Was ist dein nächster Schritt?

5.5 Bonusmaterial

Code	Titel	Beschreibung
5.1	Brainstorming Handlungsmuster	Template, auf dem du geeignete Handlungsmuster zur Veränderung brainstormen kannst
5.2	Auswahl Handlungsmuster	Template, mit dessen Hilfe du die Handlungsmuster identifizieren kannst, die am besten für die gewünschte Veränderung geeignet sind
5.3	Übungsheft „Feedback-Kultur fördern mit DLC"	Übungsheft für deine Empfehlungen an Lena, um eine Feedback-Kultur in ihrer Abteilung zu fördern, mit Templates und Platz für deine Notizen

Literatur

Ashkenas, R. 2013. Change Management Needs to Change. *Harvard-Business-Review*, 2013/04. https://hbr.org/2013/04/change-management-needs-to-cha. Zugegriffen am 06.03.2024.

Boyatzis, R.E., M. Smith, und E. Van Oosten. 2019. *Helping people change*. Boston: Harvard Business School Publishing.

Fogg, B.J. 2021. *Die Tiny Habits-Methode: Kleine Schritte, große Wirkung*. München: btb-Verlag.

Hiatt, J. 2006. *ADKAR: A model for change in business, government and our community*. Loveland: Prosci Learning Center Publications.

Miller, W. R., und S. Rollnick. 2023. *Motivational interviewing*. New York: Guilford Press.

Rock, D. 2009. Managing with the brain in mind. *strategy+business*, 27 August. http://www.strategy-business.com/article/09306?gko=5df7f. Zugegriffen am 13.04.2024.

Zum Weiterlesen

Boyatzis, Richard E., Melvin Smith, und Ellen Van Oosten. 2019. *Helping people change*. Boston: Harvard Business School Publishing.

Fogg, Brian J. 2021. *Die Tiny Habits-Methode: Kleine Schritte, große Wirkung*. München: btb-Verlag.

Miller, W. R., und Stephen Rollnick. 2023. *Motivational Interviewing*. New York: Guilford Press.

Website des ‚Behavior Design Lab' der Stanford University mit vielen frei zugänglichen Ressourcen zur Behavior-Design-Methode. https://behaviordesign.stanford.edu/. Zugegriffen am 21.04.2024.

Leseempfehlungen zu Change-Management und Change Leadership

Groth, A. 2023. *Führungsstark im Wandel: Change Leadership für das mittlere Management*, 4. Aufl. Frankfurt: Campus.

Hiatt, J. 2006. *ADKAR: A model for change in business, government and our community*. Loveland: Prosci Learning Center Publications.

Lauer, T. 2019. *Change Management: Grundlagen und Erfolgsfaktoren*, 3. Aufl. Berlin: Springer Gabler.

Starker, V., und T. Peschke. 2021. *Hypnosystemische Perspektiven im Change Management: Veränderung steuern in einer volatilen, komplexen und widersprüchlichen Welt*, 2. Aufl. Berlin: Springer Gabler.

Teil III

Lernen in der gesamten Organisation

„Lernen gelingt nicht durch das Lesen von Büchern und Theorien. So erhältst du lediglich Informationen. Echtes Lernen gelingt nur auf einem Weg, und dieser ist, zu handeln."

–Karyn Ross

In Teil 3 gebe ich dir fünf Impulse, wie Unternehmen auf ganz unterschiedliche Art und Weise Lernen in der Organisation fördern. Lernen in der Organisation stärken wir dann, wenn wir das Thema beherzt anpacken und ins Handeln kommen. Es gilt, Neues zu wagen, doch das bedeutet nicht, dass wir alles von Grund auf neu entwickeln müssen. Ein Blick über den Tellerrand ist erlaubt und nützlich. Lass dich inspirieren von den Praxisimpulsen von Roche, Fronius International, Deutscher Telekom, SAP und Bosch und lerne aus guter Praxis, wie du Lernhaltung, Lernkultur und praktische Lernkompetenz stärken kannst.

Erkenne, was du lernen willst: Praxisimpuls Personalisierte Ausbildung bei Roche

6

„*Personalisierte Ausbildung bringt die Selbstlernkompetenz der jungen Menschen einen großen Schritt voran.*"

–Frank Fillinger, Roche Diagnostics GmbH

Zusammenfassung

Auszubildende haben heute ganz unterschiedliche Voraussetzungen, Bedürfnisse und Entwicklungsziele. Auch die Anforderungen der Arbeitswelt ändern sich stetig. Die Ausbildungsabteilung der Roche Diagnostics GmbH in Mannheim hat darum einen besonders innovativen Weg gesucht, um Nachwuchskräfte fit für die Arbeitswelt der Zukunft zu machen – und gefunden. Das einzigartige Konzept nennt sich Personalisierte Ausbildung und wurde bereits von der Dualen Hochschule Baden-Württemberg und von der Industrie- und Handelskammer ausgezeichnet. Im Interview mit Frank Fillinger, Leiter der Kaufmännischen und IT-Ausbildung, und Julia Pollnow, die das Konzept wissenschaftlich begleitet, wird die *Personalisierte Ausbildung* vorgestellt.

Frank Fillinger

Julia Pollnow

Die ersten Kapitel dieses Buches haben die Themen Lernhaltung, Lernkultur und Lernkompetenz in den Blick genommen. Die *Personalisierte Ausbildung* weist einen Weg, all dies in der Praxis voranzubringen – beginnend mit den Auszubildenden als Fundament für das gesamte Unternehmen.

Doch wie können wir mit einer *Personalisierten Ausbildung* eine Haltung des Lernens und eine Lernkultur fördern? Wie können wir junge Menschen dazu befähigen, ihre Lernkompetenz weiterzuentwickeln? Und welche Erfolgsfaktoren und Stolperfallen gilt es zu beachten? Diese und weitere Fragen beantworten Frank Fillinger (Ausbildungsleiter für IT- und kaufmännische Berufe bei der Roche Diagnostics GmbH in Mannheim) und Julia Pollnow (Doktorandin in der Ausbildungsabteilung) im folgenden Interview.

S. Malter: Frank, was war der Anstoß für das Konzept der Personalisierten Ausbildung, *welches du gemeinsam mit Kolleginnen und Kollegen der Ausbildungsabteilung, Auszubildenden und Studierenden entwickelt hast?*

F. Fillinger: Schon vor rund zehn Jahren haben wir festgestellt, dass unser gewohnter innerbetrieblicher Unterricht nicht mehr ideal passte. In den Fächern Englisch und IT beispielsweise waren die Voraussetzungen, die die Azubis mitbrachten, sehr unterschiedlich. Da gab es Berufsanfänger:innen und junge Menschen mit Berufserfahrung, welche mit Lebensmittelpunkt in der Region und auch Geflüchtete, die mit ganz anderen Erfahrungen zu uns kamen. Diese Heterogenität war für uns der Anlass, unsere Ausbildung neu aufzustellen und sie für jeden Azubi individuell zu gestalten. Dabei wollten wir nicht einfach Defizite ausgleichen, sondern alle Azubis unterstützen, ihr Potenzial voll zu entfalten.

S. Malter: Wie kann man sich die Personalisierte Ausbildung *ganz konkret vorstellen?*

F. Fillinger: Eine *Personalisierte Ausbildung* bedeutet, die individuellen Interessen und Bedürfnisse der Azubis zu berücksichtigen. Dazu einige Beispiele: Eine Auszubildende zur Produktionstechnologin entdeckte ihre besondere Begeisterung für *Speicher-programmierte Anlagensteuerung* und vertiefte daraufhin ihr Wissen durch ein entsprechendes Wahlmodul. Ein dual Studierender der Wirtschaftsinformatik erlebte die starke globale Ausrichtung des Business-Alltags im Praxiseinsatz und erkannte: Da will ich kompetenter werden! Deshalb wählte er das Wahlmodul *Intercultural Management* für sich. Einem Auszubildenden zum Mechatroniker wurde im Praxiseinsatz bewusst, dass er an einem selbstsicheren Auftreten arbeiten möchte, und wählte das Wahlmodul *Körper – Stimme – Sprache.*

Die Vermittlung der fachlichen Kenntnisse und Fertigkeiten nach dem Berufsbild bleibt selbstverständlich erhalten. Doch mit unserem ergänzenden Angebot an Wahlmodulen bieten wir die Möglichkeit zum selbstbestimmten Lernen. Somit entwickeln die Azubis zusätzliche Fähigkeiten und vor allem ihre Selbstlernkompetenz. Das Angebot an Wahlmodulen ist stetig gewachsen: Zunächst haben wir innerhalb der Ausbildungsabteilung Angebote für bestimmte Berufsgruppen allen Berufsgruppen geöffnet. In einem weiteren Schritt machten wir das Fortbildungsprogramm für die Mitarbeitenden auch den Auszubildenden zugänglich. Und schließlich finden sich auch auf dem freien Markt viele – häufig kostenfreie – Angebote. Möchte sich aber ein Auszubildender momentan auf die fachliche Ausbildung konzentrieren und entscheidet sich gegen die Belegung von Wahlmodulen, ist dies natürlich auch möglich. Es zeigt sich, dass es keine „One-size-fits-all"-Lösung gibt, sondern auch an diesem Punkt kommt das Besondere der *Personalisierten Ausbildung* zum Tragen: Es wird nach individuell passenden Lernsettings gesucht, die weder überfordern noch einschränken.

S. Malter: Entscheidet der oder die Auszubildende völlig selbstständig über die Gestaltung der eigenen Ausbildung?

F. Fillinger: Das würde unsere Azubis gerade zu Anfang der Ausbildung überfordern. Deshalb beginnen wir etwa erst nach einem halben Jahr Ausbildung mit der sogenannten Portfolio-Arbeit. Die Portfolio-Arbeit besteht aus eigenständiger Reflexion der Azubis zu ihrem Lernprozess sowie aus Portfolio-Gesprächen zwischen Azubis und Ausbilderin oder Ausbilder. Diese Gespräche finden im halbjährlichen Turnus statt. Die Reflexion ihres Lernprozesses beginnen die Azubis eigenständig, unterstützt durch Fragen zu ihren Erfolgen, Herausforderungen, ihrer Lernstrategie und Lernmethoden. Diese Fragen haben wir in einem Portfolio-Bogen zusammengetragen. Damit bereiten sie sich auf das Portfolio-

Gespräch vor. Dort wird diese Reflexion mit der Ausbilderin oder dem Ausbilder besprochen. Gemeinsam finden sie heraus, wo Unterstützung nötig ist und welche Wünsche und Ziele der Azubi hat. Auf dieser Grundlage erstellen sie einen Plan, der die nächsten Schritte der Ausbildung enthält und die Wahlmodule, für die der Azubi sich im Gespräch entschieden hat.

S. Malter: Welche Fähigkeiten werden durch die Personalisierte Ausbildung *besonders entwickelt?*

F. Fillinger: Die Selbstlernkompetenz – und das ist von großer Bedeutung. Denn in der Arbeitswelt verschwinden zunehmend Hierarchien und damit Personen, die einem sagen, was zu tun ist. Gleichzeitig sind zukünftig bedeutsame Kompetenzen heute noch nicht vorhersehbar. Aus diesen beiden Gründen ist es so wichtig, dass die jungen Menschen sich in der Fähigkeit der Selbstreflexion üben und lernen zu erkennen, was sie selbst lernen wollen – was ihren Interessen und Neigungen entspricht und was für ihren Erfolg im Berufsleben wichtig ist. Außerdem trainieren sie, ihre Lernstrategie und Lernmethodik zu hinterfragen und weiterzuentwickeln.

Heute müssen wir im Unternehmen viel stärker als früher eigenverantwortlich arbeiten und uns schnell und eigenständig an neue Anforderungen anpassen. Diese Fähigkeiten entwickeln wir über unser neues Ausbildungskonzept.

S. Malter: Julia, du begleitest die Personalisierte Ausbildung *nun schon seit einiger Zeit – als Masterstudentin und nun auch mit deiner Promotion. Was sind nach deinen Beobachtungen Erfolgsfaktoren und Stolperfallen bei der Umsetzung?*

J. Pollnow: Zunächst einmal ändern sich die Rollen der Azubis und der Ausbilder:innen. Sie müssen ihre eigenen, auf klassische Instruktion angelegten Verhaltensmuster teilweise ablegen, um das Konzept erfolgreich zu leben. Konkret bedeutet das beispielsweise, dass Ausbilder:innen den Azubis Hinweise geben, wo diese sich zu möglichen Wahlmodulen informieren können, statt ihnen ein aus ihrer Sicht passendes Wahlmodul vorzuschlagen. Das ist ein anderes Verhaltensmuster als in der klassischen Ausbildung und muss eingeübt werden. Und hier lauert eine Stolperfalle, denn Verhaltensmuster zu ändern, ist kein Selbstläufer.

Für die Ausbilder:innen gibt es deshalb zunächst ein Basistraining, in dem es um die Haltung und das Verständnis für die Themen in den Portfolio-Gesprächen geht. Dazu gehört zum Beispiel, dass die Ausbilder:innen sich darin üben, sich bei den Gesprächen gegenüber den Azubis zurückzunehmen und auch einmal etwas Geduld zu haben, wenn es anfangs noch nicht ganz so läuft wie gewünscht. Ergänzend bieten wir ein Coaching für die Ausbilder:innen an. Dabei werden Portfolio-Gespräche beobachtet und der Ausbilder oder die Ausbilderin erhält im Anschluss ein professionelles Feedback, um die eigene Gesprächskompetenz in der Lernbegleitung weiterzuentwickeln. Außerdem denken wir darüber nach, eine halbjährliche Austauschrunde anzubieten, um voneinander zu lernen und über konkrete Fälle zu diskutieren.

Ebenso benötigen die Azubis zu Beginn oftmals Unterstützung mit ihrer eigenverantwortlichen Rolle im Lernprozess. Die gewonnene Freiheit und Flexibilität kann manche auch überfordern. Dann fällt es den Azubis schwer, sich für ein passendes Wahlmodul zu entscheiden, und sie wünschen sich mehr Orientierung seitens der Ausbilder:innen. Genau diese Eigenverantwortlichkeit im Lernen sollen die Azubis durch die *Personalisierte Ausbildung* für ihr Berufsleben entwickeln. Daher braucht es eine kompetente Lernprozessbegleitung, die auf die individuellen Bedürfnisse der Azubis eingeht und diese bestmöglich zum selbstständigen Handeln ermutigt.

Ein weiterer Erfolgsfaktor ist eine digitale Modulübersicht, die die Azubis als Startpunkt ihrer Suche nach einem passenden Wahlmodul nutzen können. Das bietet sowohl den Azubis Orientierung als auch die Chance für das Unternehmen, Inhalte zu platzieren, die betrieblich besonders relevant sind. Zudem haben sich zusätzliche Veranstaltungen zur *Personalisierten Ausbildung* etabliert, in denen zum Beispiel Kompetenzen im Allgemeinen sowie Future Skills gemeinsam zwischen Ausbilder:innen und Azubis erarbeitet und diskutiert werden.

S. Malter: Sicher sind jetzt viele Leserinnen und Leser neugierig geworden und möchten gerne mehr über die Personalisierte Ausbildung *erfahren. Gibt es dazu Möglichkeiten?*

F. Fillinger: Wir sind tatsächlich gerade dabei, ein Handbuch zu verfassen, um anderen Unternehmen zu ermöglichen, unser Konzept zu adaptieren. Im Januar 2023 haben wir außerdem die Promotion an Julia vergeben, die über die nächsten vier Jahre unser Konzept noch einmal evaluiert. Wenn interessierte Betriebe in Richtung *Personalisierte Ausbildung* gehen wollen, können wir uns durchaus einen Austausch vorstellen. Man muss einfach nur den ersten Schritt gehen. So haben auch wir angefangen.

S. Malter: Herzlichen Dank für das Gespräch, Julia und Frank!

Das Wichtigste in Kürze
- *Personalisierte Ausbildung* stärkt die Fähigkeiten der Auszubildenden und Studierenden zur Selbstreflexion und zum eigenständigen Lernen.
- Der Lernzyklus aus Reflexion, Ziel setzen, Plan, Umsetzung und wieder Reflexion wird eingeübt und über den Ausbildungszeitraum verinnerlicht. Dabei kommt der Reflexion die nötige Tiefe zu.
- *Personalisierte Ausbildung* bereitet junge Menschen mit unterschiedlichen Bildungshintergründen und Erfahrungswelten auf die Anforderungen in der Arbeitswelt der Zukunft vor, in der Selbstlernkompetenz und Anpassungsfähigkeit wichtiger denn je sind.
- *Personalisierte Ausbildung* bringt eine veränderte Rolle der Ausbilder:innen mit sich. Sie fungieren stärker als Lern-Coach und belassen mehr Eigenverantwortung bei den Auszubildenden. Dazu braucht es von allen Seiten eine andere Haltung und andere Verhaltensmuster als in der klassischen Ausbildung.

Einladung zur Reflexion

1. Welche Aspekte der *Personalisierten Ausbildung* klingen für dich besonders interessant? Warum?
2. Wie könnte dein Unternehmen von einer *Personalisierten Ausbildung* profitieren?
3. Was könnte ein erster Schritt sein, um in deinem Unternehmen in Richtung *Personalisierte Ausbildung* zu experimentieren?

Zum Weiterlesen

Pollnow, Julia et al. 2023. Arbeitswelt 4.0, Diversität und Generation Z: Die „Personalisierte Ausbildung" als Orientierungsrahmen für Akteure der betrieblichen Ausbildungspraxis auf dem Weg zu einer zukunfts- und diversitätsorientierten Berufsausbildung – Erfahrungen, Hindernisse und Impulse. Erschienen im Online-Magazin bwp@ Berufs- und Wirtschaftspädagogik – online, Ausgabe 45, S. 1–26. https://www.bwpat.de/ausgabe45/pollnow_etal_bwpat45.pdf. Zugegriffen am 24.04.2024.

Einen Schritt nach dem anderen: Praxisimpuls Improvement Kata und Coaching Kata bei Fronius

> *„Improvement und Coaching Kata stärken die Fähigkeit der Mitarbeitenden, eigenständig Probleme zu lösen und Ziele zu erreichen – basierend auf den Grundzügen des wissenschaftlichen Denkens und Experimentierens."*
>
> *–Daniel Eckerstorfer, Fronius International*

Zusammenfassung

Lernen soll idealerweise nicht parallel zur „eigentlichen" Arbeit stattfinden, sondern deren integraler Bestandteil sein. So wird das bei Fronius International gelebt: Dort kommt in mehreren Unternehmensbereichen die Kata-Methode zum Einsatz, um Ziele zu erreichen und Probleme zu lösen. Doch Kata ist nicht nur eine Methode zum Ziele-Erreichen und Problemlösen: Kata fördert auch eine Kultur des Lernens. Im Interview gibt Daniel Eckerstorfer von Fronius International Einblicke in ihr Konzept, die Kata-Methode einzusetzen, und ihre Erfahrungen aus der Praxis.

Daniel Eckerstorfer

Fronius International ist ein Familienunternehmen mit Hauptsitz in Österreich. Das Unternehmen entwickelt und realisiert innovative Methoden zur Kontrolle und Steuerung von Energie für Schweißtechnik, Photovoltaik und Batterieladetechnik. Es ist weltweit an 37 Standorten tätig und beschäftigt mehr als 7000 Mitarbeitende.

Am Standort Sattledt startete Fronius International im Jahr 2015 mit der Einführung des Kata-Methoden-Duos. Seitdem geht das Unternehmen mit der *Improvement Kata und Coaching Kata* im Arbeitsalltag den Weg des fortlaufenden Lernens. Dabei findet das Lernen nicht parallel zur „eigentlichen" Arbeit statt, sondern ist integraler Bestandteil beim Erreichen der Ziele und Lösen von Problemen. Lean-Manager Daniel Eckerstorfer begleitete die Einführung und Verankerung im Unternehmen. Im Interview lässt er uns an seiner Erfahrung teilhaben und erklärt, wie dieser Weg bis heute aussieht.

S. Malter: Mit welchem Ziel habt ihr bei Fronius Kata eingeführt? Was war euer Antrieb?

D. Eckerstorfer: Unser Antrieb bestand damals wie heute darin, die Fähigkeit unserer Mitarbeitenden zu stärken, selbst nachhaltig Probleme zu lösen und Abläufe zu verbessern – und zwar basierend auf Zahlen, Daten und Fakten. Da wir bereits absehen konnten, dass Fronius International stark wachsen wird, legten wir besonderen Wert darauf, unsere Verbesserungskultur zu optimieren. Unser Anliegen war und ist es noch immer, dass wir mehr Problemlöse-Kapazität haben als Probleme. Darüber hinaus wollten wir ein tieferes Verständnis für Prozesse und Hindernisse schaffen.

S. Malter: Wie kann ich mir die Arbeit mit Kata konkret vorstellen?

D. Eckerstorfer: Kata kommt bei uns bei verschiedenen Anlässen zum Einsatz. Startpunkt eines Kata-Coachings kann die Initiative einer Führungskraft sein, ein Verbesserungsziel, das wir aus unserem Strategieprozess ableiten, oder eine konkrete Abweichung in der Produktion, die wir künftig vermeiden wollen.

Der Ablauf dabei ist genau festgelegt. Dann kommen Coach und Mentee zusammen und bearbeiten die Verbesserung.

Die Coach-Rolle übernimmt die Führungskraft, Mentee ist einer ihrer Mitarbeitenden. Für beide Rollen ist ein achtstündiges Kata-Basis-Training Voraussetzung. Zu Beginn des Coachings wird der Zielzustand definiert. Das bedeutet, es wird nicht nur ein Ergebnisziel formuliert, sondern auch ein Prozessziel, sodass der Prozess das angestrebte Ergebnis verlässlich liefert. Dann finden regelmäßige Kata-Coachings statt, die dem Mentee helfen, seinem Ziel Schritt für Schritt näher zu kommen. Die einzelnen Coaching-Termine dauern etwa 15–20 min und finden in einer Frequenz statt, die auf den Prozess, der bearbeitet wird, abgestimmt ist. Bei vielen Produktionsprozessen ist die Prozessdauer recht kurz, sodass etwa alle zwei Arbeitstage ein Coaching möglich ist. In administrativen Bereichen sind die Prozesszeiten oft deutlich länger. Dann treffen sich Coach und Mentee in der Regel wöchentlich zum Coaching.

S. Malter: Nutzt ihr Kata nur in bestimmten Unternehmensbereichen wie der Produktion oder unternehmensweit?

D. Eckerstorfer: Wir haben in der Produktion gestartet, nutzen Kata aber teilweise auch im administrativen Bereich wie in der Personalverrechnung, Facility-Management sowie Research und Development. Dort dauern die Prozesse im Gegensatz zum operativen Bereich oft mehrere Tage, sodass wir vielleicht nur ein Experiment pro Woche in einem Prozess durchführen können. Darauf mussten wir uns im Design der Experimente einstellen. Erfolgreich einsetzen lässt sich Kata jedoch auch hier.

S. Malter: Was bringt euch Kata? Wo ist eine Veränderung besonders spürbar?

D. Eckerstorfer: Der Nutzen ist vielfältig. Einerseits haben wir in den Jahren seit der Einführung mehr als 400 Verbesserungsaktivitäten mit Kata durchgeführt und damit die Prozesse optimiert. Andererseits haben wir beobachtet, dass das Arbeitsverhältnis zwischen der Führungskraft und den Mitarbeitenden von Kata-Coaching enorm profitieren kann, indem Führungs-Skills gestärkt werden. Unsere CEO, Elisabeth Engelbrechtsmüller-Strauß, formulierte ihre Erfahrungen aus der Kata-Coaching-Rolle so: „Ich habe vieles gelernt: mehr zuzuhören, bessere Fragen zu stellen und geduldiger zu sein. Es hilft mir, die aktuelle Situation zu verstehen und die Perspektive von anderen einzunehmen." Im Umgang und im Führungsverhalten der Leitungsebene ist eine Veränderung spürbar: Sie fordern vermehrt Zahlen, Daten, Fakten und auch das Definieren von Zielzuständen – also den Fokus auf den Prozess – von ihren Mitarbeitenden ein.

S. Malter: Wie nehmen die Mitarbeitenden Kata an?

D. Eckerstorfer: Die Mitarbeitenden nehmen – generell gesprochen – Kata dann gut an, wenn sie merken, dass die Führungskraft das schätzt und ernst nimmt. Das heißt, wenn sie die Methode vorlebt und immer wieder thematisiert. Zu Beginn ist es aus unserer Erfahrung sinnvoll, Training und Anwendung von Kata verpflichtend zu gestalten. Haben Mitarbeitende den Nutzen für sich selbst noch nicht klar erkannt, kann es beim Managementwechsel zu Schwierigkeiten kommen. Falls der oder die neue Vorgesetzte Kata nicht kennt und nicht einfordert, können sich Mitarbeitende von der Methode abwenden.

S. Malter: Wie trainiert ihr Mitarbeitende in Kata? Worauf muss man besonders achten?

D. Eckerstorfer: Wir trainieren unsere Mitarbeitenden in vier Stufen:

1. Stufe 1 ist ein zweistündiges Awareness-Training, in dem vermittelt wird, worum es in der Methoden-Duo-Kata geht.
2. Stufe 2 ist ein achtstündiges Grundlagentraining.
3. Darauf aufbauend beginnt in der 3. Stufe das Coaching in der Praxis. Dieses wird von einem 2. Coach (zweiter, erfahrener Coach) begleitet. Der 2. Coach gibt dem neuen Coach konstruktives Feedback zur weiteren Verbesserung seiner Coaching-Skills. Die 2. Coaches werden darauf in speziellen Feedback-Trainings vorbereitet.
4. Nach einiger Praxiserfahrung im Coaching folgt in Stufe 4 die Weiterentwicklung in Coaching-Lerngruppen mit mehreren dreistündigen praktischen Übungseinheiten, in denen typische Coaching-Situationen trainiert werden. Für die angehenden Mentees folgt bei Bedarf ein Training zur Vertiefung der Problemlösekompetenz.

S. Malter: Wie ist euch die Einführung von Kata gelungen? Gab es Hürden zu überwinden?

D. Eckerstorfer: Mit externer Unterstützung haben wir das Thema näher kennengelernt und konnten das obere Management von Kata überzeugen. Somit konnten wir die erste Pilotphase starten. Für den Erfolg dabei war es wesentlich, dass das obere Management einerseits als Vorbild vorangegangen ist und andererseits die Durchführung von Kata eingefordert hat.

Natürlich gab es am Anfang auch viel Skepsis. Wie in jedem florierenden Unternehmen waren die Mitarbeitenden und die Führungsebene mit ihrem regulären Arbeitspensum gut beschäftigt. Woher sollten sie die Zeit zum Kata-Coaching nehmen? Nur indem das obere Management Kata für sich selbst priorisierte und vorlebte, haben wir langsam ein Umdenken bewirkt. Nach und nach sickerte die Botschaft in die Belegschaft: Wenn sich das obere Management Zeit für Kata nehmen kann, dann doch wohl auch alle anderen. Noch heute ist es ein wichtiger Erfolgsfaktor, dass die Führungsmannschaft Kata eine hohe Priorität einräumt, sodass die geplanten Kata-Challenges durchgezogen werden. Nur so können Erfolge sichtbar werden und zu Leuchttürmen, die bei anderen Mitarbeitenden und Abteilungen den Appetit auf Kata wecken.

Trotzdem gab es zu Beginn noch ein paar andere Hürden. Die Coaches hatten zu Beginn wenig Erfahrung im Coachen und so bremsten sie ihre Mentees teilweise nicht, sich zu viel auf einmal vorzunehmen. Das führte dann natürlich zu einer Überforderung. Außerdem hatten wir zu Beginn oft nicht die idealen Daten zur Verfügung, um die Ergebniskennzahl und Prozesskennzahl im Rahmen des Kata-Coachings zu definieren, was es für die ungeübten Coaching-Teams noch herausfordernder machte.

Mittlerweile haben wir jedoch gute Standards entwickelt, eine einheitliche Datenbank und ein leicht zugängliches System, wo die bestehenden Coachings verwaltet werden können. Außerdem haben wir eine Trainingsstruktur aufgebaut, um den Coaches und den Mentees die Methodik näherzubringen. Das ist grundlegend für den Erfolg von Kata.

S. Malter: Gab es vor der Einführung von Kata Bedenken? Inwiefern haben sich diese Bedenken heute bewahrheitet oder zerstreut?

D. Eckerstorfer: Ja, die gab es teilweise. Einige Mitarbeitende fürchteten durch die neuen Prozesse einen zu großen Aufwand und eine zusätzliche Belastung. Darum ist es so wichtig, deutlich zu machen, dass wir mit Kata nicht mehr Aufgaben schaffen, sondern die bestehenden Aufgaben mit einer anderen Systematik bearbeiten. Das kann auf lange Sicht sogar entlasten.

Ein Kollege unter den Führungskräften war zu Beginn ebenfalls sehr skeptisch. Dieser ist nun erfreulicherweise einer der größten Verfechter und Unterstützer von Kata.

S. Malter: Wie kam es zu diesem Sinneswandel?

D. Eckerstorfer: Ganz einfach: Die Erfolge des Kata-Coachings überzeugen. In der mechanischen Fertigung von Fronius erlebte diese Führungskraft die positive Wirkung des Kata-Coachings selbst mit. In seinem Bereich wurde 2017 täglich Kata-Coaching über einen längeren Zeitraum betrieben. Dadurch konnte das Team eine deutliche Senkung der Störfälle und Störzeiten an der betroffenen Anlage erreichen. Bis Februar 2019 sanken sie sogar um drei Viertel. Das Resultat beeindruckte alle: Die internen Nacharbeitskosten sanken um 15 %, die Mitarbeitenden freuten sich über die Arbeitserleichterung an der Anlage und die Durchlaufzeit reduzierte sich.

Die zunächst skeptische Führungskraft zieht heute folgendes Resümee über Kata: *„Kata ist eines der besten Werkzeuge, das wir bei Fronius haben. Durch die intensive Beschäftigung mit den Prozessen und einer stärkeren Zusammenarbeit zwischen der Führungskraft und den Mitarbeitern vor Ort können in kleinen Schritten große Errungenschaften erzielt werden. Das Wissen und die Erfahrungen der Mitarbeiter werden direkt in den Verbesserungsprozess einbezogen. Das ermöglicht eine nachhaltige Lösung der Probleme.“*

S. Malter: Welche Hilfe von außen habt ihr in Anspruch genommen, um den Prozess anzustoßen oder zu begleiten?

D. Eckerstorfer: Ein wichtiger Punkt, um vor allem das obere Management zu überzeugen, war zum einen ein intensiver Austausch mit anderen Firmen, die Kata bereits eingeführt hatten. Durch die Vernetzung konnten wir viel Skepsis und Abwehrhaltung abbauen. Darüber hinaus erlebten wir es als sehr positiv, dass das obere Management externe Kata-Trainings und -Veranstaltungen besuchte. Damit erlangten die oberen Führungskräfte ein tieferes Verständnis, was durch Kata erreicht werden kann, aber auch wo die Grenzen von Kata liegen.

S. Malter: Was empfiehlt ihr einem Unternehmen, das Kata einführen oder für sich testen will?

D. Eckerstorfer: Da fallen mir spontan vier Empfehlungen ein:

1) Nehmt euch erfahrene Unterstützung von außen dazu.
2) Schult die Mitarbeitenden im Thema Kata, um das Grundverständnis und somit eine gute Basis zu schaffen.
3) Arbeitet mit internen 2. Coaches.
4) Und ganz wichtig: Stellt die Unterstützung durch die Unternehmensleitung und das Management von Beginn an und fortlaufend sicher.

S. Malter: Und was rätst du einer Führungskraft, die Kata spannend findet, aber erst noch Überzeugungsarbeit leisten muss?

D. Eckerstorfer: Ihr empfehle ich vor allem, zuerst ein externes Training zu absolvieren. Dadurch wächst zum einen die Methodenkenntnis und zum anderen wird ein Kata-Netzwerk aufgebaut, auf das bei Bedarf zurückgegriffen werden kann. Auch Kata-Konferenzen und -Veranstaltungen können hilfreich sein, um mit unterschiedlichen Kata-Expertinnen und -Experten ins Gespräch zu kommen. Sogar ein Blick auf YouTube lohnt sich: Dort gibt es sehr viele hilfreiche Videos, die einem beim Start unterstützen können. Ein Muss ist außerdem das Buch von Mike Rother *Die Kata des Weltmarktführers*.

Wenn die konkrete Überlegung besteht, Kata im Unternehmen einzuführen, dann empfiehlt sich eine externe Beratung, die die Methode dem oberen Management näherbringt. Danach kann eine Pilotphase in Begleitung von außen folgen. Ist das erfolgreich, können die Beteiligten die Ergebnisse nutzen, um Kata im Unternehmen systematisch zu verankern.

S. Malter: Lieber Daniel, ich bedanke mich ganz herzlich für das Gespräch!

Das Wichtigste in Kürze
- Kata stärkt die Fähigkeit der Mitarbeitenden, im Geiste des wissenschaftlichen Denkens und Experimentierens zu lernen, Probleme zu lösen und Ziele zu erreichen.
- Die Praxis der Coaching-Kata hilft besser zuzuhören, stärkere Fragen zu stellen und die Perspektive der Mentees (der Lernenden) zu verstehen.
- Bei der Einführung ist ein fundiertes, gut durchdachtes Trainingskonzept wichtig.
- Die Unterstützung des Managements trägt wesentlich zum Erfolg der Methode bei.

1. Welchen Nutzen kann die Einführung von Kata in deinem Unternehmen bringen?
2. Wie könnte der erste Schritt aussehen, um in deinem Unternehmen, in deinem Team mit Kata zu experimentieren?
3. Welche Unterstützung brauchst du dazu?

Zum Weiterlesen

Rother, Mike. 2013. *Die Kata des Weltmarktführers: Toyotas Erfolgsmethoden*. Frankfurt a. M.: Campus.
———. 2019. *Das KATA Praxishandbuch*. Herrieden: Deutscher Management Verlag.
Weitere Leseempfehlungen zu Kata findest du außerdem am Ende von Kap. 4.

Informelles Peer-to-Peer-Lernen: Praxisimpuls Learning from Experts bei der Deutschen Telekom

8

„Informelles Peer-to-Peer-Lernen bringt die Lernkultur voran."

–Shakil Awan, Deutsche Telekom

Zusammenfassung

In einer starken Lernkultur wird Wissen quer durch die Organisation und mit allen Interessierten geteilt, Menschen werden in ihrer Expertise sichtbar und Verbindungen zur Zusammenarbeit werden geschaffen. Ganz in diesem Sinne wuchs bei der Deutschen Telekom aus einer zunächst kleinen Initiative die Lern-Community und Lernplattform „Learning from Experts" auf 20.000 Mitglieder und ein Vielfaches an Nutzern. LEX bringt informelles, selbstorganisiertes Peer-to-Peer-Lernen auf ein außergewöhnlich hohes Niveau. Im Interview mit Shakil Awan von der Deutschen Telekom erfährst du mehr.

Shakil Awan

Was zeichnet eine starke Lern-Community und eine wertstiftende Lernplattform aus? Wie gestaltet man beides im Unternehmen und wie gelingt es, dass beides von den Mitarbeitenden angenommen wird und wächst? Über diese und weitere Fragen habe ich mit Shakil Awan gesprochen, der die Lern-Community und Lernplattform „Learning from Experts" (LEX) der Deutschen Telekom 2017 ins Leben gerufen hat und seither verantwortet.

S. Malter: Shakil, wofür steht LEX – Learning from Experts?

S. Awan: LEX ist die größte informelle Lern-Community und Lernplattform innerhalb der Deutschen Telekom mit über 20.000 Mitgliedern. Mit LEX teilen wir Wissen und machen Expertinnen und Experten im Unternehmen sichtbar.

Folgende Formate und Services bieten wir:

1) Lernsessions,
2) Videoangebote,
3) themenbasierte Communitys (Lernen & Austausch),
4) LEX-Expertenliste.

Die Lernsessions sind überwiegend virtuell, mit einem zeitlichen Umfang von in der Regel 30–60 min. Die Vielfältigkeit der Themen – IT, KI, Führungsthemen, Soft Skills, Projektmanagement bis hin zu Resilienz, Achtsamkeit und Yoga – regelt sich über das Angebot unserer Expertinnen und Experten und die Nachfrage der Teilnehmenden. Neben den virtuellen Session gibt es Angebote vor Ort, wie etwa einen sehr beliebten Selbstverteidigungskurs, Sketchnoting, Fotografieren und Tanzen. Alle diese Lernangebote sind offene Sessions, zu denen sich Mitarbeitende ohne vorherige Genehmigung, ohne weiteren Prozess und ohne Kostenbeitrag anmelden können. Darüber hinaus umfasst unser Videoportal heute über 2100 Videos. Dort finden die Mitarbeitenden Lernvideos und Mitschnitte von LEX-Sessions.

In weit über 100 Communitys zu verschiedensten Themen können die Mitarbeitenden schnell und unkompliziert Hilfe bekommen, sich austauschen oder anderen helfen. Aktuell hat die größte Community (KI) über 1700 Mitglieder.

Die LEX-Expertenliste bietet einen Überblick über unternehmensinterne Expertinnen und Experten auf einer Vielzahl von Gebieten. Diese werden in ihrer Expertise sichtbar und signalisieren ihre Ansprechbarkeit. Die Expertenliste fungiert als eine Art digitaler Businessmarktplatz und erleichtert den Wissenstransfer und die Zusammenarbeit im Unternehmen. Aus dieser Idee heraus, die Expertinnen und Experten innerhalb des Unternehmens auffindbar zu machen, ist LEX ursprünglich entstanden und dieser Baustein ist immer noch Gold wert.

S. Malter: Darüber möchte ich gerne mehr erfahren: Wie ist LEX entstanden?

S. Awan: Aus einer kleinen Idee ist LEX zunächst nur für eine Handvoll Menschen entstanden. Der Grundgedanke war, einfach und unkompliziert einen Überblick zu schaffen, wer mit einer bestimmten Expertise weiterhelfen kann und wie man diese Expertin oder diesen Experten kontaktieren kann. Zu Anfang gab es eine Liste, um Experten zu einem Thema zu finden oder sich selbst mit den eigenen Expertisen einzutragen. Später kamen die weiteren genannten Lern- und Austauschformate hinzu.

S. Malter: Wie viele Personen umfasste diese geschlossene Gruppe?

S. Awan: Am Anfang etwa 30 Personen. Heute haben wir mehr als 20.000 Mitglieder in dieser offenen Community. Ich bin jeden Tag aufs Neue begeistert und beeindruckt zugleich, wie erfolgreich LEX seit dem Start ist. Wir entwickeln LEX weiter, probieren neue Dinge aus, scheitern auch mal und lernen dazu.

S. Malter: Wie gelingt es, eine unternehmensinterne Community dieser Größe aufzubauen?

S. Awan: Hinter dem Erfolg von LEX steckt die Energie vieler Menschen, die zum Erfolg beitragen. Der Anfang war durchaus herausfordernd. Doch weil wir von unserer Idee überzeugt waren, konnten wir letztlich immer mehr Menschen dafür begeistern, mitzumachen.

Der größte Sprung gelang uns schließlich 2018 auf der öffentlichen Vorstandssitzung der Deutschen Telekom, wo ich LEX vor großem Publikum vorstellen konnte: Unsere Bekanntheit stieg und damit unsere Reichweite. Seit diesem Zeitpunkt gibt es auch das freiwillige LEX-Team, das gemeinsam mit mir das LEX proaktiv managt.

S. Malter: Inwiefern beeinflusst LEX die Lernkultur im Unternehmen?

S. Awan: Durch LEX ist es für die Mitarbeitenden sehr einfach, Neues zu lernen: Einerseits kann man gezielt nach bestimmten Themen suchen, nach Sessions zum Thema und nach passenden Expertinnen und Experten. Andererseits kann LEX auch genutzt werden, um regelmäßig etwas Neues zu lernen. Beide Wege gestalten wir den Mitarbeitenden bewusst sehr einfach: Die Sessionliste ist leicht und schnell auffindbar, die Anmeldung ist sehr einfach, mit wenigen Klicks und ohne Genehmigungsprozess. Dadurch kann Lernen mit LEX zu einer wertstiftenden Routine werden und mitprägen, wie wir im Unternehmen lernen. LEX ist allerdings mehr als nur Lernen: Es geht um das Teilen, das Geben und Nehmen, es geht um das Miteinander und Vernetzen, es geht um Vertrauen und es geht –

wie ganz am Anfang – um den Mut: den Mut des Einzelnen mit dem Lernen, dem Teilen von Wissen und dem Vernetzen zu beginnen.

Neben dem bereichernden Mit- und Voneinander-Lernen bringt LEX auch Spaß, wir spüren das Interesse und die Wertschätzung aus der Community. Das Angebot wächst, auch weil immer mehr Mitarbeitende eigeninitiativ gerne ihr Wissen teilen. LEX lebt von dieser intrinsischen Motivation.

S. Malter: Welchen Nutzen bringt es den Expertinnen und Experten, bei LEX mit-zumachen?

S. Awan: Sichtbarkeit in ihrer Expertise, die Gelegenheit, anderen etwas mitzugeben, Wertschätzung sowie die eigene Weiterentwicklung. Durch das Aufbereiten und Vermitteln lernen wir nochmals viel zu unserem Thema: Wir durchdringen es. So vertiefen die Expertin-nen und Experten ihr Wissen und lernen außerdem, wie sie Wissen didaktisch gut an Interes-sierte bringen. Für einige Experten ist es nicht Bestandteil ihrer alltäglichen Rolle, vor vielen Menschen zu sprechen. Als Experte bei LEX trainieren sie diese Fähigkeit und bekommen mehr Zutrauen. Denn das Zutrauen kommt mit dem Machen. Einige Kollegen haben sich zum Beispiel durch LEX zum Coach weiterentwickelt, nachdem sie gemerkt haben, dass ihnen dieses Vermitteln von Wissen und Begleiten im Lernen liegt und Freude bringt.

Umgekehrt gibt es auch Beispiele von Kollegen, die bereits den Wunsch in sich trugen, sich Richtung Trainer oder Coach zu entwickeln und diesen dann unter anderem durch LEX verwirklichen konnten. Hier muss ich an einen Kollegen aus der Slowakei denken: Er sprach uns an, als wir an seinem Standort LEX vorgestellt haben, und fragte: „Was ist denn Lernen von Experten? Was ist Ziel und Zweck?" Er hat mit uns geteilt, sein Traum wäre, irgendwann hauptberuflich als Excel-Co-Trainer zu arbeiten. Bislang hatte er sein Wissen nur Kollegen vermitteln können, die mit Fragen auf ihn zukamen. Heute – auch dank LEX – hat der Kollege es geschafft, seinen Traum zu verwirklichen.

S. Malter: Was ist der Nutzen für die Teilnehmenden und das Unternehmen?

S. Awan: Die Teilnehmenden profitieren von der Kombination aus qualitativ hoch-wertigen Lernangeboten und einer niedrigen Zugangsschwelle. Wie bereits erwähnt, wer-den keine Kosten verrechnet, es braucht keinen Genehmigungsprozess und auch der Zeit-aufwand ist meist gering: Die typische LEX-Session dauert 30–60 min und wird virtuell aufgesetzt, wodurch keine Wegezeit anfällt. Mit diesem geringen zeitlichen Invest bekom-men die Teilnehmenden sowohl Einblick in ein spannendes Thema und lernen Experten und Ansprechpersonen im Unternehmen kennen.

Für das Unternehmen bedeutet dieses informelle Lernen vor allem eine Bereicherung der formellen Lernangebote. Das vorhandene Wissen in der Belegschaft wird optimal und effizient genutzt. Einen zusätzlichen Nutzen für das Unternehmen und die Teilnehmenden bringen Sessions von ehemaligen Mitarbeitenden.

Und wie schon erwähnt, profitieren die Menschen und das Unternehmen von der Kultur des Teilens, auch über das Lernen hinaus.

S. Malter: Das hört sich großartig an, Shakil! Wenn ich eine Lern-Community wie LEX im Unternehmen aufbauen will: Was sind deine wichtigsten Tipps und wo lauern vielleicht Stolperfallen?

S. Awan: Ich kann folgende Tipps geben:

- Einfach starten. Nicht lange planen und überlegen – mutig sein.
- Ein einfaches und vorhandenes Tool nutzen.
- Ein engagiertes Team formen, das unterstützt.
- Offenes Mindset und Fehlerkultur leben: Es können auch mal Dinge schief gehen. Dann gilt es, daraus zu lernen.

Darüber hinaus ist es wichtig, frühzeitig alle wichtigen Stakeholder einzubinden, wie den Betriebsrat und das Management. Und das alles ist mit viel Arbeit verbunden. Aus meiner Erfahrung gibt es bei solchen Themen keine Selbstorganisation. Es geht nur über engagierte Mitwirkende.

S. Malter: Wie sieht deine Vision für LEX in der Zukunft aus?

S. Awan: Meine Vision für die Zukunft von LEX ist, uns unternehmensübergreifend mit anderen Lern-Communitys zu verbinden. Wir teilen schon jetzt gerne unsere Erfahrungen und das Konzept von LEX mit allen Interessierten – auch außerhalb der Deutschen Telekom. Eine ganze Reihe von Unternehmen hat bereits ähnliche Communitys aufgebaut oder ist gerade dabei. Wenn wir diese Lern-Communitys nun immer mehr vernetzen, gegenseitig Expertinnen und Experten zu Gast haben und gegenseitig Mitarbeitende an den Sessions der anderen Unternehmen teilnehmen – dann können wir zum Nutzen aller unser Angebot noch deutlich ausbauen!

S. Malter: Vielen Dank für das Gespräch, Shakil!

Das Wichtigste in Kürze
- Eine informelle Lern-Community und Lernplattform ergänzen die herkömmlichen Lernangebote im Unternehmen.
- Der Blick über den Tellerrand wird durch ein vielfältiges Angebot und eine niedrige Schwelle, sich anzumelden, verlockend und einfach.
- Expertinnen und Experten werden sichtbar und erhalten Anerkennung. Sie können ihre Fähigkeit als Trainer ausbauen.
- Vernetzung und gegenseitige Unterstützung und Zusammenarbeit werden gefördert.

Einladung zur Reflexion

1. Welchen Nutzen könnten eine informelle Lern-Community und Lernplattform in deinem Unternehmen bringen?
2. Wie könnte der erste Schritt in diese Richtung aussehen?
3. Welche Unterstützung brauchst du dazu?

Lernen vom Blick über den Tellerrand: Praxisimpuls Cross-Company Workshadowing bei SAP

9

> *„Cross-Company Workshadowing fördert das Lernen und erweitert den professionellen Horizont."*
>
> *–Ascha Ahmed, SAP*

Zusammenfassung

Mit dem Cross-Company Workshadowing wurde bei SAP ein besonderes, praktisches Lernangebot geschaffen: Durch den firmenübergreifenden Blick über den Tellerrand und den mehrmonatigen Austausch erweitern die Workshadowing-Partner ihre beruflichen Horizonte. Neue Problemlösungsstrategien und andere Vorgehensweisen bringen Inspiration. Durch den unterstützenden Austausch wird die Reflexionsfähigkeit weiterentwickelt. Nicht zuletzt wird das berufliche Netzwerk auch über das Programm hinaus erweitert.

Ulla Hehl, Ascha Ahmed und Michaela Jakubic (v.l.n.r.)

Dieser Praxisimpuls dreht sich um das *Cross-Company Workshadowing* bei SAP. Das firmenübergreifende Workshadowing ist eine besondere Möglichkeit zum Lernen durch den Blick über den Tellerrand und zum Erweitern der beruflichen Horizonte. Angestoßen durch Ideengeberin Michaela Jakubic (im Bild rechts), haben Ascha Ahmed (in der Bildmitte) und Ulla Hehl (im Bild links) 2021 gemeinsam das *Cross-Company-Workshadowing*-Programm bei SAP entworfen und seither begleitet. Das Unternehmen hatte bereits zuvor ein internes Workshadowing-Programm etabliert, bei welchem man Kolleg:innen über Teams, Abteilungen und Ländergrenzen hinweg in ihren Tagesabläufen begleiten konnte. Im Zuge der Pandemie und damit verbundenen Einschränkungen, wie beispielsweise Reiserestriktionen, wollten sie mit dieser Idee neue Anreize schaffen. In diesem Interview erfährst du, wie das Programm aufgesetzt ist, welchen Nutzen es bringt und welche Erfolgsfaktoren und Stolperfallen Ascha Ahmed und Ulla Hehl aus der Praxis erkannt haben.

S. Malter: Was ist Workshadowing und was ist das Besondere am Cross-Company Workshadowing?

A. Ahmed: Workshadowing ist das Teilen des Arbeitsalltags mit dem Shadowing-Partner. Dabei geht es vor allem darum, zu erleben, wie der Shadowing-Partner in seinem Umfeld agiert, welche Prozesse gelebt werden, welche Tools eingesetzt werden und wie das Umfeld funktioniert. Beim Cross-Company Workshadowing kommt die Besonderheit hinzu, dass die Teilnehmenden einen Mitarbeitenden aus einem anderen Unternehmen begleiten und so lernen. Nachdem die Reisemöglichkeiten im Rahmen unseres unternehmensinternen Workshadowing-Programms aufgrund der Coronapandemie eingeschränkt waren, wollten wir mit dieser Idee neue Anreize zum Lernen schaffen. Ich kann mich noch gut erinnern, wie meine Kolleg:innen Ulla und Michaela, die zu der Zeit für ein kurzes Fellowship mit uns arbeitete, und ich gemeinsam im Call überlegten, wie wir das Programm auch ohne Reisemöglichkeiten attraktiv machen könnten. Die Idee, das Workshadowing über Firmen hinweg zu starten, klang erst einmal ganz schön verrückt, denn wir wussten, dass dies mit einigen Hürden, wie beispielsweise Geheimhaltungsvereinbarungen und der Suche geeigneter Partnerunternehmen, verbunden war. Trotzdem waren wir drei uns einig: Der Vorschlag hatte Potenzial! Michaela wechselte nach Ende ihres Fellowships wieder in ihr Team, während Ulla und ich die Idee weiterverfolgten. Wir haben mit der Rechtsabteilung die Verschwiegenheitserklärung aufgesetzt, dann die Themenbereiche festgelegt, in denen man sich vernetzen kann, und einen Matching-Prozess organisiert. Anschließend sind wir auf andere Unternehmen zugegangen, die wir uns für das Programm vorstellen konnten, und haben dafür beispielsweise über LinkedIn geworben. Dabei waren beispielsweise Unternehmen aus der Pharmaindustrie, der Beratung, der Elektroindustrie und der IT. Außerdem haben wir auch SAP-Partnerunternehmen aus Äthiopien und Kenia gewinnen können.

S. Malter: Wer ist denn die ideale Zielgruppe für Workshadowing?

U. Hehl: Generell sollten Mitarbeitende im Rahmen des Workshadowing Erfahrung und Expertise im jeweiligen Bereich haben, welche sie ihrem weniger erfahrenen Shadowing-Partner demonstrieren. In Bezug auf das Cross-Company-Workshadowing-Programm wollten wir in erster Linie ein Lernangebot schaffen, das für alle Mitarbeitenden unabhängig vom Karrierelevel zugänglich ist. Dabei haben wir uns auf unseren damaligen Vorstandsbereich People & Operations beschränkt, da dieser in unserem Verantwortungsbereich war. Des Weiteren sollten die Mitarbeitenden Expertise in und Interesse an einem von uns festgelegten Fokusbereich mitbringen, um einen Austausch auf Augenhöhe zu ermöglichen. In unserem Programm hatten wir beispielsweise die Themenbereiche Learning, Transformation, Agilität und Technik.

S. Malter: Was ist nach eurer Erfahrung der ideale zeitliche Umfang für Workshadowing?

A. Ahmed: Wir haben unser Cross-Company Workshadowing so aufgesetzt, dass sich die Shadowing-Partner über einen Zeitraum von 5 Monaten wöchentlich oder alle 14 Tage für etwa eine Stunde treffen. Aus der Erfahrung der Teilnehmenden haben wir gelernt, dass regelmäßige wöchentliche Treffen am effektivsten sind, auch wenn es nicht so leicht ist, diese immer möglich zu machen.

S. Malter: Wie habt ihr denn darüber hinaus das Cross-Company-Workshadowing-Programm aufgesetzt?

A. Ahmed: Für die Teilnehmer begann es mit einer Einführung zum Programm, durch die sie einen Überblick über die Grundidee, die Ziele, den Ablauf und die Rahmenbedingungen erhalten haben. Dann folgte der Matching-Prozess. Den haben wir zuletzt – in der dritten Runde und nach einigen Learnings – so aufgesetzt, dass sich die Teilnehmenden innerhalb eines Themenfeldes gegenseitig kennenlernen: Die Namen wurden geteilt, sodass sie die Möglichkeit hatten, sich beispielsweise in den sozialen Businessnetzwerken wie LinkedIn einen ersten Eindruck zu verschaffen, und wir haben virtuelle Kennenlernsessions aufgesetzt, die man sich etwa wie die Speeddatings von Fachexperten auf einer Messe vorstellen kann. Wir haben noch Informationen zu Sprache, Zeitzone und Kapazität der Teilnehmenden bereitgestellt, sodass sie das berücksichtigen konnten. Ansonsten lag das Matching in der Hand der Teilnehmenden. Das war auch nicht immer ganz leicht, doch schlussendlich klappte dieser Ansatz für uns am besten. Noch besser wäre vielleicht eine App, die ähnlich wie eine Dating-App aufgebaut ist und das Matching erleichtert. Das auszutesten, wäre noch spannend!

Zur Halbzeit, nach 10 Wochen, haben wir einen Check-in für alle Shadowing-Tandems angeboten: Es diente einerseits als Checkpunkt, um sicherzustellen, dass alles gut funktioniert und die Partner:innen gut zusammen arbeiten, und außerdem als Gelegenheit zum Austausch der Shadowing-Tandems untereinander. So konnte man erfahren, was in anderen Tandems gut funktioniert und wie andere erfolgreich mit Hindernissen umgehen, und nochmals nachsteuern.

S. Malter: Was motiviert denn die Menschen, am Workshadowing teilzunehmen?

U. Hehl: Die Neugierde, etwas Neues zu lernen, Impulse und Inspirationen von außen zu bekommen, inhaltlicher Austausch und Erleben von Methode, Arbeitsweise und Prozessen im anderen Umfeld. Besonders bereichernd ist es für die Teilnehmenden, tief in die Themen einzusteigen sowie ein Austausch über Stolperstellen und Best Practices im Alltag. Einige Teilnehmende haben uns auch rückgemeldet, dass sie mit ihren Partnern auch über das Shadowing hinaus im Kontakt und im Austausch bleiben wollen. Ein Teilnehmer aus Deutschland hat sogar im Urlaub mit der Familie seinen Shadowing-Partner in Mexiko besucht und die beiden Familien haben eine tolle Zeit miteinander verbracht.

S. Malter: Was habt ihr in den drei bisherigen Runden über das Workshadowing-Programm gelernt?

A. Ahmed: Hier sind unsere drei Key-Take-Aways:

- Das Matching ist das A und O. – Sowohl beruflich als auch persönlich sollten die Shadowing Partner:innen kompatibel sein. Dabei müssen sich die bisherigen Erfahrungen oder Persönlichkeiten natürlich nicht 1:1 decken, aber eine gute Basis an gemeinsamen Interessen hilft, das Beste aus dem Programm herauszuholen.
- Ziele setzen. – Um fokussiert und motiviert zu bleiben, empfehlen wir den Teilnehmenden eines solchen Programms sich klare und verfolgbare Ziele zu setzen, um ihren Lernfortschritt nachvollziehen zu können.
- Offenheit und Neugierde als Grundzutat. – Selbst wir als Organisator:innen haben festgestellt wie wichtig es ist, jeder/m AnsprechpartnerIn mit Offenheit entgegenzutreten, denn „andere Unternehmen, andere Sitten". Das firmenübergreifende Workshadowing kann nur funktionieren, wenn man neuen Perspektiven offen gegenübersteht und neugierig ist Neues auszuprobieren – egal ob Großkonzern oder Start-up, Senior Manager oder Early Talent.

S. Malter: Was waren die Learnings der Teilnehmenden zum Thema Workshadowing? Haben sie Tipps geteilt?

A. Ahmed: Neugierde mitbringen, sich Zeit zu nehmen, einen Teilfokus auf das Programm zu setzen, sodass regelmäßige Termine ernsthaft, mindestens alle zwei Wochen eine Stunde, stattfinden, auf die Wünsche des anderen eingehen sowie seine Ziele sich selbst klar machen und dem anderen mitteilen.

Zwei Teilnehmende, die nach eigener Einschätzung besonders vom Workshadowing profitiert haben, teilten beispielsweise folgenden Tipp: Im ersten Termin haben sie sich ausgetauscht und schriftlich festgehalten, was sie aus dem Workshadowing mitnehmen wollen. Was sind jeweils ihre konkreten Ziele nach den 5 Monaten? Was möchten sie lernen, erleben, gezeigt bekommen? Die beiden haben sich gleich zu Beginn auf wöchentliche Treffen festgelegt und in diesen Terminen haben sie ihre Ziele als eine Art Ablaufplan verwendet: Nacheinander haben sie die Themen, zu denen sie etwas lernen wollten, angepackt, sich intensiv dazu ausgetauscht und sich gegenseitig zu Terminen zum Thema mitgenommen. Bei diesen Terminen schaut und hört der Shadowing-Partner still zu und stellt dann bei Bedarf im Nachgang nochmals Fragen an den Shadowing-Partner. Das ist sicher ein sehr gutes Vorgehen. Doch vorgeben wollen wir so etwas nicht: Die Teilnehmenden sollen eigenverantwortlich arbeiten und für ihr Tandem den besten Weg der Zusammenarbeit finden. Auch das ist Teil des Lernens.

S. Malter: Ihr habt das Programm komplett remote aufgesetzt. Was sind die Vor- und Nachteile? Wie können Nachteile eventuell ausgeglichen werden?

U. Hehl: Richtig. Wir haben das Programm in Zeiten der Coronapandemie gestartet. Da war es keine Frage, dass wir das komplett remote machen. Aber auch der Aspekt, dass dieses Workshadowing-Programm eben firmenübergreifend ist und geografische Distanzen der Standorte eine Rolle spielen, spricht erst einmal für eine remote Zusammenarbeit. Nun, da die Pandemie vorbei ist, wäre ein persönlicher Austausch grundsätzlich möglich, würde aber zusätzliche administrative Vorbereitungen mit sich bringen, wie beispielsweise Zugänge zum Werksgelände. Außerdem profitieren die Teilnehmenden dank des Remote-Set-ups von der Flexibilität, da sie sich auch mal zwischendurch austauschen können. Trotzdem trafen sich einige Teilnehmende auch nach dem Programm noch privat auf einen Kaffee zum weiteren Austausch. Beim Shadowing im selben Unternehmen und Standort spricht natürlich einiges dafür, sich auch regelmäßig face-to-face zu treffen. Dadurch können der Austausch und das Shadowing intensiver werden. Findet das Shadowing remote statt, ist mein Tipp, sich ganz bewusst den ersten Termin zum Kennenlernen und persönlichen Austausch zu reservieren und auch immer bewusst mit einem kurzen persönlichen Austausch zu starten.

S. Malter: Was sind Stolperstellen für ein gutes Workshadowing?

A. Ahmed: Den Teilnehmenden muss klar sein, wofür sie sich anmelden. Sie müssen neugierig sein und intrinsisch motiviert, die Zeit zu investieren und ihr Wissen zu teilen. Außerdem können die Sprache und die Zeitzone ein Hindernis sein, von dem die Teilnehmenden vielleicht beim Matching annehmen, dass es leicht zu überwinden ist, doch dann im Alltag finden die früh morgens oder spät abends geplanten Austausche doch oft nicht statt und die Sprache macht das tiefe Verstehen schwer. Eine weitere Stolperstelle sind sicherlich die Themenfelder: Inwiefern können sich die Shadowing-Partner gegenseitig wertvolle Einblicke geben, die das Interesse des anderen treffen? Und zuletzt ist auch das persönliche Harmonieren der Matching-Partner wesentlich: Wenn man sich sympathisch ist, ähnliche Werte teilt und auch ähnlich motiviert zum Austausch, Teilen und Lernen ist, dann ist das sehr viel wert.

S. Malter: Liebe Ulla und Ascha, ich bedanke mich ganz herzlich für das Gespräch!

Das Wichtigste in Kürze
- *Cross-Company Workshadowing* ist für Mitarbeitende auf verschiedenen Karrierestufen eine wertvolle Möglichkeit, Neues zu lernen und den Status quo zu hinterfragen und zu verbessern.
- *Cross-Company Workshadowing* kann gut virtuell aufgesetzt werden.
- Als Rahmenbedingung sind neben sauberen Verschwiegenheitserklärungen auch ein guter Auswahl-, Matching- und Begleitprozess notwendig.
- Die Neugier der Teilnehmenden, ihre Lernfreude und Motivation, Wissen und Erfahrungen zu teilen, sind wesentliche Erfolgsfaktoren.

Einladung zur Reflexion

1. Welchen Nutzen würde klassisches *Workshadowing* und *Cross-Company Workshadowing* für dein Unternehmen bringen?
2. Was könnte dein erster Schritt sein, um in deinem Unternehmen, in deinem Team mit *Workshadowing* oder *Cross-Company Workshadowing* zu experimentieren?
3. Welche Unterstützung brauchst du dazu?

Gelebte Verbesserungskultur: Praxisimpuls Lean Academy bei Bosch

10

„In der Lean Academy entwickeln die Teilnehmenden Denk- und Handlungsweisen, die sie motivierter und leistungsfähiger machen."

–Michael Kubin, Bosch

Zusammenfassung

Die Fähigkeit, aus Herausforderungen zu lernen, als Team gemeinsam Lösungen zu entwickeln und als Führungskraft eine konstruktive Arbeitsumgebung zu schaffen, will gelernt und geübt werden. Erst durch das wiederholte Training in der Praxis kann man diese Fähigkeiten im oft stressigen Arbeitsalltag sicher anwenden. Wie dieser Kompetenzaufbau in der Praxis gelingen kann, erfährst du in diesem Kapitel über die „Lean Academy" bei Bosch. Die „Lean Academy" hat das Ziel, technisches Methodenwissen und Lernkompetenz im Unternehmensalltag zu fördern. Dadurch werden die Teams von Bosch bestens auf den lösungsorientierten Umgang mit künftigen Herausforderungen vorbereitet.

Was ist die „Lean Academy"? Wie werden die vielfältigen Kompetenzen aufgebaut? Wie sieht Training in der Praxis aus? Über diese und weitere Fragen habe ich mit Michael Kubin gesprochen. Er ist Leiter der „Lean Academy" für die Fertigung bei Bosch und verfolgt eine Vision des praxisnahen Lernens.

S. Malter: Michael, was ist die Lean Academy und was sind ihre Aufgaben?

M. Kubin: Die Lean Academy bei Bosch unterstützt die Fertigung bei der Umsetzung des Bosch-Production-Systems: Das Bosch-Production-System zielt auf schlanke Prozesse, die kontinuierlich verbessert werden, und ist ausgerichtet auf Effizienz, Qualität,

S. Malter, *Lernen leben*, https://doi.org/10.1007/978-3-662-69980-5_10

Lieferfähigkeit und Mitarbeitersicherheit. Um das zu erreichen, ist vor allem eines wichtig: Die Menschen, die in und an den Prozessen arbeiten, müssen kontinuierlich dazulernen und Probleme lösen. Voraussetzung dafür sind neben technischem Methodenwissen eine Arbeitskultur und ein Führungsverständnis, die diese Fähigkeiten entwickeln und fördern.

Vor diesem Hintergrund hat unsere Lean Academy zwei Aufgaben: zum einen die Vermittlung von Basiswissen, sodass die Mitarbeitenden das Bosch-Production-System verstehen und wissen, wie sie ihrer Rolle darin gerecht werden. Zum anderen unterstützen wir den dazugehörigen Wandel in der Arbeits- und Führungskultur.

Um diese zwei Aufgaben zu erfüllen, arbeiten wir in der Lean Academy mit drei Säulen: (1) standardisierte Classroom-Trainings, (2) Shopfloor-Trainings und (3) Lerninhalte on demand.

1) *Standardisierte Classroom-Trainings* bilden die Basis. Sie vermitteln Wissen zu Lean-Methoden und -Werkzeugen.
2) *Shopfloor-Trainings* sind als Coaching-Programme im Team konzipiert und finden vor Ort in der Fertigung statt. Die Teilnehmenden lernen, Probleme zu identifizieren und als Team zu lösen. Dabei entwickeln die Teilnehmenden das entsprechende Mindset. Ein Coach unterstützt den Lern- und Entwicklungsprozess durch Fragen, Feedback und Anstöße zur (Selbst-)Reflexion – sowohl in der Gruppe als auch mit den einzelnen Teilnehmenden.
3) *Lerninhalte on demand* sind vorwiegend digitale Angebote. Sie machen Wissen und Informationen genau dann verfügbar, wenn unsere Mitarbeitenden sie brauchen: Bei Bedarf können sie direkt auf den Lerninhalt zugreifen. Es handelt sich beispielsweise um Learning Nuggets, Tutorialvideos oder Lerninhalte zum Lesen.

Diese Kombination aus Classroom-Trainings, Shopfloor-Trainings und Learning on demand macht die Effektivität unseres Lernkonzepts aus. Sie versetzt uns in die Lage, bedarfsgerechte Lösungen für unsere internen Kunden anzubieten. Die Shopfloor-Trainings, die Lerninhalte mit der direkten Anwendung verknüpfen, sind für das Lernen der Teilnehmenden besonders effektiv. Ganz nebenbei entstehen meist auch positive monetäre Effekte für den jeweiligen Produktionsbereich.

S. Malter: Welche Schritte erlernen die Teams, um ihr Ziel zu erreichen und das Problem zu lösen?

M. Kubin: Die Teams üben eine universelle Problemlösungsstrategie ein:

1) das Problem erkennen und Ursache-Wirkungs-Zusammenhänge verstehen,
2) eine geeignete Messgröße finden und die Problemauswirkung messen,
3) den Istzustand analysieren und den Zielzustand definieren,
4) Erfolgsmessgrößen definieren,
5) Verbesserungsmaßnahmen testen, validieren und umsetzen.

Um ein Problem zu lösen, muss man es verstehen und seine Auswirkung messen können. Manche Problemauswirkung erscheint auf den ersten Blick nicht messbar. Doch das heißt in der Regel nur: Ich habe das Problem noch nicht verstanden oder mir fehlt die Übung, Problemauswirkungen zu messen.

Es folgt die Beschreibung des Ist- und des Zielzustandes. Das benötigen wir für den Lernprozess: Hatte mein Eingreifen den Effekt, den ich erwartet habe? Falls nicht: Was habe ich daraus gelernt für die nächsten Schritte? Dann beginnt der Zyklus von Neuem. Wesentlich für den Lernprozess ist, dass die Teams ihre eigenen Lösungen finden. Um das zu erreichen, trainieren wir mit ihnen eine Denk- und Arbeitsweise zur nachhaltigen Problemlösung.

S. Malter: Was sind weitere wesentliche Lerninhalte der Praxis-Coachings?

M. Kubin: Unsere teilnehmenden Führungskräfte erkennen: Als Führungskraft muss ich das Lernen, Experimentieren und Schritt-für-Schritt-Verbessern bewusst zulassen und sogar fördern. Im Arbeitsalltag ist das oft eine Herausforderung, denn es erfordert Zeit. Und es passieren Fehler. Doch was zunächst Zeit kostet, zahlt sich später aus. Denn eine gelebte Verbesserungskultur liefert den Teams die notwendige Kraft, die Herausforderungen der Zukunft zu bewältigen. Die teilnehmenden Führungskräfte entwickeln Vertrauen in die Wirksamkeit dieses Führungsansatzes. Und die teilnehmenden Fachkräfte erkennen, wie sie selbst die Themen in die Hand nehmen können, wie sie das Arbeitsumfeld gestalten und weiterentwickeln können und wie motivierend und erfüllend es sich anfühlt, wenn man so arbeiten kann und dafür sogar noch von Führungskräften wertgeschätzt und gefördert wird.

S. Malter: Worauf kommt es euch bei der Zusammensetzung der Teams in den Shopfloor-Trainings an?

M. Kubin: Wir achten auf einen Mix der Teilnehmenden über Teams, Rollen und Hierarchiestufen hinweg. Der Mix über Teams hinweg bringt einen frischen Blick. Dadurch können sich die Teilnehmenden untereinander oft wertvolle Impulse geben. Der Mix unterschiedlicher Rollen und Hierarchiestufen fördert eine Zusammenarbeit auf Augenhöhe.

Auch wenn alle Teilnehmergruppen gemeinsam lernen, lernen sie doch Unterschiedliches: Eine Führungskraft wird durch das Durchleben des Prozesses erfahren, welche Kraft ein guter Teamprozess entfaltet, und sie wird lernen, wie sie einen solchen Prozess wirkungsvoll gestalten und anleiten kann. Die Fachkräfte lernen hingegen, im Team maximal effektiv zu arbeiten, aber auch selbst ein kleines Team zu leiten. Beides nützt ihnen im Arbeitsalltag.

S. Malter: Inwiefern ist es spürbar, dass die Teilnehmenden ihre Lernkompetenz ausbauen?

M. Kubin: Die Teilnehmenden entwickeln Denk- und Handlungsweisen, die sie motivierter und leistungsfähiger machen. Sie arbeiten somit schneller und erfolgreicher auf Ziele hin. Durch die Rückmeldung von Führungskräften wissen wir, dass die Teilnehmenden vielfältige Kompetenzen aufbauen – sogar solche, die nicht direkt Teil des

Programms sind, etwa Prozesse und Konzepte besser verstehen, die nicht Teil ihres normalen Arbeitsalltags sind. Das beschleunigt und erleichtert die Einarbeitung in neue Themen ganz erheblich. Sie lernen, Probleme systematisch zu lösen. Unser Programm bietet somit eine Vorbereitung auf künftige Lernaufgaben.

S. Malter: Eine Haltung der Lernfreude, Offenheit und Wissbegierde ist eine Grundlage des Lernens. Inwiefern fördert ihr eine solche Lernhaltung im Classroom- und im Shopfloor-Training?

M. Kubin: In den Shopfloor-Trainings gelingt das bereits aufgrund des Formats sehr gut. In den Classroom-Trainings haben wir uns von den Shopfloor-Trainings inspirieren lassen: Wir arbeiten häufig praxisnah mit Simulationen. Wir simulieren eine Fertigung und lassen die Teilnehmenden zunächst beginnen. Im zweiten Schritt stellen wir Fragen, die den Teilnehmenden bewusst machen, an welchen Stellen ihr Vorgehen noch Schwachstellen zeigt. Daraufhin beginnen die Teilnehmenden selbst, sich Antworten zu den Fragen zu erarbeiten. Die Trainer liefern unterstützende Inhalte. Diese Trainings mit Simulation bekommen regelmäßig die besten Feedbacks und sind besonders effektiv.

S. Malter: Wie fördert ihr psychologische Sicherheit in eurem Programm?

M. Kubin: Wir pflegen bei Bosch eine sehr offene, diverse und konstruktive Kultur. Im Classroom-Training sind unsere Trainer im sachlichen und positiven Umgang mit allen Fragen geschult. Sie fordern die Teilnehmenden aktiv auf, Fragen ohne Zurückhaltung zu stellen. Die Spielregeln für ein konstruktives Verhalten im Training werden zu Beginn eines Trainings besprochen. Während des Trainings binden wir die Teilnehmenden immer wieder gezielt ein und leben die Spielregeln auch selbst vor. Wir können beobachten, wie sich das konstruktive Verhalten auch zwischen den Teilnehmenden selbst einstellt. Ebenso ist im Shopfloor-Training psychologische Sicherheit ein integraler Bestandteil: Der Coach geht mit den Teilnehmenden regelmäßig in die Reflexion, sowohl im Eins-zu-eins-Setting als auch im Team-Coaching. Sie lernen, als Team auf Augenhöhe miteinander zu arbeiten.

S. Malter: Was ist deine Vision für die Lean Academy in der Zukunft?

M. Kubin: Wir wollen das Trainieren, Entwickeln und Lernen der Mitarbeitenden so weit wie möglich in die tägliche Arbeit integrieren. Jeder soll zu seinen Fragen umgehend Wissen und Informationen finden können. Dadurch kann Wissen während der täglichen Arbeit sofort angewandt werden.

Wir möchten auch sehr gut erkennen, was die Mitarbeitenden im Tagesgeschäft lernen und was wir ergänzend als Lernangebot aufsetzen müssen. So bereiten wir die Menschen auf Neues vor. Sie werden befähigt, sich in dem Moment, in dem das Neue kommt, sehr schnell darauf einzustellen. Dazu bilden wir einen „gläsernen Lernbedarf" in unserer Datenwelt ab. Er zeigt uns, wo die Mitarbeitenden heute stehen. Und je nachdem, wohin wir als Unternehmen wollen: Wo unsere Lücken sind und wo wir unser Lernangebot nachjustieren sollten.

S. Malter: Michael, ich bedanke mich ganz herzlich für das Gespräch!

Das Wichtigste in Kürze

- Die *Lean Academy* bei Bosch bietet ein Lernangebot bestehend aus Classroom-Trainings, intensiven Shopfloor-Trainings und Lerninhalten on demand.
- Während der Shopfloor-Trainings wird ein reales Problem in der Fertigung im Team gelöst. Ein Coach unterstützt und leitet das Team durch Fragen und Anstöße zur Selbstreflexion.
- Neben Problemlösungs- und Lean-Methoden stehen die Haltung und das Verhalten im Team und in der Führung besonders im Fokus.
- Es wird eine Arbeitsweise vermittelt, in der Experimentieren und Lernen wesentliche Rollen spielen sowie ein Führungsstil, der Lernen und Verbessern fördert und vor eine kurzfristige Zielerreichung stellt.

Einladung zur Reflexion

1. Welchen Nutzen würde eine Lean Academy oder ein ähnliches Lern- und Qualifizierungsangebot in deinem Unternehmen bringen?
2. Was würde dadurch möglich?
3. Was könnte ein erster Schritt sein?

Teil IV

Auf zum nächsten Schritt

„Ich habe keine Angst vor Stürmen, denn ich lerne, mein Schiff zu segeln."

–Louisa May Alcott

Teil 4 bildet den Abschluss dieses Buches. Doch es ist keineswegs das Ende deiner Lernreise! Deine größte Wirkung wirst du erst noch entfalten, wenn du weiter am Ball bleibst und täglich eine lernende Organisation gestaltest. Auf zum nächsten Schritt!

Welche Stürme die Zukunft für dich, dein Team und deine Organisation auch bringen mag: Ihr seid auf dem Weg, das Lernen zu leben! Und wenn wir Lernen leben – also das Lernen zu unserer Kultur und täglichen Gewohnheit machen –, sind wir in der Lage, uns anzupassen, wenn die Welt sich ändert, wie auch immer die Bedingungen dann sein werden. Wenn wir Lernen leben, finden wir in unbekanntem Terrain und unsicheren Zeiten unseren Weg. Wenn wir Lernen leben, sind wir gewappnet, alle Stürme zu bestehen.

Ein Blick zurück, ein Blick nach vorn

Zusammenfassung

Die Grundschritte des Lernens, die wir uns in diesem Buch angeschaut haben, sind universell und anwendbar in allen Arten von Organisationen. Es geht um eine andere Art, uns selbst und andere zu führen, um unser beeindruckendes menschliches Potenzial zu nutzen. Unsere Haltung, unser Selbstbild und unsere Denk- und Handlungsmuster sind nicht einfach nur Werkzeuge im Businessalltag. Sie sind in unserem gesamten Leben relevant. Du wirst in allen Lebensbereichen profitieren, wenn du eine offene, lernfreudige Haltung kultivierst, dir ein dynamisches Selbstbild aneignest und es dir zur Gewohnheit machst, wie ein Forscher zu denken, wie ein Tänzer oder Musiker zu trainieren und Veränderungen, die du dir wünschst, so zu designen, dass der Weg zu deinem Ziel leichter wird. Lernhaltung und die Muster des Lernens ändern deinen Blick auf dich selbst, deine Mitmenschen und die Welt: Sie helfen dir, konstruktiv mit Problemen, Unsicherheit und Veränderung umzugehen. Deinen Mitarbeitenden wird es ebenso gehen.

Ein Blick zurück

In Teil 1 dieses Buches haben wir die solide Basis angeschaut, auf der wir die Grundschritte des Lernens einüben. Diese Basis besteht aus Lernhaltung und Lernkultur.

Lernhaltung ist die offene, neugierige und lernfreudige Haltung eines Forschers oder Weltentdeckers. Sie ist verquickt mit einem dynamischen Selbstbild, mit dem uns bewusst ist, dass wir nahezu alles lernen können: dem *Growth Mindset*. Unsere Lernhaltung ist vor allem von Situation und Umfeld abhängig. Wenn wir uns bewusst sind, was uns selbst und anderen hilft, in die Lernhaltung zu kommen, können wir das gezielt suchen und andere gezielt unterstützen. Ebenso können wir Trigger, die bei anderen Abwehr oder Verschlossenheit auslösen, vermeiden und uns selbst Strategien zurechtlegen, wie uns unsere Trigger weniger beeinträchtigen. Vielleicht erinnerst du dich noch an die Intentionspause, die ich dazu empfehle: Tritt kurz aus der Situation zurück, atme beispielsweise tief durch und mache dir deine Intention für die Situation bewusst. Denn **du** darfst dein Handeln bestimmen, nicht der Trigger.

Lernkultur schafft ein Umfeld, das die Lernhaltung fördert. Die Zutaten, die es dazu braucht, sind Folgende. Erstens das gemeinsame Verständnis: Lernen und das Teilen von Wissen und Lerngelegenheiten sind ein wesentlicher Beitrag zum Unternehmenserfolg. Zweitens *psychologische Sicherheit*: keine Angst, einen Fehler anzusprechen, eine verrückte Idee zu teilen oder eine unliebsame Frage zu stellen, stattdessen die Gewissheit, dass man dafür nicht abgestraft wird. Drittens, ein grundlegendes Vertrauen zueinander und offene Gespräche darüber, wenn ein Bestandteil von Vertrauen verletzt wurde. Und viertens, gegenseitige Unterstützung im Geiste einer aufrichtigen Freundlichkeit. Dadurch werden das gemeinschaftliche Lernen in der Organisation, der Wissenstransfer und die Zusammenarbeit effektiver.

Wenn du diese Kulturaspekte vorlebst, förderst und einforderst, legst du eine solide Basis für Lernen und Erfolg. Auf dieser Basis geschieht viel Gutes: Fehler werden schnell gemeldet, sodass umgehend Korrekturmaßnahmen ergriffen werden und sie künftig vermieden werden können, eine konstruktive Zusammenarbeit zwischen Teams und Abteilungen wird zur Normalität und potenziell bahnbrechende Ideen für Innovationen werden geteilt und gemeinsam weiterentwickelt, und immerfort wird dazu gelernt. Kurz gesagt, Lernhaltung und Lernkultur sind eine entscheidende Grundlage der Wertschöpfung in Organisationen, die in einem komplexen, sich verändernden Umfeld tätig sind.

In Teil 2 haben wir die Grundschritte des Lernens in der Praxis genauer in den Blick genommen: die Denk- und Handlungsmuster des Lernens. Wenn du diese Muster einübst und auch dein Team oder die Menschen in deinem Umfeld trainierst, werden sie zur Routine und zu eurem normalen Modus Operandi. Damit baut ihr eure praktische Lernkompetenz stetig aus, sodass ihr besser werdet, Probleme zu lösen, Ziele zu erreichen und mit Unsicherheit, Komplexität und Veränderung umzugehen.

Die Lernhaltung und das „Denken eines Forschers" machen die Denkmuster des Lernens aus. Der Lernzyklus RIPU – Reflektieren, Intentionen oder Ziel setzen, Planen, Umsetzen – steht im Mittelpunkt des Handlungsmusters des Lernens. Mit Kata steht dir ein Modell des Lernens bereit und die Praxisroutinen, um dieses im Businessalltag zu leben und einzuüben. Denn ohne bewusstes Einüben können wir keine neuen Denk- und Handlungsmuster verinnerlichen. Wie der Tänzer müssen wir zunächst die Grundschritte trainieren, damit sie bald wie von selbst ablaufen. Und wie der Tänzer den Tanzpartner durch sanfte Impulse führst, kannst du einem Lernenden im Kata-Coaching mit sanften Impulsen die Richtung weisen zum „Denken des Forschers" und zur Lernhaltung.

In Kap. 5 sind wir dann speziell auf Ziele der Veränderung eingegangen. Wir haben uns angeschaut, wie Kulturwandel gelingen kann und wie neue Routinen alte erfolgreich ersetzen können. Durch effektive „Gespräche des Wandels", um Neugier, Motivation und Zuversicht zur Veränderung zu wecken, wird dir künftig schon der erste Schritt besser gelingen. Du wirst dich zu jedem Zeitpunkt auf die passende Zielgruppe fokussieren und dadurch unnötige Widerstände vermeiden. Und du wirst die Schritte zur Veränderung so designen, dass sie leichter fallen und dadurch gehbar werden.

In Teil 3 des Buches haben wir aus der Praxis verschiedener Unternehmen Impulse bekommen, wie Lernen in der ganzen Organisation gefördert werden kann. Ob integriert in die Ausbildung oder den Businessalltag: Immer konnten wir sehen, wie Lernhaltung, Lernkultur und Lernkompetenz gestärkt werden können, doch in allen Praxisimpulsen gelang das auf ganz unterschiedliche Weise: Lernhaltung und Selbstlernkompetenz durch die „personalisierte Ausbildung", Lernen im Geiste der gegenseitigen Unterstützung und durch den Blick über den Tellerrand im Cross-Company Workshadowing oder in einer unternehmensweiten Lern-Community, die Schritte des Lernens mit Lernkultur und Lernzyklus in der Lean Production oder unternehmensweit skaliert mit Kata-Coaching.

Apropos Kata-Coaching: Erinnerst du dich noch an Sophie und Thorben? Die beiden waren Lernpartner in einem sechswöchigen Kata-Coaching-Programm. Ich traf sie ein dreiviertel Jahr später wieder und freute mich, dass die beiden am Ball geblieben waren. Sie hatten sich auch nach Ende des Programms noch weiter gegenseitig durch Kata-Coaching unterstützt. Einen zweiten Coach hatten sie nach dem Programm nicht mehr regelmäßig zur Verfügung. Doch etwa ein- bis zweimal die Woche übernahm diese Rolle eine Kollegin, die ebenfalls am Programm teilgenommen hatte, und gab Feedback zum Coaching. Nach diesem weiteren dreiviertel Jahr Kata-Praxis fühlte sich die Praxisroutine nun nicht mehr kompliziert und sperrig für sie an. Thorben hatte festgestellt, dass die feste Struktur, die er zuerst einengend empfunden hatte, ihm Freiraum zum kreativen Denken schaffte. Denn auf das strukturierte, „alltags-wissenschaftliche" Denken und Handeln musste er sich nun nicht mehr sehr konzentrieren: Das gelang ihm mithilfe der Lern-Kata-Struktur und Sophie als Coach fast schon beiläufig. Durch diese Entlastung konnte er sich nun stärker darauf konzentrieren, Ideen für Experimente zu finden, und kam dadurch besser voran.

Sophies wichtigste Learnings waren andere: Sie hatte schnell bemerkt, dass sie für ihre Rolle als Führungskraft vieles aus dem Kata-Coaching lernen konnte. Ihr war bewusst geworden, welche Kraft es hatte, wenn sie Thorben half, sein Thema alleine zu durchdenken, und nur durch die offenen Fragen der Coaching-Kata unterstützte. Oft merkte sie im Nachhinein, dass ihr Rat, den sie sich verkniffen hatte, ohnehin nicht der beste Weg zu Thorbens Erfolg gewesen wäre. Statt mit Ratschlägen konnte sie mit den Coaching-Fragen, mit Ermutigung und durch das Feiern von Erfolgen viel mehr erreichen.

Außerdem hatten beide es sich zur Gewohnheit gemacht, Mitarbeitende und Kollegen zum *Growth Mindset* zu inspirieren: „Du kannst etwas vielleicht heute *noch nicht*, doch du kannst es lernen!"

Für sich persönlich war Thorben folgendes Learning das liebste: „Ich habe gelernt, dass ich Ziele erreichen kann, vor denen ich mich bislang gedrückt habe, die mir Angst gemacht haben. Jetzt gehe ich solche Herausforderungen an. Ich stelle mir genau vor, wie es aussehen wird, wenn ich mein Ziel erreicht habe. Und dann gehe ich voran: einen Schritt nach dem anderen, ein Hindernis nach dem anderen."

Ein Blick nach vorn

Jetzt ist es für dich an der Zeit, ins Tun zu kommen und dranzubleiben! Denn alles, was du liest, jede Theorie ist zunächst nur Information, bis du ins Handeln und ins Experimentieren kommst: Dann beginnt das echte Lernen.

Stell dir vor, wie ein Tag in deinem Team und deinem Unternehmen aussehen wird, sobald eine Kultur des Lernens Wirklichkeit ist.

- *Was machen die Menschen?*
- *Wie gehen sie mit Problemen, mit Fehlern, mit Zielen und mit Veränderung und Unsicherheit um?*
- *Wie gehen sie miteinander um?*

Nimm dir kurz Zeit, dir das vorzustellen, schließe die Augen.
Dagegen:

- *Wo steht dein Team und Unternehmen heute?*
- *Was ist dein erstes Etappenziel?*
- *Was ist dein erster Schritt?*

Thorbens erster Schritt auf seinem Ziel, eine Lernkultur voranzubringen, war übrigens folgender: Er steckte sich ab sofort seine Karte mit den Kata-Fragen immer in die Hemdtasche.

Und bedenke, was ein afrikanisches Sprichwort besagt: „Wenn du meinst, du seist zu klein, um einen Unterschied zu machen, hast du wohl noch nie eine Nacht mit einem Moskito verbracht."

Los geht's! Ich wünsche dir viel Erfolg und die besten Mitstreiter auf deiner, auf eurer Lernreise!

Zusammenfassung

Die Anstöße zu Lernhaltung, Lernkultur und Lernkompetenz, die Sabrina Malter dir und deiner Organisation geben möchte, enden nicht mit diesem Buch. Lass das Lesen dieses Buches vielmehr den Anfang deiner fortlaufenden Lernreise sein. Suche dir Mitstreiter und nutze das Bonusmaterial zum Buch, das du auf der Website zum Buch findest.

Bonusmaterial und Ressourcen

In den ersten beiden Teilen des Buches findest du Verweise auf Bonusmaterialien, die du herunterladen und nutzen kannst, um deine Lernreise gleichzeitig zu intensivieren und zu erleichtern. Diese Materialien beinhalten Checklisten, Templates, Workshop-Designs und weiterführende Ressourcen. Nutze diesen QR-Code, um zur *Lernen-leben-Website* zu gelangen.

Mitstreiter finden

Finde Mitstreiter: einen Sparringspartner oder gleich eine Lern-Community und kontaktiere Sabrina Malter, um auszuloten, inwiefern sie dich auf deiner Lernreise weiterreichend unterstützen kann.

© Der/die Autor(en), exklusiv lizenziert an Springer-Verlag GmbH, DE, ein Teil von Springer Nature 2025
S. Malter, *Lernen leben*, https://doi.org/10.1007/978-3-662-69980-5_12

Nutze die Kraft der Reflexion

Die Reflexionsfragen am Ende jedes Kapitels sollen dir einerseits erleichtern, ins Handeln zu kommen, und andererseits, eine Routine der Reflexion aufzubauen. Reflexion ist der Anfang des Lernens: Erst durch Reflexion kannst du aus Erfahrung optimal lernen. Setze dir einen Termin im Kalender, um die Reflexionsfragen der Kapitel heute in einem Jahr nochmals anzuschauen. Du wirst dann vermutlich neue Erkenntnisse haben und dein Lernen vertiefen.

The manufacturer's authorised representative in the EU is Springer
Nature Customer Service Centre GmbH, Europaplatz 3, 69115 Heidelberg,
Germany. If you have any concerns regarding our products, please
contact ProductSafety@springernature.com

Printed and bound by CPI Group (UK) Ltd, Croydon, CR0 4YY
24/04/2026
02096373-0007